경호프로파일링

【S.S.R.F.P】

| 김화수 지음 |

圖書出版 하나醫學社

차 례

추천사

벌써 두 번째 책을 출간하는구나, 하나를 알면 열을 알아서 하는 그런 사람이 바로 김화수 박사구나 하는 마음이 들었습니다.

2008년 경찰상담산말연구회 회원들과 처음 만나서 경찰관의 역할에 관한 특강을 하였던 인연을 또 다시 회상하게 됩니다.

그때 인간이해를 바탕으로 하는 경찰관과 인간이해의 바탕이 없는 경찰관의 역할을 비유하여 강의하였습니다. 그 후로 7년 동안 나의 주장을 공감해 준 회원들과 인간이해의 깊이를 찾아가는 연구를 함께 하면서 경찰위기중재상담이라는 책이 작은 씨앗처럼 세상 밖으로 나와 싹을 띄웠습니다.

나는 그 첫 싹을 진심으로 축하하면서 무성한 나무로 자라 많은 분들에게 시원한 그늘이 되어 줄 수 있도록 가꾸기를 염원하였습니다.

그런데 '경찰위기중재상담'을 출간 하고 얼마 안 되어서 나의 염원처럼 이렇게 '경호프로파일링'을 출간한다는 것이 쉽지 않았을 텐데 참으로 대단한 일을 한 것입니다.

이 책의 시작은 저자가 밝힌 것처럼 노무현 전 대통령의 대검찰청 출두 장면을 TV로 함께 보면서 '저런 저러다 잘못되지……, 잘못 된 선택을 하지'라는 말에서 시작되었습니다.

그 후 저자는 노무현 전 대통령의 자살을 통해 경호업무 중에 심리적 인지 차원의 경호가 우선 고려되었어야 하는 것을 직감한 것입니다.

내가 볼 때 김화수 박사는 크게 두 가지 문제로 경호에 대해 고민한 것 같습니다.

하나는 경호대상자를 위해 본능을 뛰어 넘어 목숨을 바칠 수 있을까에 대한 것이고, 또 하나는 보이지 않는 경호위해자로부터 경호대상자의 위험상황을 어떻게 사전에 예방을 할 수 있을까에 대한 해답을 찾기 위한 것이었습니다.

이전의 경호가 자기희생을 앞세워서 이루어졌다면 김화수 박사는 경호를 심리적으로 연결하여 정신분석, 뇌과학, 신경언어학, 표정심리학, 행동심리학에서 관찰기법을 찾아 연구하여 과학적 근거를 제시함으로 오늘날에 맞도록 경호분야의 수준을 한 단계 높혔다고 생각합니다.

이러한 경호프로파일링의 탄생 배경에는 인간의 본능 중에서 자신의 목숨보다 더 소중한 것이 없을텐데 그 목숨을 던지면서 경호업무를 완성하기까지의 심리적 대처 훈련이 과연 가능할 것인가에 대해 수도 없이 수시로 질문하고, 귀찮을 정도로 묻고 또 물으면서 함께 나눈 대화를 정리해 온 저자의 학문에 대한 열정이 있었음을 누구보다 잘 알고 있습니다.

김화수 박사에게는 창조성의 원천이 있는 것 같습니다.

지난 역저 경찰위기중재상담도 정신분석을 경찰현장에 접목하면서 창조성을 발휘한 책이었는데, 이번의 경호프로파일링도 그야말로 세계에서도 처음으로 경호분야에서 프로파일링 기법을 착안한 점이 훌륭하다는 것입니다.

다중 학문 속에서 자신이 몸담고 있는 직무인 경호를 학문적으로 재탄생시켜 한 단계 높은 수준으로 끌어 올릴 수 있는 힘이 바로 창조성의 원천적 힘이라 여겨집니다. 더군다나 경호라는 분야를 심리학과 결합하여 정신분석학적으로 경호를 바라볼 수 있는 저자의 심미안이 그 창조성의 발현이라 할 수 있을 것입니다. 즉 경호를 경호대상자 뿐만 아니라 경호위해자의 심리와 행동분석을 통해 경호 활동의 효율성을 높이고, 고도의 심리적 전략을 구사함으로써 사전에 경호위해요인을 분석, 완벽한 경호를 도모하는 '경호위해요인 심리분석 경호관'으로 보고, 정신의학, 심리학 등 전문지식과 경호현장의 경험이 함축된 창조분야가 경호프로파일링이기 때문입니다.

특히 경호프로파일링 분야는 인간의 본성에 내재된 심리적 특성과 행위와의 관련성을 분석해서 경호위해요인을 찾아내는 정신의학적 인간의 이해와 무의식적 지배를 받거나 자의적 근육의 움직임이 불가능한 불수의근 등 뇌와 행동의 연관성을 토대로 무의식 단서를 읽어내는 정신분석, 뇌와 신경언어학, 얼굴심리학, 행동심리학, 의식적 위해 단서를 찾아가는 범죄 프로파일링, 탐색질문기법, 스포츠심리학 등 다양한 분야가 망라된 통합적 이론입니다.

여기서 심리학적 경호란 기존의 외부의 위협요인 뿐만 아니라 경호대상자의 내면적 위협요인으로 심리상태의 변화를 살피는 것을 포함하고 있다는 것입니다. 경호프로파일러가 경호위해자나 경호위해요인을 찾아내는 것 뿐만 아니라, 경호대상자를 경호위해 분석의 심리적 대상으로 끌어들여서 경호대상자의 내면적 위해요인을 찾는 것의 시작이 바로 김화수 박사와 내가 만나 나눈 노무현 전 대통령 관련 말이었다는 것에 매우 놀랐습니다.

김화수 박사는 참 매서운 눈을 가졌습니다. 심리학도 그렇고 상담학도 이미 다양한 분야로 연구가 되어 있어 더 이상의 새로운 학문적 연구가 어려운 환경임에도 김화수 박사는 '경찰위기중재상담'이라는 경찰현장 상담의 학문적 이론을 정립하고, 경호분야의 경호학, 경호경비학 등 기존의 학문을 넘어선 경호심리학 분야의 '경호프로파일링'이란 새로운 학문적 이론을 정립하였습니다. 미래를 바라보는 이 책은 경호를 사랑하는 모든 분들에게 커다란 선물이 될 것입니다.

한가지의 전문가를 지향하는 그런 시대를 홀연히 뛰어 넘어 미래를 지향하는 첨단의 학문을 담고 있으니 그렇다는 것입니다.

우리가 지금 만나는 많은 첨단의 산물들도 결국은 구시대적 가치에서 시작 된 것입니다. 인간의 마음을 과학적으로 연구하기 시작한 것이 정신분석이론이라 할 때 경호프로파일링의 경호심리 접근이 정신분석이론에 있음은 그래서 저자의 안목이 첨단을 찾을 줄 아는 매서운 눈을 가졌다는 것입니다.

내가 김화수 박사를 좋아하는 이유는 수없이 질문을 하고, 의문점을 찾아가는 과정이 남들이 생각할 수 없을 만큼 깊고 의문이 생기면 참지 못해 가족아카데미아 연구실의 문지방이 김화수 박사의 발걸음으로 다 닳을 뻔 했을 만큼 저자의 학문에 대한 열정이 컸기 때문입니다.

나를 스승으로 생각하고 그 스승의 말 한마디도 그냥 지나치지 않았던 김화수 박사의 예민함과 학문적 소양에 큰 박수를 보내주고 싶습니다.

김화수 박사는 어쩌면 나의 꿈을 대신 해 주었는지도 모릅니다.

길고 긴 학문의 길에서 인간의 이해를 기본으로 하는 정신의학이 이렇게 또 다른 분야로 확산 되는 것이 다른 어떤 것보다 매우 기쁜 것은 인간의 이해야 말로 인류의 대사명이기 때문입니다.

지난 7년간 김화수 박사를 포함하여 경찰상담산말연구회와 함께 하면서 하루하루 발전하는 모습을 보아 온 것 또한 제 삶의 기쁨이었습니다. 그러한 경찰상담산말연구회의 역사 속에 내가 함께 할 수 있었던 것도 영광이라고 여겨집니다. 성장의 고통을 이긴 경찰상담산말연구회가 오늘날 우리 사회에 우뚝 서는 발판이 되는데 함께 해온 회원 여러분들께도 박수를 보내드립니다.

2014년 10월 8일

세심정에서 이화여대 명예교수 이근후

우리나라 최초로 폐쇄적인 정신병동을 개방 병동으로 바꾸고, 정신질환 치료법으로 사이코드라마를 도입했으며, 한국정신치료학회를 설립하는 등 우리나라 정신의학 발전에 공헌한 바가 크지만, 그는 그것 또한 필요한 일이고 하고 싶어 했을 뿐 대단한 일이 아니라고 잘라 말한다.

– 이근후(2013), 《나는 죽을 때까지 재미있게 살고 싶다》 중에서

프롤로그

경호심리에 대한 연구는 청와대 옆 신영동 소재 이근후·이동원 박사님의 연구실에서 시작되었다. 2009년 4월 30일 당시 점심을 먹고 연구실에서 담소를 나누던 중 노무현 전 대통령이 버스이동 차량에서 내려 대검찰청에 들어서는 순간의 TV 생중계 모습을 보면서 "저런, 저러다 잘못되지……. 잘못된 선택을 하지"라는 이근후 박사님의 말씀을 듣고, "잘못된 선택이란 말씀은 혹시 자살을 말씀하시는 것입니까?"라는 질문과 사뭇 진지한 대화를 나누었고, 동년 5월 23일 이근후 박사님의 말씀이 안타까운 현실로 받아들여지는 순간 경호는 외부의 위해요인보다 경호대상자의 심리적 인지 차원의 경호가 우선적으로 고려되어야 하는 사회적 시점이 되었다는 것을 직감할 수 있었다.

사회학을 전공한 이동원 박사님께서는 국무총리실 등 다년간 국가기관의 자문역할을 하셨고, 정신의학을 전공한 이근후 박사님께서는 2000년 당시 김대중 대통령께서 김정일 국방위원장과의 역사적 첫 평양 회담을 앞두고 국가정보원으로부터 김정일에 대한 심리분석을 의뢰받는 등 정신분석의 전문가로 활동을 하셨던 분이였기에 더욱 확신할 수 있었다.

경호심리에 대한 연구가 지속되면서 과연 본능적 동물인 인간이 경호대상자를 위해 목숨을 바칠 수 있을까, 생존과 관련된 일차적 본능을 뛰어넘는 과정이 후천적인 반복훈련으로 초인간적 행동을 기대할 수 있는가, 기대할 수 있다면 어떻게 증명할 수 있는가, 정신분석학의 창시자인 프로이드(Freud)도 "무의식적인 정신과정들을 직접 관찰할 수 있는 방법을 알지 못 한다"고 밝히고 있기 때문이다(이근후 외, 1988: 15). 헐(Hull)의 신행동주의 심리학에서도 행동은 S(Stimulus, 자극)→O(Organism, 유기체)→R(Response, 반응)이라고 하여 유기체는 '아무리 강한 자극을 받더라도 유기체의 반응은 자극에 의해 이루어지는 것이 아니라 유기체의 요구상태에 의해서 반응이 결정된다'는 '유기체'라는 매개변수를 도입하였듯이 고등동물인 인간의 마음이 얼마나 변덕스러우면 '오만가지 생각' 이란 말이 생겼으며 오만가지 생각의 의미를 경호와 연관 지어 보면 '자기희생'이란 하나의 행동으로 나타날 확률이 '오만분의 일'이 아닌가 생각해 보게 된다. 심리학과 뿌리를 같이하는 위대한 철학자로 꼽히는 칸트(Kant)도 '순수이성비판(2006)'이란 저서에서 그동안 '철학'이 제대로 서지 못한 이유는 시작이 잘못되었기 때문이라고 비판, 철학자들이 사람들의 무지(無知)를 일깨우겠다는 마음보다는 자기 명예나 권력을 챙기려는 욕심이 앞섰다고 당대 플라톤(Platon), 아리스토텔레스(Aristoteles), 로크(Locke) 등 세계적인 철학자 대부분을 비판해 놓았다. 이는 경호원에게 각성을 요하는 대목이다. 경호 역사에서 보더라도 '나는 새도 떨어뜨린다'는 가장 권력적인 경호도 대통령의 죽음을 막지 못했다. 경호는 경호원의 권위와 권력이 아닌 경호대상자의 사회적 존경과 그에 따른 경호원에 대한 사회적 신뢰가 협력과 협조를 받아 완벽한 경호를 이루어 왔다는 것이다. 지금까지 접한 지식이나 이론을 보면 인간은 너무나 신비한 존재로 인간 자체는 창조적인 힘을 가지고 있다는 것이다. 그동안 너무 쉽게 '자기희생의 원칙'을 말해 왔다는 것을 되새겨 보게 되었다.

앞서 언급된 이론 못지않게 경호란 현장경험[1]과 사격, 무도 등 다양한 기능을 필요로 한다. 지자는 폭파를 주특기로 한 다년간의 군생활을 시작으로 101경비단, 경찰특공대(SWAT: Special Weapons Assault Team), 17대·18대 대선경호 및 교관, G20 정상회의, 2012년 전세계 50여 나라의 정상 및 국제기구 수장이 참가했던 서울 핵안보정상회의 등 다양한 현장경호 경험과 태권도, 특공무술 등 1공수 특수전여단, 경호실 작전부대, 경찰청 무도대회 및 사격대회 입상, 대통령내외분 임석 대통령경호실 무도시연을 여러 차례 하였고, 심리관련 학업의 병행과 정신역동 역량증진 교육 등의 다양한 교육과정을 이수하였기에 스포츠심리학적 현장무빙기

---

1) "경험은 나에게 최고의 권위다" 칼 로저스(Carl Roger, 1902~1987))는 미국 역사상 가장 영향력 있는 심리학자다. 교육, 상담, 심리치료, 갈등해결 및 평화분야 모두에 크게 공헌했으며, 인본주의 심리학의 창시자로서 공감적인 삶, 실험적인 연구, 내담자중심 상담(Client Centered Therapy) 등 16권의 저서, 200편이 넘는 학술논문을 통해 전 세계에 영향을 미쳤다(해외저자사전, 네이버 검색).

법(FMT: Field Moving Technique) 등 경호기법을 연구함에 있어서도 심리적 접근이 가능했다. 또한 현 근무부서인 22경찰경호대 근무를 하면서 경호행사 간 인·물색 검측 장비의 한계성을 실감하게 되었고, 너무도 다양하고 광범위한 경호의 위험성을 선별하기 위한 인간의 이해를 전제로 그동안의 경호심리 연구를 바탕으로 한 '경호위해요인 심리분석 경호관[2]'인 경호프로파일링(SSRFP: Security Service Risk Factor Profiling)기법을 연구하게 되었다.

이러한 연구는 MD(Metal Detector, 금속탐지기), X-ray 검색기 등 최첨단 물리적 검측 장비의 한계를 넘어서는 것으로 어쩌면 최첨단 시대를 역행하는 아주 원초적인 인간의 감각과 본성을 연구하는 분야로 현장 경호에 있어 기초이면서 가장 고도의 현장 경호 기법이라 할 수 있다.

결론적으로 최종적인 경호대상자의 안전은 인간의 몫이며 최고의 지능형 검색이 가능하려면 인간의 감각과 본성 즉, 인간이 어떻게 느끼고, 생각하고, 행동하는지를 먼저 앎으로써 위해의 특정 패턴을 인지하게 되고 그런 특정 행동들 속에서 이상행동 패턴양식의 분석·예견이 가능하게 함으로써 경호대상자의 절대 안전이란 경호 임무를 완벽히 수행해 내는 것이 경호프로파일링 기법이다.

---

2) 본 책자에서는'경호관, 경호원'이란 두 호칭을 사용하고 있다. 경호 임무를 중심으로 경호관이라고 호칭하여 사명감을 높였으며, 국민과의 관계에서는 경호원이라고 호칭하여 국민을 존중하였다.

『경호프로파일링은 정신의학, 뇌과학, 심리학, 운동역학, 그리고 국민의 정서와 경호 현장 사이에 놀라운 연관성을 발견하게 할 것이다』

경호프로파일링을 연구하는 과정에서 22경찰경호대를 포함한 군(軍)·경찰 경호부대, 국회사무처 등의 강의를 통해 그 필요성을 재확인하게 되었고 끝까지 연구를 독려해 주신 이근후·이동원 이화여자대학교 명예교수님과 고려사이버대학교 이서원 교수님, 경기대학교 경호안전학과 김창호, 강민완, 안황근, 이주락, 함성철 교수님, (사)대한무학경호무술 양태화 회장님, 지식과 지혜의 깊이를 가늠할 수 없는 하나의학사 오무근 사장님과 소정영 전무님, 홍성삼(경찰청 외사국장) 명예회장님과 자료정리를 함께 해 주신 심현빈, 전정란 회원님을 비롯한 경찰상담산말연구회 회원님, 22경찰경호대 김소년 대장님과 모든 직원분들께 깊은 감사를 드린다.

끝으로 경호 관련 예시를 인터넷 검색자료로 많이 인용하고 있는 것은 경호와 관련 보안에서 자유로울 수 없는 부분과 현재 저자의 근무부서와 근무경력 때문이기도 함을 양해드리며 연구의 깊이와 가치에는 관련이 없음을 밝힌다. 또한 경호프로파일링 기법은 무의식의 지배를 받거나 자의적 근육의 움직임이 불가능한 불수의근, 뇌와 행동의 연관성을 토대로 인간의 심리분석을 통한 이상행동의 징후를 탐색해 내는 기법으로 경호프로파일링 기법 역시 완벽하지는 못하다. 사람의 뇌는 어떤 자극에 대해 즉각적인 반응을 하지만 활성화되는 시점이 사람마다 조금씩 다르며 '오만가지의 생각'

을 떠올리는 사람의 심리를 정확히 분석해 내기란 불가능하므로 그 결과를 해석하고 적용할 때는 무엇보다 신중해야 한다. 이러한 점이 긴급하게 현장조치를 해야 할 경호관에게는 부담이 아닐 수 없기 때문에 이와 관련하여 신속한 상황전파 등 인지된 경호위해요인을 끝까지 책임지는 현장무빙기법으로 보완하고 있다.

3D 프린팅[3] 등 최첨단 미래 혁신 기술의 개발이 또 다른 경호위해요인으로 부각되면서 MD, X-ray 등 첨단장비의 검색에 대한 보완수단으로써의 경호프로파일링 기법은 더욱 중요시 될 것이며, 이에 따른 더 깊은 후속 연구가 계속되리라 생각한다.

경호프로파일링 출간을 앞두고 이근후·이동원 스승님에 대한 감사와 존경의 마음을 다시 한 번 전해드리며, 지금의 제 마음을 정신분석학자 에릭슨(Erikson)의 마음에 조심스럽게 견주어 본다.

거인은 큰 사람이고 난장이는 작은 사람이다. 난장이는 시야의 폭이 좁기 때문에 거인이 볼 수 있는 것을 보지 못한다. 하지만 거인의 어깨 위에 난장이가 올라서면 사정은 달라진다. 거인이 내어준 어깨 위에 선 난장이는 거인보다 많은 것을 보고 이해할 수 있다. 하지만 그것이 혼자 힘으로 가능한 것이었는가? 그렇지 않다. 거인이 내어준 어깨가 없다면 난장이는 세상을 깊고 넓게 볼 수가 없다.

---

3) 3D 프린팅(3D Printing): 첨삭가공(Additive Manufacturing) 생산 방식으로 디지털화된 3차원 설계도에 근거하여 재료(플라스틱, 금속가루 등)를 층층이 쌓아 입체형 제품을 제조하는 프린트 기술은 2013년 미국에서 발생한 '3D 권총' 놀란 등 플라스틱으로 만든 총은 MD(금속탐지기)나 X-ray 검색기에 잡히지 않아 테러 등에 악용될 소지가 있다고 발표되고 있다(모바일 뉴스 2014.3.17, http//cafe.naver.com/anycallusershow).

『"저는 단지 거인 어깨 위의 조그만 난장이에 불과합니다.
제가 인간의 삶에 대해서 멀리 내다볼 수 있었던 것은
나의 스승인 프로이드(Freud)라는 거인의 어깨 위에 올라 앉아
있을 수 있었기 때문입니다"[4)]』

4) 출처: 에릭슨(Erikson, 1973년 제퍼슨 강연자(Jefferson Lecturer) 선정 수상소감 중

Ⅰ 경호의 이론적 배경

1. 경호의 개관(概觀)

「대통령등의 경호에 관한 법률」 제2조에서는 이전 대통령경호실법에서 '호위와 경비'로 나누어 정의되었던 경호의 개념을 '경호대상자의 생명과 재산을 보호하기 위하여 신체에 가하여지는 위해를 방지 또는 제거하고, 특정한 지역을 경계·순찰 및 방비하는 등의 모든 안전 활동'으로 정의하고 있다. 미국 국토안보부 소속의 대통령 경호기관(Secret Service)에서는 경호는 "실제적이고 주도면밀한 범행의 성공기회를 최소화 하는데 있다(Protection is to minimize the chances of success of any real or contemplated attack[5])"고 정의하였으며, 일본 경시청 요인경호대(Secret Police)의 경호는 '신변에 위해가 있을 경우 국가 공공안녕 질서에 영향을 줄 우려가 있는 자에 대하여 그 신변의 안전을 확보하기 위한 경찰활동이다'라고 정의함으로

---

5) 미국, 'SS팜플렛' (Protective Service), 1978: 20.

써 오늘날의 개념은 경호대상에 대한 범위를 나누어 구분하지 않고 물리적·심리적 대비를 포함한 내·외적 범위를 포괄하여 위해요소를 예방하고 제거하는 모든 안전활동으로 볼 수 있다.

경호라는 개념이 도입되고 경호임무를 수행하는 전문적인 경호기관이 대두되기 시작한 것은 1900년대를 기준으로 삼고 있다. 그 시기 이전에도 각 국가별로 고유형태의 경호제도가 있었으나 전문적인 경호조직에 의한 것이라기보다는 기존 공안기관의 활용이나 특수기관에 부수적으로 경호임무를 부여하거나 필요시 임시적 조치에 의해 경호임무를 수행해 왔다(이상철, 2003: 13).

경호는 집단 대 집단의 싸움 등을 통해 상대방에게서 승리를 얻어내는 전쟁의 개념과는 다른 것으로 경호를 수행함에 있어서 단 한 번의 실수도 용납되지 않는다. 국가(公)경호에 있어서는 국가의 존립은 물론 국민들에게까지 치명적인 피해를 입힌다. 따라서 국가작용으로써 국가(公)경호의 임무와 역할은 그 무엇보다 중요하다 할 것이며 오늘날 민간(私)경호의 발전을 이끌고 있는 것이다(김화수, 2011: 7).

경호기법은 경호임무를 수행하는데 필요한 다양한 기술을 말한다. 경호에 적용되는 기법은 경호대상자에게 제공되는 상황 및 여건에 따라 다르다(이상철, 2006: 3). 이러한 국가(公)경호의 방식이나 구성은 대부분 보안사항으로 되어 있으나, 이 책에서는 선발경호와 수행경호, 근접경호 활동의 원칙, 즉각 조치의 원칙 등 일반적으로 알려지고 민간(私)경호에서도 보편적으로 교육되고 있는 경호의 원칙을 살펴봄으로써 경호의 이해를 돕고자 한다.

2. 경호의 분류

1) 국가(公)경호와 민간(私)경호

국가(公)경호의 대상자는 대통령·국왕 등 국가원수, 즉 대내적으로는 헌법을 수호하여 국가를 보위하며 대외적으로는 국가를 대표하는 요인으로 이에 대한 국가(公)경호는 국가와 민족의 운명과 직결되는 지상 최대의 대명제인 것으로 경호 주체가 충성심을 가지고 전 역량을 기울여야 하는 동시에 중대한 책임을 가지고 있다. 이러한 국가(公)경호 활동은 한 개인의 생명과 신체를 보호하는 차원의 문제가 아니라 국가와 민족을 보위하는 국가 안보적 차원에서 수행되는 것이다.

반면 민간(私)경호는 경호대상자의 요청과 비용부담으로 이루어지는 형태의 경호이며, 국민의 생활소득 증가와 안전에 대한 의식 향상으로 인해 개인 스스로가 자신의 생명·신체·재산 등을 지키기 위한 신변보호 활동을 중요시하기 시작하면서 대두되었다. 민간(私)경호는 경호의 주체가 민간이며 「경비업법」에 의거하여 이루어지고 있다.

민간(私)경호는 사(私)경호라고도 불리며 경호활동의 주체가 개인 또는 법인으로 이윤 추구를 경호활동의 주목적으로 하며, 경호대상자의 비용 부담으로 경호업무가 제공된다. 경호원에게 경호업무 수행을 위한 특별한 법적 권한이 없고 많은 인원을 운용하기에 어려움이 있으므로 경호활동 영역이 제한적일 수 있으며, 경호활동으로 인하여 다른 사람의 활동을 방해하거나 피해를 주지 않도록 하는 것이 올바르며, 효율적인 민간(私)경호 활동을 위하여 신뢰를 바탕으로 더욱 세련된 경호기법이 요구된다. 더 나아가 경호대상자를 위한 비서업무나 의전업무, 안전업무 등을 신체보호 업무와 병행하여 제공함으로써 민간(私)경호 업무의 범위를 다양화하고 있다(정태황, 2004: 30).

2) 선발경호와 수행경호

선발경호원은 사전 예방경호 시작부터 행사 종료까지 현장을 이탈하지 않고 일정한 지역 내에서 안전 활동을 실시해야 한다. 반면에 수행경호원은 도보 이동 간 경호대상자의 이동 축선을 따라 도보대형을 유지하면서 기동하여야 하고, 기동수단 이용 시에는 각종 기동수단을 탑승한 상태에서 이동 간 근접경호를 실시해야 한다. 단, 경호대상자가 일정한 장소에 머무를 경우에는 근접경호원도 정지된 상태에서 근접경호를 실시하게 된다(염상국, 1997: 18).

선발경호는 경호대상자가 도착하기 전에 시간적 여유를 가지고 현장조사를 실시하고 효과적인 업무를 위해 협조와 준비를 하는 활동을 말한다. 또한 경호 조직내에 편성된 경호단위를 파견하여 취약요소에 대한 안전조치를 강구하고 경호협조 및 의전조율을 하는 활동을 말한다. 선발경호가 사전답사를 하는 이유는 경호원에게 좀 더 많은 정보와 위치, 행사장에서 경호대상자를 보호하기 위한 가능성을 주는 것이다. 또한 경호대상자가 행사장에 도착하기 전·후 동안 위해기도자가 테러공격을 준비하고 시도하는 것을 견제하고 예방하는 것으로 선발경호원이 먼저 현장에 도착하여 정·첩보활동, 보안활동, 검측활동 및 안전 확보를 실시하는 것이다(김두현, 1995: 276). 예방경호 활동에서 중요한 요소인 경호보안 활동의 1차적 목표는 범행기도자의 범행의지를 무력화 시키는 것이어야 한다. 한번 누설된 보안은 결코 원상태로 회복되어질 수 없으며 경호보안이 노출될 경우 그 만큼 위험을 수반한 가운데 많은 경호 인력과 장비가 동원되고서도 요인의 안전을 확고히 보장받을 수 없기 때문이다(안종하, 2004: 17).

선발경호원들은 근무 중 자기 담당구역을 이탈하여서는 안 되고, 자기 구역의 특이사항을 경호 지휘 계통을 통하여 보고하여 조치를 취해야 한다. 또한 경호대상자가 머무르는 곳과 이동 동선의 검측활동을 하며 도청과 같은 보안문제는 검측장비를 통하여 사전에 찾아내야 한다. 선발경호 활동의 핵심은 단순한 보디가드 차원이 아니라 국내·외 각종 경호 위해요소에 대한 광범위하고 지속적인 정·첩보 수집을 통하여 요인경호에 미칠 영향을 분석하여 적절한 경호규모나 방법, 이동수단의 결정 등 안전 판단과 경호계획 수립을 위한 기초 자료를 제공하는 사전 예방활동이라고 보아야 한다(안종하, 2004: 17).

반면에 수행경호란 경호대상자의 외부 활동 시 각종 위해 요소로부터 경호대상자의 신변을 보호하기 위하여 기동 간 또는 행사장에서 실시하는 근접호위 활동을 말한다. 선발경호에서 충분한 선발활동으로 만족할 만한 안전구역이 확보되었다 하더라도 위해기도자는 선발경호의 준비 이상으로 테러공격의 기회를 노릴 것이다. 수행경호에서는 이로 인한 비상사태 시 경호대상자의 근접에서 경고-

방호-대피를 통해 경호대상자를 대피시켜 보호하는 것이다. 그러나 100% 완벽한 선발경호 활동은 불가능한 일이며, 위해기도자는 목적달성의 관문인 안전 막을 뚫기 위하여 온갖 수단과 방법을 전부 동원 할 것이다. 따라서 사전 안전 활동을 뚫기 위하여 경호대상자에게 접근하는 자연적·인위적인 모든 위해요소는 경호대상자를 근접 수행하고 있는 근접경호원에 의해서만 제지될 수 있다. 최후의 보루 또는 움직이는 벽이라고 하는 이유도 여기에 있는 것이다(양재열, 1994: 9).

수행경호원은 수행시 품격과 위엄을 갖춰야 할 뿐만 아니라 혐오감을 주지 않도록 머리스타일도 단정하게 하여야 하고, 경호원인지 아닌지 의심이 될 정도로 세련되어야 한다. 또한 경호대상자의 곁에 있을 때 부담스럽거나 어색하지 않아야 하고 경호대상자를 24시간 지근거리에서 수행하는 업무상 특성으로 경호대상자와 친밀한 관계가 유지될 수 있다. 그러므로 수행경호원은 누구보다도 경호대상자에게 근접해 있기 때문에 호위활동에 지장을 주지 않는 범위 내에서 경호대상자를 보좌하는 것도 수행경호 활동의 하나이며 경호대상자와 함께 항상 대중의 시야에 있게 되므로 단정한 용모를 유지하는 동시에 언행에 유의하여야 한다(김화수, 2011: 11). 또한 수행경호원은 업무상 경호대상자의 일거수일투족을 가까이에서 하고 있으므로 철저한 보안의식이 요망된다. 경호대상자의 공식적인 일정뿐만 아니라 개인적인 사생활(Privacy)에 관한 것도 누설해서는 안 되므로 경호원의 보안의식을 무엇보다 강조하고 있다.

끝으로 수행경호원은 근접에서 경호 대형을 통하여 물리적인 테러의 공격으로부터 경호대상자의 안전을 예방하고 물리적인 공격이 가해질 경우에 경호원의 조건반사적인 오감능력을 통하여 자신의 신체를 이동하여 1차적인 공격을 막아내어야 하고, 테러의 2차적인 공격으로부터 경호대상자를 보호하기 위해 경호차량 등 기타 안전한 곳으로 최단시간에 대피할 수 있는 공간 지각 능력과 사전에 짜인 동선대로 대피하는 훈련이 되어 있어야 한다. 그 이유는 방호 및 대피기법 자체가 워낙 순간적으로 이루어지는 경호상 '최후의 생존기법'이므로 수행경호원들은 평소 가상 상황에서의 모의훈련을 반복·숙달하여 실제 상황시 자신들도 모르는 사이에 반사적인 행동이 나오도록 해야 한다(염상국, 1997: 23).

3. 경호의 목적과 원칙

1) 경호의 목적[6)]

경호의 목적은 일반적으로 경호대상자의 신변안전 도모, 질서유지와 혼잡방지, 경호대상자와 환영자 간의 친목도모, 위엄유지와 국위선양 네 가지로 구분하고 있다.

① 경호대상자의 신변안전 도모

경호의 가장 핵심적인 목적으로 경호대상자의 생명과 신체를 안전하게 보호하는 것이다. 이를 위하여 경호관은 유사시에 자

6) 임준태, 2009b: 51-54.

기 생명을 희생할 마음의 준비가 되어 있어야 한다. 그러므로 사전 치밀한 계획을 수립하고 관계되는 모든 기관 상호간의 긴밀한 협조 하에 체계적으로 임무를 수행할 때 가능하다.

② 질서유지와 혼잡방지

요인이 참석하는 행사에는 필연적으로 각종 관련행사가 병행되며, 그에 따라 많은 군중이 모이게 되므로 경호관계기관은 사전에 모든 사태를 예측하여 행사장 및 연도에 모이는 군중통제 대책을 수립하여 면밀히 검토하고 유관기관과 협조하여 질서가 유지될 수 있도록 조치하여야 한다.

③ 경호대상자와 환영자 간의 친목도모

요인이 참석하는 행사에 모이는 환영, 송영자들은 요인을 보고 싶어 하기 마련이므로 행사장이나 연도의 군중을 정리할 때에는 친절하고 정중한 태도를 유지해야 하고, 오만한 태도나 감정적인 언어와 행동을 삼가하여 행사분위기에 맞추어 품위 있는 업무수행을 해야 한다.

④ 위엄유지와 국위선양

국내의 주요인사는 물론 외국 국가원수나 중요인사에 대한 경호를 질서 있고 안전하게 실시하였을 경우, 이는 곧 대한민국의 국위를 선양하고 국제적인 지위를 향상시키는 계기가 될 수 있다.

2) 경호의 원칙

경호의 원칙은 경호환경의 다양성과 복잡성으로 인해 몇 가지로 나누어 획일적으로 규정하는 것은 쉽지 않다. 이는 경호의 주체와 경호대상자 그리고 경호가 이루어지는 시간, 장소, 행사 성격 등 주변 환경에 따라 경호의 범위와 수준이 달라지기 때문이지만, 보다 효과적으로 경호목적을 달성하기 위해서는 일반적인 경호의 원칙이 필요하다는 것에는 이견(異見)이 없다.

세계 어느 나라도 100% 완벽한 경호를 하는 나라는 없다. 그러나 실질적인 경호에 앞서 주변 환경에 대하여 정확한 상황을 인지하고, 고려해야 할 몇 가지 중요한 경호의 원칙과 경호대상자를 포함한 위해자의 심리적 대비를 철저히 한다면 성공적인 경호활동을 보장할 수 있을 것이며, 경호의 준비과정은 물론, 실시하는 과정에서도 불의의 사고에 대처할 수 있는 것이다. 이와 관련하여 일반적인 학자별 '경호의 원칙'과 비상시 '즉각 조치의 원칙'을 살펴보고자 한다.

(1) 학자별 경호의 원칙

김두현(2001: 52-59)은 경호의 원칙을 일반원칙과 특별원칙 그리고 경호조직의 원칙으로 설명하였다. 일반원칙에는 첫째, 경호대상자를 중심으로 3중의 안전구역으로 구분하여 운용하는 '3중 경호의 원칙' 둘째, 두뇌 역할의 중요성 강조하는 '두뇌경호의 원칙' 셋째, 공격이 아닌 방어위주의 엄호행동을 지향하는 '방어경호의 원칙' 넷째, 정적인 상황에서 은밀하게 임무수행을 하는 '은밀경호의 원칙'이 있다. 특별원칙에는 첫째, 자신이 맡은 담당구역 안에서 일어나는 어떠한 사태에 대해서도 자신이 책임을 지고 해결하는 '자기담당구역 책임의 원칙' 둘째, 경호대상자를 암살자 또는 위해를 가할 가능성이 있는 자들로부터 떼어 놓는 '목표물 보존의 원칙' 셋째, 경호대상자에게 접근할 수 있는 출입구 또는 접근로를 하나로 통제하는 '하나의 통제된 지점을 통한 접근의 원칙' 넷째, 자신을 희생하여서라도 경호대상자의 신변안전을 반드시 유지해야 하는 '자기희생의 원칙'이 있다. 경호조직의 원칙에는 첫째, 경호요원이 다수이더라도 지휘는 단일해야 하고 이를 분할 할 수는 없는 '경호지휘 단일성의 원칙' 둘째, 구조의 정점에서 말단에 이르는 무수한 수준을 통하여 상하계급 간에 일정의 관계가 이루어져 책임과 업무의 분담이 이루어지고 명령과 복종의 지위와 역할의 체계가 통일되어야 하는 '경호체계 통일성의 원칙' 셋째, 경호조직을 지휘하는 지휘자가 있고 지휘를 받는 하급자가 있으며 하급자를 관리하기 위한 지휘권과 장비가 편성되며 임무수행을 위한 보급지원 체계를 갖추어야 하는 '경호기관 단위작용의 원칙' 넷째, 경호조직과 국민과의 협력을 필요로 하는 '경호협력성의 원칙'으로 구분하고 있다.

또한 박준석(2010: 30-32)은 경호의 원칙을 과학적인 두뇌작용 원칙, 고도의 경계심 유지 원칙, 합리적인 지역방어 원칙, 경호작용기관 지휘통일의 원칙으로 설명하였다. 첫째, 은폐되어 있는 공격자의 공격행위 징후를 사전에 탐지하고 차단하기 위해 경호요원에게는 공격자보다 뛰어난 과학적인 두뇌작용이 필요하다는 '과학적인 두뇌작용 원칙' 둘째, 경호요원은 극도의 긴장감에서 발생하는 심신의 피로를 극복하고 공격자의 침투를 완벽하게 색출할 수 있는 고도의 경계심을 지속적으로 유지해야 하는 '고도의 경계심 유지의 원칙' 셋째, 최선의 경호를 위해서는 다수의 방어막(층)을 설정하여 종심방어를 실시해야 하는 '합리적인 지역방어의 원칙' 넷째, 경호상황 발생에 대한 신속한 대응과 경호부서 간의 긴밀한 협조체제 구성을 위해 경호작용기관의 지휘통일은 필연적이라는 '경호작용기관 지휘통일의 원칙'으로 구분하고 있다.

한편 이상철(2006: 21-29)은 경호임무 활동의 원칙을 경호임무 절차의 원칙, 선발 및 근접경호 구분운용 원칙, 3중 경호의 원칙, 방어 및 대피 우선원칙으로 설명하였다. 경호임무 활동원칙에는 첫째, 경호임무를 계획-준비-행사-결산 단계와 같이 절차를 정하여 운용하는 것으로 먼저 계획 단계에서 종합 계획을 수립하여 비상대피소, 비상대기차량, 예비병력 운용 등에 관한 정보를 수집하고 경호활동을 정보활동, 보안활동, 안전대책 및 검측활동으로 구분하여 지켜야 하는 '경호임무 절차의 원칙' 둘째, 반드시 선발과 근접경호를 구분운용 하여야 하는 '선발 및 근접경호 구분운용 원칙' 셋째, 경호대상자가 위치한 지역에서부터 근접경호(Inner Ring), 중간경호(Middle Ring), 외곽경호(Outer Ring)를 나누고 그에 따른 요원의 배치와 임무를 부여해야 하는 '3중 경호의 원칙' 넷째, 우발상황 발생 시 경호원은 경고·방호·대피의 순서를 지켜야 하는 '방어 및 대피 우선원칙'으로 구분하고 있다.

(2) 비상시 즉각 조치의 원칙

즉각 조치의 형태는 비상사태의 상황에 따라 달라지지만 최우선 목표는 경호대상자를 방호하고 대피시키는데 있으며 공격자를 제압하는 것은 차후 목표가 되어야 한다. 즉각 조치 시에는 총기를 휴대하고 있더라도 가능하면 사용해서는 안 된다. 비상사태는 극히 순간적이어서 총기를 사용할 만큼 시간적 여유가 없을 뿐 아니라 총기사용으로 인한 일반인의 피해를 고려하여, 총기사용 대신에 몸을 날려 경호대상자를 방호하거나 범인을 제압하여야 한다. 즉각 조치는 어느 한사람의 경호원이 감당할 수 있는 성질의 것이 아니며, 근접경호원 모두가 자신의 위치에 따라 적절한 조치를 일사분란하게 실시해야 한다. 그리고 즉각 조치의 성공여부는 냉철한 판단력과 주저함이 없는 과감한 행동력에 달려 있으며, 평소 다양한 가상 상황 하에서의 반복·숙달 훈련만이 위기상황 하에서 경호대상자의 생명을 구할 수 있게 해 줄 것이다(염상국, 1997: 71). 또한 즉각 조치는 비상사태의 형태에 따라 다양한 기법을 활용할 수 있으나, 기본적으로는 공격의 인지, 경고, 방패막 형성 및 대피, 대적 및 제압 등으로 이루어진다.[7]

① 공격인지(Recognition of Attack)

공격인지는 경호대상자의 위협요소를 시각적인 측면에서 의문점을 제기하고 문제가 될 수 있다고 스스로 판단하였을 시 어떻게 대응할 것인가를 사전에 감지하는 것으로 경호대상자의 안전을 위협하고 우발상황을 효율적으로 방지하기 위해서는 사전 관찰에 의해 발생 가능한 위협을 제거하는 것이다(이상철, 2008: 254).

즉, 경호대형 안으로 들어오는 모든 사람과 사물에 위해기도자

7) US. CID. (1978, 45-48). : 경고, 방호 및 대피, 대적 및 제압 그리고 통로개척 및 질서유지로 나눠진다.

가 위장하거나 은폐하고 있을 만한 장소, 주변과 어울리지 않는 물건, 경호대상자와의 거리, 자세, 손의 움직임, 휴대품에 대한 의문점을 제기하고 공격의지를 사전에 파악하여 전 경호원에게 전파함으로써 우발상황 발생을 사전에 막는 것이다.

② 경고(Sound-off)

위해상황이 발생하면 최초 발견자의 빠른 전파가 가장 중요하다. 전파는 큰 육성으로 하는 방법과 무전으로 알리는 방법이 있다. 위해기도자는 워낙 은밀하게 시도되기 때문에 근접경호원 중 아무도 인지하지 못한 상태에서 진행될 수 있으며, 근접경호원 중 어느 누가 인지하더라도 여타 경호원들에게 이를 전파하기에는 시간적으로 불가능하다. 따라서 최초로 위해 기도나 기타 위해요소를 인지했을 경우에는 큰 목소리로 이를 전파하여 주변의 경호원들이 위기상황을 인지토록 하여야 한다. 즉각 조치는 어느 한사람의 경호원이 감당할 수 있는 성질의 것이 아니기 때문이다(염상국, 1997: 72). 경고는 급박한 상황 하에서는 시간적 여유가 없기 때문에 간단명료하게 큰 목소리로 외쳐 전파하는 것이 무엇보다 중요하다고 할 수 있겠다. 여기에 위해기도자의 방향까지 포함하면 신속한 즉각 조치에 효율적일 것이다.

③ 방패막 형성(Defansive Formation) 및 대피(Evacuate)

우발상황 발생 시 경호팀은 방패막 형성을 함에 있어서 두 가지 측면으로 나누어 동시에 실행되어야 한다. 우선 시각적 측면에서 공격이 가해지는 방향으로 고개를 돌리기 전에 먼저 경호대상자를 감싸는데 주력해야 하며 주변에 대한 스캐닝을 동시에 실시한다. 공격방향과 가장 근접해 있는 전방 경호원은 사태를 신속하게 판단하여 체위를 최대한 확장하고 방탄가방 등을 이용하여 위해기도자로부터 경호대상자가 시각적으로 보이지 않게 하여 위협으로부터 피해나갈 수 있도록 조치한다.

경호원이 체위 또는 방탄가방 등을 이용하여 시각적으로 경호대상자를 보호하였다면, 물리적 측면에서는 근접에 위치한 경호원들이 경호대상자의 체위를 최대한 낮게 하고 좌·우 후미에 위치하여 물리적 공격으로부터 보호하는 것이다(이상철, 2006: 258).

방호 시 대형은 함몰형 대형(Cave-in Formation)과 방어적 원형 대형(Defensive Circle Formation)이 있다. 대피는 경호대상자에 대한 방호와 거의 동시에 이루어지며 경호대상자가 위해 장소로부터 현장을 신속히 이탈하는 것이다.

④ 대적(Facing) 및 제압(Suppression)

우발상황이 발생하면 경호대상자의 신속한 대피가 최우선으로 이루어지며, 그와 동시에 제2, 제3의 공격을 방지하기 위해서는 위해기도자를 대적하여 제압하여야 한다. 대적과 제압을 할 때에는 주위의 환경, 공격의 방향과 방법, 무기의 종류, 범인의 공격기술과 능력 등을 순간적으로 파악하여 대체하여야 한다(이상철, 2008: 264). 이러한 대적과 제압은 훈련이 아닌 실제 벌어지는 상황이기 때문에 경험과 기술을 요하고 평소 무도와 체력훈련 등에 철저하여야 가능할 것이다.

위해기도자가 인지되면 위해기도자와 최단거리에 위치한 경호원이 위해기도자에 대한 '대적 및 제압'이 실시되어야 하는데, 이는

'방패막 형성 및 대피'와 함께 중요한 즉각 조치 기법인 것이다. 즉각 조치의 대적과 제압은 비상사태의 상황에 따라 동시에 또는 전·후로 실시될 것이며, 근접경호원은 자신의 위치에 따라 대적과 제압의 즉각조치팀에 각각 합류하여야 한다(염상국, 1997: 75). 무엇보다 대적과 제압은 위해기도자의 검거가 아닌 경호대상자의 안전한 대피를 위한 제2, 제3 공격의 차단이 목적임으로 자신의 보호를 앞세운 공격(Attack)과 방어(Defense)의 개념과는 차이가 있다(김화수, 2011: 34).

이상 살펴본 바와 같이 학자나 기관에 따라 다소 차이가 있으나, 완벽한 경호를 위해서는 경호의 원칙을 준수할 필요성이 있다는 의견에는 차이가 없다. 특히 국가(公)경호원들은 항상 위험을 최소화 하겠다는 의식을 가지고 경호의 원칙을 준수해야 한다. 또한 세밀한 계획과 비상 상황 속에서 대처할 수 있는 지속적인 교육 훈련을 받아야 하며 아무리 사소하고 작은 일이라도 원칙을 가지고 업무에 임해야 한다.

※ **경호임무 포함 요소**[8)]

경호임무는 통상 임무수행단계(Assignment Phase), 행사일정(Itinerary), 연락 및 협조(Liaison and Coordination), 위해분석(Threat Analysis), 계획수립 제2단계(The Planning

8) 김두현, 2001: 268-271.

Accomplished in Two Phases), 실시(Execution), 평가(Critique), 행사결과보고서 작성(After Action Report) 등의 요소들을 포함한다.

— **임무수행단계(任務遂行段階)**: 임박한 경호임무에 대한 통지를 받으면 진행 순으로 사건일지를 작성하기 시작한다. 임무와 관련된 모든 정보사항을 기록하고, 임무수행 결과 산출된 모든 정보를 보존한다.

— **행사일정(行事日程)**: 사전예방경호작용이 가능하도록 충분한 정보가 제공되고 있는지를 판단하는데 필요한 출발 및 도착일시, 수행원 수, 경호대상자에 관한 신상, 의전사항, 방문지역의 지리적 특성, 각 방문지역에서 수행원이 유숙할 호텔 또는 숙소의 명칭과 위치, 기동방법 및 수단 등을 고려한다.

— **연락 및 협조(協助)**: 행사 일정의 획득 및 토의에 이어서 다른 행사관련 요원들과의 연락 및 협조가 시작되어야 한다. 청천 및 악천후 때를 대비한 행사 스케줄과 행사관련 요원들의 시간계획, 모든 행사장소 행사에 참석하는 손님, 언론의 보도여부 및 보도의 제한사항 등이 협의되어야 한다.

— **위해분석(危害分析)**: 행사일정이 수립되자마자 위해첩보의 수집을 위한 노력이 계획되어야 한다. 이에 따라 일정을 유관부서에 제공하지 않을 수 없다. 모든 행사지역에

서의 경호대상자에 대한 가능성 있는 위해요소를 확인하려는 노력은 이들 부서에 의해 이루어지고, 안전에 불리하다고 고려되는 첩보는 상세히 분석되어야 하며, 정보분석기관은 경호담당기관의 기획전담요원에게 분석내용을 통보해 준다. 경호담당기관은 임무수행간 위해첩보를 수집하는 기관과 빈번한 접촉을 유지해야 한다.

— **계획수립(計劃樹立)**제2단계: 경호대상자가 방문할 지역의 사전예방 경호팀이 현장답사를 함으로써 이루어진다. 사전예방경호팀에 의해 분석되는 정보는 결국 경호계획서의 추가계획을 작성하기 위한 준비가 되는 것이다.

— **경호실시(警護實施)**: 이 단계는 경호임무 수행 중에 선정된 지역에 경호대상자가 도착함으로써 시작된다. 사전에 수립된 계획의 이행은 적절한 경호기법(警護技法)의 적용으로 달성된다. 실시단계는 경호대상자가 자신의 관저(私邸)에 돌아오거나 주무관청(담당기관)의 관할권(담당지역)에 도착하면 종결된다.

— **경호평가(警護評價)**: 경호행사가 종료되었다고 해서 언제나 의도된 대로 움직여지는 것은 아니며, 어떤 때는 전혀 다른 방향으로 일이 처리되는 경우 등이 있어 언제나 경호행사가 끝난 다음에는 설정된 기준과 실적을 비교하는 평가가 필요하며 이러한 평가는 최종단계로써 효과를 극대화하기 위해서는 임무가 완료된 직후에 이루어져야 한

다. 또한 참여했던 모든 요원은 문제점과 해결책을 토의하여 다음 경호임무 수행시에는 유사한 문제가 발생하지 않도록 교훈을 제공해 줄 수 있어야 한다.

— **행사결과보고서(行事結果報告書)작성**: 대화형식으로 작성되는 이 보고서는 경호임무 수행간의 주요 강조사항을 기록한다. 이 보고서는 임무종료 직후 메모와 일지 그리고 경호대상자와 그의 참모, 사전예방경호원 등의 코멘트를 참조로 한다. 직면했던 문제들과 이 문제들에 대한 제시된 해결책에 중점을 두고 결과보고서를 작성한다.

4. 경호 관련 법령

경호직무에 대한 근거법령은 대통령경호실 소속 공무원들[9]이 수행하는 경호직무 및 조직에 관한 내용을 규정한 '대통령등의 경호에 관한 법률'과 경찰의 경호직무에 대한 일반법으로서의 '경찰관직무집행법', 민간의 신변보호업무의 일반법으로서의 '경비업법' 등이 있다.

1) 최초의 경호 관련 내무부 훈령[10]

1949년 2월 23일 창덕궁경찰서가 '경무대(景武臺) 경찰서'라는

9) 대통령경호실(이하 "경호실"이라 한다)직원과 경호실에 파견된 사람을 말한다(대통령등의 경호에 관한 법률 제2조 제3항).

10) 임준태, 2009b: 60-68 재구성

명칭으로 바뀌면서[11], 경무대(오늘날 청와대) 경찰서 시대가 열렸다. 관할 구역이 중앙청 및 경무대 구내로 규정되었으며, 경무대경찰서장이 경호책임자가 되어 주로 대통령경호 임무를 수행하였다. 1949년 12월 29일 내무부 훈령 제25호에 의하여 '경호규정'이 제정되면서 최초로 '경호'라는 용어를 사용함과 동시에 경호업무 체제가 정비되었다.

2) 대통령등의 경호에 관한 법률[12]

대통령과 그 가족, 대통령 당선인과 그 가족, 퇴임 후 10년 이내의 전직대통령과 그 배우자의 경호를 담당하기 위한 경호실의 설치, 임무 등을 규정하고 있다.[13] 경호실장은 직무상 필요하다고 인정할 때에는 국가기관, 지방자치단체, 기타 공공기관의 장에게 그 공무원 또는 직원의 파견, 기타 필요한 협조를 요청할 수 있으며 하위법령으로써 시행령이 있다. 대통령등의 경호에 관한 법률은 경찰관직무집행법에 대해서 특별법적 성격이 있으며, 총기사용에 있어서 특칙이 적용 된다.[14]

---

11) 경찰서의 위치 명칭 및 관할구역 변경에 관한 건(1949. 2. 23 대통령령 제59호).

12) 대통령경호실법은 법률 제1507호, 1963.12.14 제정·공포되었으며, 법률 제3358호, 1981.1.29 대폭 개정되었고 이후 법률 제8872호, 2008. 2. 29 '대통령등의 경호에 관한 법률'로 일부개정, 최근 법률 제12044호, 2013.8.13 제4조(경호대상) 제3항 신설, 부칙(경호공무원의 연령 정년에 관한 경과조치) 등 일부개정에 이르고 있다.

13) 대통령등의 경호에 관한 법률 제4조(경호대상) 7년에서 10년으로 법률 제11689호, 2013.3.23 일부 개정되었다.

14) 대통령등의 경호에 관한 법률 제19조(무기의 휴대 및 사용) 제1항 실장은 직무를 수행하기 위하여 필요하다고 인정할 때에는 소속공무원에게 무기를 휴대하게 할 수 있다<개정 2013.3.23>. 제2항제 3호 야간이나 또는 집단을 이루거나 흉기나 그 밖의 위험한 물건을 휴대하여 경호업무를 방해하기 위하

3) 경찰관직무집행법

1953년 12월 14일 법률 제299호로 제정된 경찰관직무집행법에서는[15] 요인경호 관련 내용이 직무로 직접 규정되지 않았으나, 1981년 4월 13일자로 (법률 제3427호) 법률이 전면 개정[16]되면서 경찰의 직무범위에 '경비·요인경호 및 대간첩작전'을 규정함으로써 요인경호에 대한 직무가 일반경찰작용으로 규정되었다.

4) 전직대통령예우에 관한 법률

전직대통령예우에 관한 법률은 경찰관직무집행법에 대하여 특별법적 성격이 있으며, 퇴임 후 10년이 경과한 전직대통령에 대한 경호·경비는 대통령등의 경호에 관한 법률이나 전직대통령예우에 관한 법률 및 경찰관직무집행법 등에서 직접적으로 규정한 것은 없다. 단지 경찰관직무집행법(제2조 제3호)상의 '주요인사 경호' 개념에 의거하여 전직대통령을 주요인사의 범주에 포함시키고, 전직대통령예우에 관한 법률상의 '필요한 기간의 경호·경비' 및 경찰청 훈

여 소속공무원에 항거할 경우에 이를 방지하거나 체포하기 위하여 무기를 사용하지 아니하고는 다른 수단이 없다고 인정되는 상당한 이유가 있을 때[전문개정 2011.4.28].

15) 경찰관직무집행법 제1조 (目的) ① 본법은 경찰관이 국민의 생명, 신체, 재산의 보호와 범죄의 예방, 공안의 유지 기타 법령집행 등의 직무를 충실히 수행하기 위하여 필요한 조치를 규정함을 목적으로 한다. ② 본법에 규정한 조치는 전항의 목적을 위하여 필요한 최소한도 내에서 행사하여야 하며 그를 남용하여서는 안 된다.

16) 경찰관직무집행법 제2조 (직무의 범위) 경찰관은 다음 각호의 직무를 수행한다.
1. 범죄의 예방·진압 및 수사.
2. 경비·요인경호 및 대간첩작전수행.
3. 치안정보의 수집·작성 및 배포.
4. 교통의 단속과 위해의 방지.
5. 기타 공공의 안녕과 질서유지.

령인 '경호규칙' 제3조에서 '전직대통령'을 경호대상으로 규정함으로써, 퇴임 후 10년이 경과한 전직대통령에 대한 경호는 경찰이 맡고 있는 셈이다. 다만 대통령등의 경호에 관한 법률 제4조 '제1항제3호에도 불구하고 전직대통령 또는 그 배우자의 요청에 따라 실장이 고령 등의 사유로 필요하다고 인정하는 경우에는 5년의 범위에서 같은 호에 규정된 기간을 넘어 경호할 수 있다(신설 2013.8.13)'라고 규정되어 있다.

대통령경호실이 담당하고 있는 경호대상자의 경우, 전직대통령과 그의 배우자로 가족의 범위가 명확하게 규정[17]되어 있지만, 경찰의 경호대상인 퇴임 후 10년이 지난 전직대통령의 '유족'의 범위에 대해서는 명확하게 규정하고 있지 않다. 또한 동법 시행령이 규정하고 있는 '...필요한 기간의 경호·경비'와 관련, 경호직무의 시기는 있으나 종기가 없는 셈이다.

전직대통령예우에 관한 법률(일부개정 법률 제10742호, 2011.5.30) 제7조(권리의 정지 및 제외 등) 제2항에 따르면, 전직대통령이 '재직 중 탄핵결정을 받아 퇴임한 경우, 금고이상의 형이 확정된 경우, 형사처분을 회피할 목적으로 외국정부에 대하여 도피처 또는 보호를 요청한 경우, 대한민국의 국적을 상실한 경우에는 동법 '제6조 제4항제1호의 규정에 의한 예우를 제외하고는 이 법에 따른 선직대통령으로서의 예우를 하지 않는다'고 규정하고 있다.

---

17) 대통령경호실의 경호대상에서 전직대통령의 동거하는 자녀를 삭제함(안 제4조 제1항제3호 삭제). 법률공고 제12044호, 2013.8.13.

이와 관련, 전두환·노태우 전직대통령의 경우 금고 이상의 형이 확정된 바 있다.

5) 경비업법

민간(私)경호 관련 법원인 경비업법 제2조 제1항에서 신변보호 업무로 지칭하고 있으며 신변보호 업무에 대하여 '사람의 생명이나 신체에 대한 위해의 발생을 방지하고 그 신변을 보호하는 업무'로 정의하고 있다. 수익자 부담의 원리에 의하여 특정대상에게 계약에 의하여 범죄예방적 차원에서 경호서비스를 제공한다. 또한 국내에서 민간영역의 경호원으로 활동하기 위해서는 경비업법에 규정하고 있는 이론과 실무를 포함하여 28시간의 일반경비원 신임교육을 경찰청으로부터 지정받은 교육기관을 통하여 이수하는 등 소정의 자격을 취득하여 신변보호 업무를 실시하는 주체를 민간(私)경호원이라고도 한다.

6) 기타 하위법령

① 대통령 경호 안전 대책위원회규정[18)]

대통령 경호임무 수행에 있어서 관계부서의 책임을 명확히 하고 관계부서간의 협조를 원활히 함으로써, 대통령 경호임무 수행에 만전을 기하기 위하여 경호 안전 대책위원회의 구성, 운영, 관계

18) 대통령령 제10233호, 1981.3.2 제정된 바 있다.

부서의 책임사항을 등을 규정하고 있다. 특히 경찰청의 책임은 입수된 경호유관 첩보 및 정보의 신속한 전파, 보고 등이다.[19]

② 경호규정 및 경호규칙

대통령등의 경호에 관한 법률시행령 제14조(위임규정)에 의거, 이 영(令)의 시행에 관하여 필요한 사항은 경호실장이 정하도록 위임하고 있으며 이에 근거하여 경비업무규정 등 수 십 개의 경호규정을 제정·시행하고 있다. 한편 경찰청장이 1991년 7월 31일 훈령 제12호로 경찰규칙을 제정·시행하고 있다. 이는 경호경비에 관하여 필요한 사항을 규정한 (경찰청)훈령으로써 경호의 대상, 행사경호의 유형, 경호의 종류, 기능별 임무, 경호계획, 경호경찰관의 임무, 안전대책, 행사장경호, 연도경호, 숙소경호, 교통관리, 경호보안 등에 대하여 규정하고 있다. 다만, 부칙에서 대통령경호실장 지침과 경호규칙이 상이할 경우에는 대통령경호실장 지침이 우선한다고 규정하고 있다.

③ 경호편람

대통령경호실의 경호안전업무지침, 유관기관용 경호경비업무지침 및 경호규칙 등에 따라 경찰의 경호업무에 대하여 세부적인 업무편람을 규정한 내용으로 경호업무와 관련하여 모든 내용이 상세히 수록되어 있다.

이상 살펴본 바와 같이 경호 관련 법령은 경호직무에 대한 법령

19) 동위원회에는 경찰청 보안국장이 위원으로 참여한다.

을 근거로 경호위해 발생시 형법, 총포·도검·화약류 등 단속법, 도로교통법 등 각 처벌 법률이 적용[20]되며, 특히 경호관의 '자기희생의 원칙'은 초월적(超越的)·초법적(超法的) 의지의 책임이라 할 수 있다.

『경호관의 '자기희생의 원칙'은 초월적(超越的)·초법적(超法的) 의지의 책임이다』

20) 1. 경호구역에서 공무집행방해죄(형법 136조)를 인정한 판례: 대통령 영부인의 경호업무를 담당하는 결찰관이 총장면담을 요청하며 영부인이 있는 대강당으로 진입을 시도하는 학생들을 제지하는 행위는 적법한 공무집행 행위에 해당한다고 할 것이며, 사복경찰관들이 피고인들에게 직접적으로 경호업무를 수행하는 중임을 고지하지 않았다고 하더라도 그 직무집행에 어떠한 위법이 없다는 판단으로 공무집행방해죄를 인정한 판례(대법원 2012, 5, 24 선고 2010도11381 판결).
2. 계란 투척 행위를 폭행죄로 인정한 판례: 김포공항 VIP주차장에서 출국 중이던 김영삼 前 대통령에게 환송인파속에 끼어있던 박의정(男, 72세)이 유성페인트가 들어있는 계란을 얼굴에 투척(1999.6.3)하여 형법 260조(폭행)를 적용하여 징역 8월, 집행유예 2년을 선고한 판례(서울지법 99노8134).

Ⅱ 경호환경의 특수성

1. 국내 경호환경

1) 국가(公)경호환경

경호활동은 경호대상자의 사회적 존경과 신뢰의 영향을 받게 되며, 대립과 편향의 사회구조[21]는 경호활동에 위협적인 경호위해 요인이 된다. 그러므로 경호활동에 앞서 경호환경의 사전 분석이 반드시 이루어져야 한다.

문화심리학자 김정운 박사[22]는 한국의 집단심리학적 특징을 '분노'라고 밝히고 있다. 근대 이후 식민지, 전쟁, 가난, 시절을 겪으면서 집단무의식 깊숙이 가라앉은 '분노'와 '적개심'은 억눌린 사람들이 가질 수 있는 마지막 저항수단으로 때로는 자기 파괴적이기도 하고, 고통스러웠던 시절의 분노와 적개심이 '한'으로 응어리져 오늘

---

21) 인터뷰(2012.3.14) : 이동원 이화여대 명예교수(사회심리학 박사, 국무총리실·여성가족부 등 다년간 국가기관의 자문역을 맡음)

22) 조선일보 (2014.1.3)

날에 이르고 있다고 했다. 또한 오늘날 세계 10위권의 경제대국이 되었으나, 압축 성장에 따른 빈부의 격차문제, 남북의 분단 상황 등이 '내편', '네편' 생각이 다르다는 이유만으로 '죽일 놈'이 되어버리는 사회구조는 '우리 편' 아니면 바로 '적'이라는 한국인들의 인지적 쉐마(Schema)로 굳어진 분단의 이분법은 분명 위협적인 경호위해 요인일 수밖에 없다.

『한국대통령에 대한 국민인식』 조사에서도 70.8%가 대통령을 신뢰하지 않는다. '남을 믿을 수 있느냐'는 대인신뢰도에서는 한국은 OECD국가 중 최하위, 대통령 신뢰도가 대인신뢰도 보다도 못한 것으로 분석된 실제 자료가 있다.[23]

역사적으로 대통령·수상 등 많은 국가지도자들이 그가 속한 국가 내부의 갈등과 정치적·사상적인 불만을 가진 위해기도자들로부터 암살·테러·위해의 대상이 되어 왔음을 알 수 있다. 그러므로 경호활동의 방향을 설정하기 위해서는 국내·외 경호환경의 역사적 특수성과 경호위해 사례[24]의 연구가 우선되어야 할 것이다.

---

23) sbs 8시뉴스(2007.11.10)

24) ① 박정희 前대통령 암살미수사건(육영수여사 저격사건 1974.8.15)
② 전두환 前대통령 광주공항에서 1차 계란투척 피해, 이후 전남순천 선암사 법회 기념촬영 중 2차 계란투척 피해 사건(1998.11.16)
③ 김영삼 前대통령 계란, 페인트 투척피해 사건(김포공항 1999.6.3)
④ 아웅산묘소 폭발사건(동남아·오대양주 6개국 공식 순방 첫 방문지인 버마 1983.10.9)
⑤ 김종필 前국무총리 충남대 봉변사건(충남대 1999.5.7)
⑥ 정원식 前국무총리 외대 봉변사건(한국외국어대 교육대학원 1991.6.3)
⑦ 미국의 "케네디 대통령 암살사건"(1963.11.22 유세지인 텍사스주(州) 댈러스에서 자동차 퍼레이드 도중에 저격범의 총탄을 맞고 사망한 사건)
⑧ 미국의 "레이건 대통령 암살 미수사건"(1981.3.30 한 호텔에서 연설 후 나오는 중 조디포스트라는 미인배우를 만나기 위한 수단으로 관심을 끌기위한 청년 힝클리에 의해 저격 실패로 미수에 거친 사례)

① 사건사례로 본 국가(公)경호대상자의 경호 환경

〈표 2-1〉과 같이 역대 국가(公)경호대상자의 사건사례는 경호환경의 위험요인으로 평가될 수 있으며, 정신분석학자가 분석하는 '권력에 대한 무의식적 저항의 집단무의식[25)]'과 사회심리학자가 분석하고 있는 '대립과 편향의 구도', '국가(公)경호대상자의 사회적 존경과 경호원의 사회적 신뢰'에서도 한 원인을 찾을 수 있다. 이러한 사건사례들의 분석은 국가(公) 경호환경의 위험요인으로 경호활동에 있어 어려운 환경임을 시사해 주고 있다.

〈표 2-1〉 국가(公)경호대상자의 사건 사례

국가(公) 경호대상자	발생일	사 건
이승만 (1945~1960)	1960. 3. 15	정·부통령 부정선거에 따른 4.19혁명 발발
	1960. 4. 26	이승만 대통령 하야, 미국 망명 (이기붕 부통령 가족 동반 자살)
윤보선 (1960~1962)	1962. 3. 22	대통령 하야

⑨ 영국의 "찰스 왕세자 미수사건"(1994.1.26 12일간 일정으로 호주를 방문중인 '찰스'왕세자가 당일 저녁 7시 15분쯤 시드니 시내의 달링하버공원에서 열린 호주의 날 기념식에 참석, 연설을 시작 하려는 순간 군중 속에서 연단 3m 거리까지 접근, 두 차례 경주신호용 공포탄 공격을 받았으나 미수에 그친 사례)

⑩ 일본의 "가네마루 자민당 부총재 암살 미수사건"(1995. 당시 일본 자민당 부총재 가네마루가 연단 연설준비 중에 총기 피격을 받은 암살 미수 사례)

25) 대표적으로 일제강점기(1910~1945)를 들 수 있다.

국가(公) 경호대상자	발생일	사 건
박정희 (1963~1979)	1962. 3. 24	박정희 국가재건최고회의 의장 대통령 권한대행
	1968. 1. 21	무장공비 청와대 습격 미수사건(1.21사태)
	1971. 7. 31	청와대 폭파기도 미수사건 (정앙정보부 부산지부 검거)
	1974. 8. 15	육영수 여사 피격사건
	1979. 10. 26	박정희 대통령 서거(10.26사건)
최규하 (1979~1980)	1980. 8. 16	대통령 하야
전두환 (1980~1988)	1983. 10. 9	동남아 순방시 위해기도(미얀마 아웅산 묘소 폭파사건)
	1995. 12. 3	12.12 및 5.17 조사반란 주도 혐의 구속 수감
	1998. 11. 16	광주공항 계란 투척 피해
노태우 (1988~1993)	1995. 11. 16	거액 수뢰 혐의 구속수감
김영삼 (1993~1998)	1999. 6. 3	김포공항 계란투척 피해
	1997. 2004.	비리의혹 및 불법정치 자금 혐의 차남 김현철 구속수감
김대중 (1998~2003)	2003.	김홍일(장남)·김홍업(차남)·김홍걸(삼남) 금품수수 혐의, 유죄판결 등 구속수감
노무현 (2003~2008)	2004. 3. 12 ~ 5. 14	탄핵에 따른 대통령 권한 대행(고건 국무총리)
	2009. 5. 23	전(前) 대통령 자살
	2013. 11.	노건평(형) 변호사법위반·업무상횡령혐의 징역5년 노정연(딸) 외화 불법송금 유죄 징역4월 집행유예 1년
이명박 (2008~2013)	2012.	금품수수 혐의 현직대통령 친형(이상득) 구속 수감

출처: 한국현대사사전(2005), 임준태 2009b: 139-165 재구성

2) 민간(私)경호환경

과거 테러의 대상은 주로 정부요인으로 자신들의 정치적, 종교적, 이념적 목적을 달성하기 위한 정책노선의 반전과 정권탈취가 목적이었다면 오늘날은 사회지도자, 기업가, 과학자, 연예인 등 특정 공인이 아닌 일반인을 대상으로 한 대인범죄나 무차별적 테러, 스토킹 등의 사회불안 요소가 되는 범죄가 증가하면서 일반시민의 신변보호와 안전을 위한 경호원 등으로 대상범위가 확대되고 있다. 또한 국제적인 테러발생이 증가하면서 해외시장으로 진출하는 경호업체도 증가할 것으로 예상 된다.[26] 민간(私)경호는 어디까지나 법적면책권이 없는 민간인 신분으로 활동하게 된다. 이에 따라 경호위해 요인을 조기에 탐지, 이동 동선을 우회하거나 위험을 회피하는 것 역시 효과적인 경호기법이 된다. 이처럼 어려운 환경이 민간(私) 경호환경임으로 더욱 신중하고 치밀하게 실시되어야 한다.

〈표 2-2〉 5개 업종별 경비현황(2013. 12말 기준)[27]

구 분	업체수	업종계	시설경비	호송경비	신변보호	기계경비	특수경비
13년	4,077	4,822	3,971	42	525	145	139

※ 1개 업체가 2개 이상의 업종 영업 가능

26) http://cafe.naver.com/ikha/38

27) http://blog.naver.com/ehyosang?

〈표 2-3〉 경비원 현황(2013. 12월말 기준)

연 도	2009년	2010년	2011년	2012년	2013년
경비원수	146,805	142,363	146,286	150,030	151,741

〈표 2-4〉 한국 민간경비 산업의 발전과 변화(2013.12월말 기준)

구 분	1980년	1990년	2000년	2011년	2012년	2013년
경비업체	18	294	1,882	3,651	3,725	4077
경 비 원	5,632명	25,559명	81,618명	146,286명	150,030명	151741명

출처 : 경찰청 통계(생활안전)

2. 국외 경호환경

최근 신국수주의[28]에 근거한 국가 간 물리적 경계의 불확실성은 새로운 전쟁과 불특정 국가를 대상으로 한 테러의 위협이 국제 위기를 고조시키고 있고, 보스톤 마라톤 테러 사건[29]에서도 밝혔듯이 이미 인터넷 등을 통해 폭탄·테러 관련 기술을 쉽게 얻을 수 있다는 점에서 국경은 더 이상 테러에 장애요소가 되지 못하고 있다. 특히 대한민국을 둘러싼 주변국의 시사사례[30]에서와 같이 주변국

28) 극단적인 국가주의와 같은 뜻으로 사용되며, 타민족 타국가에 대하여 배타적·초월적 성격을 지닌다. 역사적인 실례로 일본의 메이지(明治) 이후의 국수보존사상(國粹保存思想), 제2차 세계대전 당시 이탈리아의 파시즘 독일의 나치즘을 들 수 있다(두산백과, 네이버 검색).

29) 보스턴 마라톤 테러 사건을 계기로 대규모 조직테러가 아닌 자생적·개인적 차원의 테러에 대한 우려와 관심이 높아지고 있다(연합뉴스, 2013.4.21).

30) ① 야스쿠니 신사참배, 잇따른 과거 침략부정 발언 등 '강한 일본'의 복원을 선언한 日 아베신조(安倍晋三) 총리가 내세우고 있는 신국수주의(연합뉴스, 2013.12.26)

들의 첨예한 이해충돌 등 예측불가의 불안정한 국외 상황은 국내 경호환경 보다 더욱 어려운 경호환경으로 분석된다.

---

② 아베의 核 쇼...."마음만 먹으면 6개월 만에 핵무장 가능"(헤럴드경제, 2014.3.25)

③ 김정은 국방위원회 제1위원장이 군부대를 찾아 "전쟁은 언제 한다고 광고를 내지 않는다는 것을 잊지 말고 싸움준비 완성에 최대의 박차를 가해야 한다", 청와대 "예고 없이 타격하겠다"는 내용의 전화통지문, 그 후 닷새만에 직접 김정은이 '전쟁'을 언급하고 나섰다(중앙일보, 2013.12.26).

④ 북한의 무인항공기가 우리 영공을 활보하면서 청와대를 비롯한 핵심안보시설들을 촬영(데일리안, 2014.4.8)

⑤ 북한이 4차 핵실험 또는 대륙간 탄도미사일 실험을 강행하거나 남한 등을 상대로 '저강도' 도발을 일으킬 가능성이 크다(sbs뉴스, 2013.12.31).

⑥ "통신감청, 한 나라의 문제 아니다"(Blotcr.nct 2013.9.23).

⑦ 크림반도 점령으로 국제적 위기를 고조시키고 있는 러시아가 '지하치스트(이슬람전사)의 역습을 받을 것이라는 우크라이나 의회 타타르계 지도자인 무스타파 제밀레브 의원의 경고와 미국이 러시아에 "크림반도를 합병하지 말라는 존케리 미국 국무장관의 미국의 군사개입 방안도 배제하지 않는 다는 강력한 경고에 러시아는 미국과 합의했던 핵무기 감축사찰을 중지할 수 있다고 맞서는 우크라이나 사태 날선 기(氣)싸움의 러-미 관계(문화일보, 2014.3.10)

⑧ 역사-영토 문제에 따른 중·일전쟁 이후 최악의 관계에 빠진 중·일 관계(중앙일보, 2014.3.10)

⑨ 중국의 최대 정치 일정인 '양회(兩會, 전인민대표대회(전인대)와 전국인민정치 협상회의(정협)' 기간 중 발생한 말레이시아 항공여객기(편명 MH370) 사고가 중국 당국을 겨냥한 '중국순교자여단(中國烈士族)'이라고 지칭한 단체의 테러일 가능성 고조(문화일보, 2014.3.10)

Ⅲ 경호위해 분석 범주

경호위해 범주는 비합리적 신념의 실행으로 도덕적·종교적·정치적 의무 등의 확신이 결정적인 동기(動機)가 되어 행하여지는 확신범(確信犯, Aberzeugungsverbrechen)적 폭탄·총기 테러, 강력범죄, 경호활동에 대한 불만(사회불만), 민원해소, 자기과시나 소영웅심리 등 병리적 양상의 범위에 이르기까지 다양하다. 이에 따른 경호위해 분석 범주로 정신분석, 행동·심리분석, 문화·환경, 사회·정치적 요소로 나누어 볼 수 있으며, 경호위해요인 분석을 위한 학문적 범주는 정신분석학, 신경과학, 임상심리학, 인지심리학, 이상심리학, 얼굴(표정)의 심리학, 행동의 심리학, 범죄(자)프로파일링, 스포츠심리학 등 융·복합적 학문에 근거하고 있다.

1. 정신분석

정신이상의 개념을 가장 먼저 발견한 정신의학자 모즐리

(Maudsley)는 정신이상과 범죄행위가 매우 강하게 연결되어 있고 범죄를 유발하는 정신적인 기질은 유전되어 범죄성향을 가진 정신적 퇴화에 이른다고 하였다. 또한 정신적 장애와 범죄와의 관련성을 주장한 고링(Goring)은 "범죄자는 일반인과 다른 형태학적 특징을 갖고 외형적 식별이 가능하다"는 롬브로조(Lombroso)의 '범죄인론(1876)[31]'의 연구를 비판하고, 그의 저서 '영국의 범죄인(The English Convict, 1913)'에서 범죄행위가 낮은 지능과 밀접한 관련이 있다(박현호 외, 2010: 16)는 연구에서도 살펴볼 수 있듯이 범죄인의 생래적 특질 보다는 불우한 유년기, 결손 가정 등 비정상적인 성장과정에서 타인에 대한 증오심, 울분, 복수심을 경험하거나 성격상 명령, 복종정신이 강하거나 공격적인 성향이 강하고, 어린시절 과도한 희망이나 약속에 따른 자신감을 상실한 경우가 많다. 이런 경우 편집증, 망상 등의 정신적 불안정 상태에서 욕구나 억압으로부터 희열과 해방감을 느끼기 위해 또는 현실도피를 위해 충동적이거나 주도면밀하게 위해를 저지르는 경우도 있다.

또한 비정상적인 믿음으로 범죄가 발생할 수 있는데 정신분열증, 조울증적 정신병 환자들은 환상, 망상에 의한 내부의 강력한 요구와 의존에 의해 공격을 가하며 자신을 방어하는 수단의 일환으

31) 1870년 파비아의 교도소에서 정신병 환자와 범죄인의 체격을 조사하여 비(非)범죄인과 뚜렷이 구별되는 특징이 있다고 저서 '범죄인론(1876)'에서 주장하였다.
편편하고 좌우가 불균형인 이마, 뾰족한 두개골, 광대뼈와 턱뼈의 비정상적 발달, 튀어나온 입술, 눈 주변의 돌출, 대머리, 불균형한 치열, 빈약한 체모, 단조로운 두뇌회전, 심장위축, 통각상실, 도덕적 무감각과 잔인성, 과도한 허영심, 몸에 문신을 새기기를 좋아하는 성격 등 신체적·생리적·정신적 특질이 있다는 연구로 오늘날에는 일반적으로 받아들여지지 않는다(두산백과, '생래적 범죄인설' 네이버 검색).
현대의 생태학적 관점은 범죄의 원인을 인간과 환경과의 상호작용 속에서 찾는다(박현호 외, 2010: 33).

로 공격행위를 하고 결과적으로 증오와 분노가 실망시킨 대상과 대상물을 향하여 공격을 우발적으로 실행하는 환상적인 심리를 가지고 있거나 잠재적인 위해자가 다른 사람이나 다른 나라에서 발생하는 테러 등의 공격적인 행동을 보고 범죄가 생길 수 있는 모방적 심리도 있다(Lab, 2011: 267-269). 이러한 위해 행동이 매스컴, 뉴스 보도 등을 통해 알려지면서 이목을 집중시키기 위한 자기과시나 소영웅적 심리가 작용하기도 한다(안종하, 2004: 4; 김형수, 2007: 44)는 정신분석적 경호위해 분석은 "인간의 행동은 무의식 과정에서 일어난다"는 프로이드(Freud)의 인간행동 분석(이근후 외, 2011: 12)과 함께 성장환경적인 특정영역의 경험들이 무의식 속에 억압되어 사람의 생각과 감정, 정신이상과 경호위해 행동과의 관련성을 탐색해봄으로써 이후 경호위해 요인분석 관련 선행연구와 선행연구에 따른 정신분석적 기법 개발과 제시의 근저(根柢)를 제공한다.

2. 행동·심리분석

정신분석학, 신경과학, 임상심리학, 인지심리학, 이상심리학, 얼굴(표정)의 심리학, 행동의 심리학, 범죄(자)프로파일링, 스포츠심리학 등 사람의 몸과 마음의 상호작용이 어떻게 심리적 기능과 행동적 기능들에 연관되어 행동에 영향을 미치는지, 얼굴의 미세표정 속에 심리상태가 어떻게 표현되고 사람을 기만하려고 할 때의 징후는 어떤 신체적 특징을 수반하는지, 어떤 행동의 특징이 관찰되었을 때 경호위해요인으로 판단할 수 있는지, 이에 따른 대응은 어떻게 해야 하는지를 과학적 근거에 의해서 밝히는 학문적 융합과정으로 경호위해요인을 선별하기 위한 관찰기법의 기초과정이 행동·심리분석이다. 행동·심리분석은 이후 '관찰기법 관련 선행연구' 부분에서 집중적으로 탐색 하였다.

3. 문화·환경

우리나라만의 독특한 문화증후군으로 분석할 수 있는 홧병(Whabyung)[32]이있다. 홧병이란 사전적으로 가슴이 쓰린 병 혹은 괴로움으로 마음을 앓는 병으로 오랫동안 참았던 울화, 분노 등이 쌓여 있다가 나이가 들고, 정신적, 신체적으로 기능이 저하되어 더 이상 참기 어려울 때 폭발하면서 다양한 증상으로 표현되는 문화관련 증후군(Culture Bound Syndrome)이다. 정신의학 분류 체계에서 보면 우울증 중에서 신체적 증상을 주로 호소하는 가면성 우울증(Masked Depression)과 불안장애의 증상이 혼합된 형태라고 볼 수 있다. 그 원인을 한국의 특유한 문화구조에서 살펴보면 특히 아들과의 강한 유대감, 가난했던 과거, 시집살이 풍토 등 오랫동안 감정표현이 불능(Alexithymia)상태에서 자신의 감정표현의 어려움을 신체적으로 표현하는 가면성 우울증(Masked Depression), 신경질적 분노가 사회적 불안요인의 한 형태로 나타나기도 한다. 최근에는 직장 스트레스가 많아도 힘든 내색을 하지 못하는 남성에게도 홧병

32) DSM-IV(Diagnostic and Statistical Manual of Mental Disorders)는 현재 세계에서 가장 많이 적용하고 있는 진단기준으로 미국정신의학회에서 나온 '정신장애의 진단 및 통계 편람' 이다.

문화증후군이 나타나는 경향이 있다(대한신경정신의학회, 2005: 665~668, 670~678).

국제 환경적으로 우리나라는 세계 유일의 휴전중인 분단국가이지만 외형적으로 보면 경제규모에 있어 양적인 성장을 가져왔고, 내부적으로는 산업구조의 고도화와 사회간접자본의 확충 등 질적인 향상을 가져온 것으로 나타난다. 하지만 신자유주의의 세계화 경향은 경제구조의 모순을 가져왔고 빈부격차에 의한 계층간의 극심한 양극화 현상과 실업자 증가와 신빈곤층을 양산해 내면서 상대적 박탈감을 가져왔다. 이러한 사회구조적 양극화로 인한 사회현상은 물가, 유가의 상승, 외환 투기, 주가 폭락, 실업자 양산, 국제수지 악화로 이어지면서 사회적 불안의 요소가 되어 강력범죄, 지능형 경제범죄[33] 등 신종범죄의 증가를 가져 왔다.

이러한 시대적 흐름에 따른 문화·환경적 변화현상은 국가정책에 대한 분노와 불평으로 이어지고 공격충동에 의해 경호위해기도자를 만들 수 있다. 또한 사회경제적 불안과 사회체제의 불만, 국가정책에 대한 분노 등으로 사회지도층과 정책을 집행하는 경호대상자에 대한 위해로 발산되어 경호에 위협적인 요소가 될 수 있다.

4. 정치·사회

경호대상자에 대한 위해사건들을 보면 1980년대를 전·후로 위

33) 사기, 횡령, 부정수표 발급, 보이스 피싱, 개인정보 침해 등

해동기가 구분된 것을 알 수 있다. 동·서 냉전시대에는 주로 이데올로기에 의한 위해가 주된 동기였으나, 냉전체제가 끝나고 민주·자본주의 사회로 전환된 상황에서는 정치적·사회적요인, 시국불만자, 정신질환자들에 의한 위해행위가 주를 이루었다고 볼 수 있다. 따라서 위해행위가 발생하는 국가의 정치·사회상황도 위해요소의 중요한 요인이 된다.

첫째, 정치적요소로는 자신의 정치적 의사를 표현하기 위해 정치적 성향이 다른 반체제 인사, 정치적 적대관계에 있는 지도자, 독재자 축출을 목적으로 하는 경우가 많다. 이들은 정치적 의사를 표출함으로써 상대방을 위축시키거나 사회적 혼란을 조성하기 위해 정치적 인사에 대한 위해를 시도하기도 한다(안종하, 2004: 4).

둘째, 이념적 요소로는 종교적 동기, 개인적·민족적 복수심 등의 이념 때문에 위해를 시도한다(안종하, 2004: 5). 특히 종교적 동기에 의한 위해는 순교자적인 환상을 심어 줌으로 종교적·이념적 연대감의 증대를 가져오고, 이는 강자에 대한 약자의 최후의 선택과 같은 9.11 테러 등의 참사를 가져와 그 위해 범위가 상상을 초월하는 경우가 많다.

셋째, 위해자의 사회적 특징은 대부분 위해집단의 최고 지도자급으로 전직 법조인, 의사, 교직자, 직업군인, 기술자 등 고급 전문직업의 경력을 가지고 있다. 민족주의자, 분리주의자 그룹을 위한 행동대원의 특징은 대부분 하부계층 출신이다. 또한 이데올로기적이며 사회혁명적인 그룹의 행동대원들은 중류 또는 상류계층 출신이 많은 것이 특징이다(김형수, 2007: 44).

범죄사회학자 사이크스(Sykes)는 "범죄란 사회규범에 대한 하나의 위반행위이며 법이 금지한 행위를 위반 한 것이다. 그리고 마음의 병을 표출한 것일 수도 있으며 사회적 긴장관계의 증표로 해석될 수 있다"고 하여 각 시대와 지역 및 사회·문화적 상황을 구체적으로 고려해서 파악해야 한다고 하였다(박현호 외, 2010: 5). 특히 테러는 중동이나 아프리카 지역의 일부 특수한 국가에서 발생하는 것으로만 여겨져 왔으나, 2001년 9월 11일의 테러, 2013년 4월 보스턴 마라톤 테러 등 정교한 무기가 없이도 세계 어느 곳에서나 참혹한 공격을 가할 수 있다는 사례[34]로 볼 때, 韓·日 갈등[35]과 남북의 위협이 상존[36]하는 한국의 현실은 또 다른 경호위해의 목적이 되고 있다.

34) 미국 보스턴 마라톤 폭탄테러(2013.4.15, 사망 3명. 260여명 부상), 아웅산 묘소 참배 폭탄테러(1983.10.9, 사망 24명. 부상 50여명) 등

35) 韓·日 갈등, 개선의지 조차 없는 단계로 악화(문화일보, 2014.3.4)

36) '한·미 간 전시작전통제권 환수 연기 논의를 할 만큼 북한의 위협은 심각한 상황'(중앙일보, 2013.8.7)

Ⅳ 경호위해 분석 대상

1. 인적위해 요소

1) 경호대상자

국가(公)경호대상자인 현직 대통령은 '불소추 특권이 있어 내란·외환죄를 범한 경우를 제외하고는 재직 중 형사피고인으로서 재판을 받지 아니하고', '대통령 직무를 수행 하면서 행하는 모든 합법적인 행위에 대해서는 책임을 묻지 않는다. 다만 위법한 행위나 범죄행위에 대해서는 법적책임을 진다'는 직무 수행상 면책 특권이 있어 사법수사의 대상이 아니지만, 현직에서 물러나는 순간 사법수사의 대상이 되어 왔음을 알 수 있다.

전직 대통령을 포함한 많은 사회 최고위층에 있었던 사람들이 수사의 주체에서 사법수사의 대상이 되어 언론을 통한 여론의 재판을 당하는 동안 가까운 지인에서 가족들까지 수사의 대상이 되어 구속되고, 자신도 사법수사의 대상이 되어 수사를 받는 등 가장 소중히 했던 명예마저 무너지고, 재임기간 비리가 초점이 되어 사법수사를 받는 상황에서는 테러의 위협도 증가할 수 있으며, 이러한 상황이라면 누구라도 〈표 4-1〉에서 보듯이 자살[37]을 비롯한 비정상적인 심리상태를 보일 가능성은 충분하며, 오히려 절망감과 허무감, 무기력 등 압박감은 일반인에 비해 높게 나타난다(송현동, 2011: 76-77). 때로는 견디기 힘든 스트레스로 인해 통제력이 약화되고, 방어기제가 약해지면서 현실검증능력이 상실되는 이상심리상태가 된다. 이러한 것들은 우울증 같은 경우가 대표적인 것이다.[38]

경호원은 이러한 일련의 과정들을 이해하고 경호대상자의 신체적 특성, 건강상태, 심리상태 등을 파악하고 있어야 하며, 이외에도 경호대상자의 습관, 변덕스러운 기질, 항상 몸에 지니고 다니는 물건 등을 기록해 두고 새로운 사실이 발견될 때는 그 사항을 추가시켜 경호대상자에 대한 이해를 증진시킴으로서 경호대상자의 내면적 위해에 대비할 수 있다. 이러한 경호대상자의 심리 내면적 이해의 필요성을 인식, 심리 내면적 신변안전에 대한 대비의 일환인 심

---

37) 전직 대통령을 포함한 많은 사회 최고위층에 있었던 사람들이 수사의 주체에서 사법수사의 대상이 되어 언론을 통한 여론의 재판을 당하는 동안 가까운 지인에서 가족들까지 수사의 대상이 되어 구속되고, 자신도 사법수사의 대상이 되어 수사를 받는 등 가장 소중히 했던 명예마저 무너지고, 재임기간 비리가 초점이 되어 사법수사를 받는 상황에서는 테러의 위협도 증가할 수 있으며, 이러한 상황이라면 누구라도 〈표 4-1〉에서 보듯이 자살을 비롯한 비정상적인 심리상태를 보일 가능성은 충분하며, 오히려 절망감과 허무감, 무기력 등 압박감은 일반인에 비해 높게 나타난다(송현동, 2011: 76-77). 때로는 견디기 힘든 스트레스로 인해 통제력이 약화되고, 방어기제가 약해지면서 현실검증능력이 상실되는 이상심리상태가 된다. 이러한 것들은 우울증 같은 경우가 대표적인 것이다(인터뷰: 이근후·이동원, 2012.3.14).

38) 인터뷰(2012.3.14): 이근후 이화여대 명예교수(의학박사, 연세대·이화여대 의과대학 교수, 대한 신경정신의학회 회장, 국가정보원 등 국가기관의 자문역을 맡음)

기경호[39]가 아닌 심리경호[40]를 해야 한다.

경호임무는 비서임무와는 다르다. 경호대상자에게 위험이 발생할 우려가 있거나 위험하다고 판단되면 우선 위해요인을 차단하고 제지하여야 한다. 즉 경호대상자의 심리상태를 고려하여 모든 가능성을 열어두고 경호에 만전을 기해야 한다.

우리나라 최고의 경호기관인 대통령경호실과 경찰청[41]에서 경호임무를 수행하는 것은 전직대통령에 대해서도 현직대통령과 같이 신변에 문제가 발생하였을 경우 정치적, 경제적, 문화적, 국가신용도에 영향을 끼치는 충격적인 결과를 가져오기 때문이다.

민간(私)경호대상자는 국가(公)경호대상자를 제외한 수익자 부담의 원칙(또는 수혜자비용 부담의 원칙)의 적용을 받아 신변보호 의뢰인과 계약에 의해 누구나 그 대상이 될 수 있으며, 민간(私)경호는 경비업상 법적지위와 업무의 한계 내에서 이루어지며, 법규상 면책권이 주어지지 않는 민간인 신분으로 이루어진다.

〈표 4-1〉 검찰 수사 중 자살

발생일	이 름	직 업	연루사건
2003. 8. 4	정몽헌	현대아산 이사회 회장	현대 비자금 사건
2004. 2. 3	전모씨	부산 국세청 공무원	동성여객 로비 사건

39) 경호대상자의 심기까지 헤아려 심기가 상하지 않도록 하는 높은 단계의 경호를 의미하나, 자칫 비위를 맞추는 경호의 위험성을 초래할 수 있다.

40) 정신의학·심리학 등 과학적 근거에 의하여 연구된 심리경호, 즉 경호대상자의 이상심리상태 등 내면적 위해요인이 인지되면 과감히 'NO'를 할 수 있는 경호를 의미한다.

41) 대통령등의 경호에 관한 법률 제4조(경호대상), 경찰관직무집행법 제2조(직무범위) 등

발생일	이 름	직 업	연루사건
2004. 2. 4	안상영	전 부산시장	동성여객 로비 사건
2004. 3. 11	남상국	전 대우건설 회장	노건평 인사청탁 의혹
2004. 4. 29	박태영	전남지사	국민건강보험공단 인사비리 의혹
2004. 6. 4	이준원	파주시장	관내 전문대 설립 관련 뇌물혐의
2005. 11. 20	이수일	전 국정원 2차장	안기부, 국정원 도청사건
2006. 1. 21	강희도	경찰청 차장 비서	윤상림 연루 의혹
2006. 5. 15	박석안	서울시 주택국장	현대차 양재동 사옥 인허가 의혹
2008. 10. 10	김영철	국무총리실 사무차장	뇌물 혐의
2009. 5. 23	노무현	전 대통령	박연차 게이트 관련 의혹
2011. 6. 13	임상규	순천대 총장	함바비리 의혹

출처: sbs뉴스, 연합뉴스, 한국경제신문, 경향신문 재구성

2) 경호위해자

경호대상자의 정치, 사회적 배경에 따라 경호 방법 및 규모면에서 많은 차이가 있고 위해기도자의 공격양상과 목적이 다를 수 있다. 경호위해자는 정신질환자, 스토커, 향정신성 약물 오남용자 등 우발적이고 충동적으로 위해행위를 하는 개인적 공격유형과 정치적 대립, 이익집단과의 마찰, 지지세력의 일탈행위에 의한 계획적 위해행위, 소수민족의 갈등으로 나타난 적대적 관계, 국제 테러리스트의 테러행위로 구분 할 수 있다(김형수, 2007: 46).

정신질환자나 현실불만자 등에 의한 위해자의 특징을 보면 경호대상자의 명예훼손 및 모독 전과자이거나, 불온 문건 사범, 유언비어 유포자, 소영웅주의자, 염세주의자, 폭력성 전과자, 정신병자, 파산자, 총기 및 폭발물 소지자인 경우가 많다(신동건, 1994: 95).

위와 같은 경호위해자는 범행 전에 경호대상자를 상대로 서신이나 전화 등을 통해 위협하는 행위를 알림으로 공격에 대한 암시를 하는 경우가 있고[42], 경호대상자의 공격을 위한 사전 준비로 범행 전에 주변을 탐색하고 살피는 행동을 하게 된다. 따라서 경호대상자의 주변을 배회하거나 자주 목격되는 인물에 대한 사전 확인도 경호위해 예방을 위해 중요한 부분이다

따라서 경호를 위한 위와 같은 경호위해인물을 집중 관리하고 분석함으로 경호위해자의 범행을 사전에 차단하여야 한다.

① 정신질환자

우리나라의 평생 정신질환 발병률은 27.6%로 4명 중 1명이 평생 동안 한번은 정신질환을 겪을 수 있는 것으로 조사되었다(SBS뉴스, 2012.5.15). 정신질환자에 의한 위해사건으로는 1984년 5월 6일 공식방문중인 교황 요한바오로 2세에게 장난감권총을 발사한 사건과 1994년 4월 3일 김수환 추기경 폭행피습과 2008년 2월 20일 연예인 노홍철 폭행피습이 대표적인 사례이다. 이러한 정신질환자가 특히 더 위험한 것은 직접적인 위해 요소일 뿐 만 아니라 무슨 생각을 가지고 언제, 어떤 장소에서 어떻게 사건이 돌발될지 예측할 수 없기 때문에 이들에 대한 경호위해 대응방안이 철저하고 적극적으로 수립되어야 한다.

정신질환자는 마약중독자와 더불어 현대사회의 병리현상으로

42) 1981년 레이건 전 미국대통령을 저격한 헝클리는 범행 1주일 전부터 백악관 앞 라파엘공원을 배회하며 대통령 동정을 살폈고, 바로 인접한 '파크 센트럴'호텔에 투숙하며 미국 영화배우 조지포스터에게 대통령 암살기도 내용이 적힘 편지를 작성해 놓았음(안종하, 2004: 47).

더욱 증가하고 있는 추세에 있다. 정신질환자의 위험성 예측은 매우 어려운 일이다. 특히 일반 범죄자보다 살인 등의 강력범죄를 범하는 비율이 5~6배 높다. 이중 정신분열증 환자는 대개 남자로서 체계화된 망상의 만성증상에 시달리고 있으며, 정동장애 환자는 일정기간 우울하거나 들뜬 기분의 장애로 우울증과 조울증에 시달리고 있다. 우울증 환자는 주로 살인과 절도 범죄를 저지르며, 정신지체환자는 적응적 행동에 결함이나 장애를 나타내고 스트레스에 잘 적응을 못하여 쉽게 좌절하거나 폭발하는 성향이 있으며 반사회적으로 행동하는 경향이 있다. 이들 정신질환자들은 대부분 만성 환자들로 전문적인 치료를 받지 못하고 방치되는 경우가 많아 언제든 경호대상자의 주변에 나타날 수 있다(박강우, 1995: 37; 이용주, 2008: 31).

일반적으로 강력한 종교적 신념이나 정치적 이념에 의한 정신질환자들은 통상 착란증세나 망상 등에 사로잡혀 유명인사를 만나려고 시도하거나 편지를 보내는 행동을 표출하려 한다(이영래, 1998: 19; 김형수, 2007: 43).

〈표 4-2〉 정신질환자에 의한 경호위해 기도사례

구 분	일시·장소	내 용
링컨 대통령 암살	1865. 4. 14 미국	광신적인 남부군 지지자인 범인 '부수(연극배우)'는 남부군 리장군이 항복하였다는 충격으로 링컨대통령의 암살을 결심하고 치밀한 계획하에 포드 극장에서 연극 관람 중인 대통령에게 접근하여 권총으로 저격

구 분	일시·장소	내 용
로버트 케네디 의원 암살	1968. 6. 6 미국	범인 '서한'은 요르단인으로 범행직후 자기가 자발적으로 "나의 조국을 위해 총을 쏘았다"고 말하였으며 친 이스라엘 정책을 지지하는 케네디 의원을 증오, 원한을 품고 LA에서 대통령후보 예선 대회 승리 후 기자회견장으로 가는 도중 권총으로 저격
레이건 대통령 암살 기도	1981. 3. 30 미국	정신질환 치료를 받은바 있고, 신나치당에 가입한 적이 있는 범인 "힝클리"는 부유한 가정에서 출생하였으나 가정에서 소외, 대학 중퇴, 실직 등으로 열등감에 싸여있던 자로 짝사랑하고 있는 배우 '조디 포스터'의 관심을 얻기 위해 호텔 앞에서 권총으로 저격
제임스 카필드 대통령 암살	1881. 9. 19 미국	종교적 광신자인 '찰스기토'는 자기가 자발적으로 선거연설을 하였다면서 대통령 당선 후 그 댓가로 파리주재 영사 임용을 요구하다 거절되자 '하나님이 자기를 보내어 대통령을 제거시켜라'는 광적인 생각으로 열차역에서 권총으로 암살
교황 바오로 2세 위해기도	1984. 5. 6 한국	선천적으로 우측눈이 불구자로 유년시절부터 열등의식에서 자라난 범인 '이준규'는 정신분열증 환자로서 방한 중인 교황이 '벗이 좋아 한국에 왔다'는 말을 TV를 통해 듣고 호기심과 영웅심리의 복합상태에서 장난감 딱총으로 교황을 놀라게 해 주기 위해 범행
찰스 왕태자 피습	1994. 1. 25 호주	범인 '데이비드 강'은 평소 우울증 증세를 보이는 등 정서적으로 불안하여 정신과 의사와 상담 경험이 있는 자로 캄보디아 난민 문제에 관심을 촉구해 오던 중 언론 및 일반인의 주의를 끌기위해 영웅심리 상태에서 육상경기 출발신호용 권총으로 왕태자 피습
김수환 추기경 피습	1994. 4. 3 한국	범인 '김영환'은 정신질환으로 1973년 군 제대한 자로 김추기경이 '하나님을 이용해 내 지혜를 통제하고 생각을 어지럽혀 사회생활을 할 수 없게 해' 면담을 요청하였으나 들어주지 않아 추기경의 덜미를 잡고 목덜미 1회 구타 등 행패

출처: 서상열, 2006: 76.

② 소외계층

개인이 처해 있는 환경이 다른 사람에 비해서 좋은 조건이 아니어서 사회 경제적 지위가 낮거나, 빈곤, 실직, 불평 같은 조건들이 위해행동의 원인이 될 수 있다(홍성열, 2000: 202). 이들은 사회적 소외계층으로 불공평성의 지각에 의해 위해기도자가 될 수 있으며 인간에게 있어 좌절은 공격충동을 일으키고, 이 충동은 공격행위를 유발하게 된다. 좌절은 감정적 분노를 의미한다. 이때 분노의 주요 원천은 욕구좌절이며, 어떤 목표를 향한 행동이 방해되거나 못하게 되었을 때를 말한다. 인간에게 좌절로 인한 감정적 분노는 공격적 태도와 행동을 야기하는 경향이 있다. 급격한 사회발전의 이면에 이러한 좋지 못한 조건에 처한 일부사람들로부터 단지 세상이 싫다는 이유만으로 너 죽고 나 죽자는 식의 공격 메커니즘 욕구불만으로 인한 공격행동은 불특정 다수인에 대한 돌발성의 의한 맹목적인 범죄위협이 발생할 개연성이 있다고 할 수 있다(이용주, 2008: 33).

③ 정치적·사회적 이익집단

확신범적 성격의 경호위해요인은 정치적 이념의 갈등이나 이익집단 또는 자신의 특수이익을 실현하거나 영향력을 행사하기 하기 위한 수단으로 자신이 원하는 주의를 끌만한 어떤 행위를 죄책감 없이 행하며, 자신의 이념이 옳다는 확신감에 사로잡혀 대상을 해하거나 복수로 이어지는 것을 많은 사례[43]를 통해서 분석할 수

43) 링컨 미 대통령 암살 사건(1865.4.14) 등〈표 4-2〉, 〈표 6-2〉 참조.

있다. 반면 전문적인 암살범도 확신범적 성격과 같은 심리양상을 보이지만 그의 동기는 감정적인 것이기 보다 금전적인 경우도 많다. 전문 암살범는 경호대상자를 경호하는 경호원 보다 더 경호위해를 위한 예견과 계획을 세우는데 더욱 치밀하게 시간과 노력을 경주하며, 모든 우발상황에 대한 계획을 수립하고 사회이목을 피하는 경향이 있어 더욱 위험하다. 특히 암살대상자가 공인일 경우, 특정인물을 목표로 하기 보다는 자신의 어려움에 책임이 있거나 자신의 문제를 해결해 줄 수 있다고 생각하는 공인을 목표로 한다(이두석, 2008: 30).

④ 국제 테러

미국 CIA는 테러의 수단, 목적, 대상, 주체에 따라서 4가지로 설명하고 있다. 첫째, 테러의 수단은 충동적인 것이 아니라 사전에 의도된 위협적인 행위이다. 둘째, 테러의 목적은 경제적인 것이 아니라 현존하는 정치질서의 변화를 가져오기 위한 정치적인 목적이 있다. 셋째, 테러의 대상은 군대시설이나 군부대를 대상으로 하는 것이 아니라 무고한 시민을 대상으로 한다. 넷째, 테러의 주체는 군대가 아니라 군사 훈련을 한 준 국가단체에 의하여 수행된다. 이러한 테러의 정의로 볼 때 대러는 정치적, 종교적, 민족적 목적을 달성하기 위한 개인, 단체, 국가에 대하여 무차별적 공격을 시도함으로써 공포심을 조성하고 테러집단의 목적을 달성하려는 반문명적인 폭력행위라고 할 수 있다(박준석, 2014: 109). 이러한 테러의 위협으로부터 우리나라도 더 이상 안전한 지역이 아니다. 우리나라의 경우 과거의 1983년 아웅산 폭탄테러 사건, 1987년 KAL기 폭파

사건 등을 사례로 볼 때 북한의 테러 행위에 대해서 결코 자유롭지 않다는 것을 입증하고 있다. 〈표 4-3〉 한국군의 해외 파견 현황을 보면, 2014년 현재 레바논 동명부대, 소말리아 해역 청해부대 등 16개국 1,436명에 이른다. 9.11테러에서 알 수 있듯이 해외에 한국군을 파견하고 있는 것은 국제테러위협에 노출[44]되고 있다는 것이다.

과거 요인암살은 특정요인 개인을 겨냥함으로써 자신의 정치적·이념적 목적을 달성하려 하였다. 그러나 21세기의 암살은 새로운 양상으로 전개되고 있다. 테러의 확산은 요인암살에도 적용되어 이제는 암살대상 요인을 포함한 무차별적 대량학살을 획책하고 있다(이두석. 2008: 81). 이와 관련 2010년 우리나라에서 열린 G20 정상회의, 2012년 전세계 50여개국 정상 및 국제기구 수장이 참가했던 서울 핵안보 정상회의 등 각종 대규모 행사, 회의 등에 국가(公)경호대상자가 참석해 왔기 때문에 경호대상자의 안전을 도모하기 위한 다각적인 대비가 절실하다는 것이다.

---

44) 김선일, 이라크 테러단체에 의해 피랍된 후 살해, 이라크 무장단체인 '1920 혁명군'과 '검은 깃발'이라는 무장단체가 한국에 대한 테러를 경고(국민일보, 2004.7.10) 등

〈표 4-3〉 한국군 해외파견 현황

총 16개국 1,436명 ('14. 2.24. 현재)

구 분				현재인원	지 역	최초파병	교대주기
UN PKO	부대단위	레바논 동명부대		317	티르	'07. 7	6월
	개인단위	남수단 한빛부대		283	보르	'13. 3	1년
		인·파정전감시단(UNMOGIP)		7	스리랑카	'94. 11	
		라이베리아 임무단(UNMIL)		2	몬로비아	'03. 10	
		남수단 임무단(UNMISS)		7	주바	'11. 7	
		수단 다푸르 임무단(UNAMID)		2	다푸르	'09. 6	
		레바논 평화유지군(UNIFIL)		4	나쿠라	'07. 1	
		코트디부아르 임무단(UNOCI)		2	아비장	'09. 7	
		서부사하라 선거감시단 (MINURSO)		4	라윤	'09. 7	
		아이티 안정화임무단 (MINUSTAH)		2	포루토 프랭스	'09. 11	
	소 계			630			
다국적군 평화활동	부대단위	소말리아해역 청해부대		301	소말리아 해역	'09. 3	6월
		아프간 오쉬노부대		67	바그람	'10. 7	
	개인단위	바레인 연합해군 사령부	참모장교	3	마나마	'08. 1	1년
		지부티 연합합동 기동부대 (CJTF-HOA)	협조장교	2	지부티	'09. 3	
		미국 중부사령부	협조단	2	플로리다	'01. 11	1년
			참 모	1			
	소 계			376			
국방협력	부대단위	UAE 아크부대		150	알 아인	'11. 1	6월
	소 계			150			
재해복구지원	부대단위	필리핀 아라우부대		280	타클로반	'13. 12	6월
	소 계			280			
총 계				1,436			

※ 개인단위(38명) : UN PKO(30), 다국적군(8)
※ 부대단위(1,398명) : UN PKO(600), 다국적군(368), 국방협력(150), 재해복구(280)
출처: http://www.peacekeeping.go.kr : 국방부(파병공감)

2. 물적위해 요소

태풍·폭설·지진·집중호우 등 자연재해, 화제·붕괴·폭발·환경오염, 교통사고 등 인적재난, 총기·수류탄·폭발물 등 행사관련 위험성을 말한다. 이중 가장 위험하며 빈번하게 사용될 수 있는 위해용구로 총기와 수류탄 등 폭발물을 들 수 있다.

〈표 4-4〉 물적위해 수단에 의한 분류

위해 수단	경호대상자	발생일	직 업	행 사
총기 (저격)	링컨	1865. 4. 14	미국 대통령	극장
	가필드	1881. 7. 2	미국대통령	워싱턴 역전
	매킨리	1901. 9. 6	미국 대통령	무역박람회 관람
	프란츠 페르디난트 조세핀	1914. 6. 28	오스트리아 황태자 부부	사라예보
	루즈벨트	1933. 2. 15	미국 대통령당선자	오픈카 답례
	김구	1949. 6. 26	한국 독립당 당수	거처(경교장)
	트르먼	1950. 11. 1	미국 대통령	블래어 하우스
	이승만	1952. 6. 25	대한민국 대통령	6.25 2주년 기념연설
	장면	1956. 9. 28	대한민국 부통령	민주당 전당대회 연설
	케네디	1963. 11. 22	미국 대통령	유세
	로버트 케네디	1968. 6. 4	상원의원	맴피스트호텔 주방
	죠지 월레스	1972. 5. 15	앨러베마 주지사	예비 경선
	파이잘	1973. 3. 25	사우디 국왕	왕궁(내·외빈 접견중)
	육영수	1974. 8. 15	대한민국 영부인	광복절 기념식장
	포오드	1975. 9. 22	미국 대통령	프란시스호텔 환영 인사
	박정희	1979. 10. 26	대한민국 대통령	중앙정보부 안가
	사다트	1981. 10. 6	이집트 대통령	군사 퍼레이드 중
	올로프 팔메	1986. 3. 1	스웨덴 총리	귀가 중
	자크 시라크	2002. 7. 14	프랑스 대통령	프랑스대혁명 사열
	피에르 게마일	2006. 11. 21	레바논 산업장관	차량 이동

폭발물 및 수류탄	히틀러	1944. 7. 20	독일 총통	일일회의(오두막)
	이승만	1948. 10. 28	대한민국 대통령	경무대 입구
	이승만	1955. 10. 3	대한민국 대통령	개천절 행사장
	아민	1976. 6.10	우간다 대통령	경찰학교 졸업식 사열대 연설
	전두환	1983. 10. 9	대한민국 대통령	아웅산 묘소 참배
	조지 부시	2005. 5. 10	미국 대통령	연설 중
가스총	아흐메드 도안	2013. 1. 19	불가리아 야당대표	생방송 연설

출처: 피터 퍼타도 외 (2009), 죽기전에 꼭 알아야 할 세계역사 1001Days, 차우커핑 (2008), 의문에 빠진 세계사, 이상철 (2006), 경호현장운용론 재구성

1) 총기류

총기류에 의한 위해는 특정인만을 위해 목표로 하여 일반인들의 피해를 최소화시키면서 자신의 목표를 달성하는 전형적인 수법이다.

우리나라의 총기류 허가현황[45]은 2013년에 303,035건으로 2007년에 218,216건에 비해 9% 증가하였고, 러시아 등 외국에서 밀반입 되는 불법총기류와 사제총기 등이 불법으로 유통되고 있어 우리나라도 총기의 안전지대가 아니며 불법총기의 문제는 경호상 매우 위협적인 요소로 등장하고 있다. 우리나라에서는 1974년 8월 15일 영부인 육영수여사의 저격사건과 1979년 10월 26일 박정희대통령 저격사건이 총기류에 의한 대표적인 사건이다.

45) 사이버경찰청 자료실

2) 폭발물

우리나라에서 폭발물에 의한 테러공격은 1983년 10월 9일 아웅산 묘소 폭파사건을 들 수 있으며, 외국의 경우는 최근에 보스턴 마라톤대회의 폭탄테러[46]처럼 대중이 군집한 장소를 선택해서 정치적, 이념적 목적을 달성하려는 시도를 한다. 현대의 과학의 발달은 폭탄기술의 발달과 원격조종장치의 개발 등에도 영향을 미쳤고 가공할 만한 성능을 가지고 〈표 4-5〉에서 처럼 대규모의 시설 파괴와 인명피해를 동반한다(안종하, 2004: 6). 그러므로 행사보안 등 예방경호 활동에 더욱 심혈을 기울여야 한다.

아직 우리나라는 비교적 치안이 양호하고 총포·도검·화약류에 대한 통제[47]가 잘 이루어지고 있다는 점에서 양호한 경호환경을 갖고 있다고 할 수 있으나, 날로 심화되고 있는 빈부격차로 인한 사회 양극화 현상이나 극심한 노사대립 및 비정규직과 외국인 근로자 문제, 이미 국내에서도 총기 밀반입이 되어 범죄[48]에 이용되고 있는 등 새로운 경호환경의 변화를 예고하고 있다.

---

46) 세계에서 가장 전통있는 마라톤대회 중 하나인 보스톤 마라톤대회에서 2013년 4월15일 결승지점 부근에서 일어난 폭탄테러

47) 모의 총포를 제작·판매·소지하거나 장난감 총기를 개·변조하는 것도 2년이하의 징역 또는 500만원 이하의 벌금형으로 엄격히 처벌하고 있다(총포·도검·화약류 등 단속법 73조(벌칙)).

48) ① 파주 교하농협 운정지점 권총 강도: 범인의 경우 필리핀을 통해 총기를 구입하는 등 제3국을 통해 총기를 구입해 범행에 사용하고 있는 것이다(중부일보, 2003.8.18).
② '모의권총 만들어 쏜 30대 징역' 재판부 판결문에서 피고인은 자신의 집에서 모의 권총을 제조해 불특정 다수 피해자들에게 발사하고 출동한 경찰관들에게 상해를 가해(연합뉴스, 2013.7.22)
③ '권총 조폭' 국내 처음...폭력조직 신서방파 간부가 소지하고 있던 권총과 실탄(1993년 미국에서 제조된 25구경, 6연발 권총 1정과 실탄 30발), 총포·도검·화약류 등 단속법 위반 혐의로 구속기소(동아일보 2014.7.11)

〈표 4-5〉 동반(간접) 피해

경호 대상자	발생일	수 단	직 업	행 사	동반(간접)피해
히틀러	1944. 7. 20.	시한폭탄	독일 총통	일일회의 (오두막)	독일군 수뇌부 4명 사망, 다수 부상
박정희	1968. 1. 21.	총, 수류탄	대한민국 대통령	세검정고개 (1.21사태)	민간인 8명 사망, 군·경 30명 전사
아민	1976. 6. 10.	수류탄	우간다 대통령	경찰학교 졸업식 사열대 연설 중	1명 사망, 37명 부상
전두환	1983. 10. 9.	폭탄	대한민국 대통령	아웅산 묘소 참배	수행원 17명 사망, 미얀마인 7명 사망, 50명 부상

출처: 차우커핑 (2008). 의문에 빠진 세계사, 국민일보, 연합뉴스, 경향신문 재구성

3. 근접경호요원에 대한 경호위해성 조사

근접경호요원은 대통령령 제17517호의 '보안업무규정'에 근거하여 신원조사를 하고 있다. 신원조사 대상자는 주요직위에 있는 공무원임용예정자, 비밀취급인가예정자, 해외여행자(입국교포 등 포함), 국가중요시설 장비 및 자재 등 관리자와 기타 각급기관의 장이 국가보안상 필요하다고 인정하는자, 공공단체의 직원과 임원의 임명에 있어서 정부의 승인이나 동의를 요하는 법인의 임원 및 직원 등 기타 법령이 정하는 자에 대해 사전 신분상 결격사유나 자격, 충성심, 성실성, 신뢰성 등에 대한 보안상 적격심사를 위해 신원조사를 실시한다. 특히 경호대상자의 근접에서 경호업무를 수행하거나 중요업무를 보좌하는 인원에 대해서는 사전 경호위해요소를 광범위하게 조사함으로써 만일에 있을 수 있는 불순분자의 접근을

차단하여야 한다. 이는 계획적인 위해분자들은 경호대상자의 근접 종사자로 채용되거나 매수되어 직·간접적인 위해행위를 기도할 수 있기 때문이다. 또한 이들 근접종사자들은 임용 후에도 주변 환경과 접촉하는 사람에 따라 영향을 받아 신념과 사상의 변화를 초래할 수 있으므로 지속적인 관찰과 신상변동을 확인하여야 한다(안종하, 2004: 70).

더 나아가 '폴리가드(Poliguard)[49]' 즉 권력지향적 경호를 견제하고 경호본연의 임무를 망각하지 않도록 평소 철저한 자기성찰이 우선되어야 한다. 경호 본연의 임무를 망각하는 순간 경호원 자신이 경호위해요인이 됨을 명심하여야 한다.

특히 근접경호원에 대한 경호위해성 조사의 연장선에 있는 경호대상자와의 친분을 이용한 경호위해사례[50]는 경호대상자에 대한 용이한 접근성에 따른 위험성과 치명적 위해요인이 됨을 시사해 주는 중요한 근거라 할 수 있으므로 더욱 엄격히 확인되어야 함을 알 수 있다.

『믿어라, 그러나 확인하라』

---

49) 폴리페스(polifessor)에서 착안해 만든 조어(造語)로써 정치(politics)와 경호원(Bodyguard)를 결합해 만든 용어다. 폴리페스(polifessor)는 학문적 성취를 기반으로 정·관계 고위직을 얻으려는 '정치지향 교수'를 지칭하는 조어(造語)로서, 정치(politics)와 교수(professor)를 결합해 만든 용어다. 학문적 성과와 전문성을 정치에 접목시켜 사회발전에 기여하는 긍정적 측면도 있지만, 학문연구 풍토를 저해하고 학계의 권력지상주의를 부추긴다는 비판이 더 강하다고 설명(시사상식사전)되어 있듯이 폴리가드(Poliguard) 역시 같은 의미로 착안했다.

50) 이승만 대통령 암살미수(1952.6.25, 국회의원 배후 조종), 박정희 대통령 암살(1979.10.26, 중앙정보부 부장) 등

V 경호프로파일링 관련 연구방향

1. 용어의 이해

1) 경호프로파일링(S.S.R.F.P : Secrity Service Risk Factor Profiling)

경호프로파일링은 정신의학, 심리학 등 전문지식과 경호현장의 경험이 융·복합된 창조분야(Creative Profiling)로 경호프로파일러는 경호대상자 및 경호위해자의 심리와 행동분석을 통해 경호활동의 효율성을 높이고, 고도의 심리적 전략을 구사함으로써 행사참여 군중 속에서 위해의도자를 선별, 사전 차단 격리하기 위하여 경호위해 요인을 분석, 완벽한 경호를 도모하는『경호위해요인 심리분석 경호관(Secrity Service Risk Factor Profiler)』이다.

경호프로파일링 분야는 외부의 위해요인으로 부터의 물리적인 경호뿐만 아니라 경호대상자의 심리적인 인지 차원의 경호가 우선적으로 고려되어야 하며, 인지로 끝나는 것이 아니라 '어떻게 될 수 있구나'라고 하는 예견, 나아가 그에 따른 결과의 예방까지 가능해야 한다. 즉 이러한 경호대상자의 경호상 내면적 위해요인과 스트레스에 대한 인지심리학 및 정신의학적 관점에서의 이해가 경호대상자 자신으로부터의 위해요인을 차단하기 위한 '과학적, 예방적 절대 안전을 위한 대책의 수립을 가능하게 하는 기초가 되어야 한다'는 필요성을 강조한 저자는 자신의 연구논문(2011)에서 경호대상자의 심리요인과 경호임무와는 매우 밀접한 관계가 있다는 것을 밝히고 있다.

결론적으로 경호프로파일링 분야는 인간의 본성에 내재된 심리적 특성(Psychological Characteristic)과 행위(Behaviour)와의 관련성을 분석, 경호위해요인을 찾아내는 정신의학적 인간의 이해와 무의식적 지배를 받거나 자의적 근육의 움직임이 불가능한 불수의근 등 뇌와 행동의 연관성을 토대로 무의식 단서를 읽어내는 정신분석, 뇌와 신경언어학, 얼굴(표정)의 심리학, 행동의 심리학, 의식적 위해 단서를 찾아가는 범죄(자)프로파일링, 질문기법, 스포츠심리학 등 다양한 분야가 망라된 일련의 통합과정을 말한다.

〈표 5-1〉 경호프로파일링, 범죄(자)프로파일링, 과학수사 비교[51]

구분	경호프로파일링	범죄(자)프로파일링	과학수사
중점	경호대상자 및 경호위해자의 심리와 행동을 정신분석학적 인간의 이해와 사회·문화적 심리를 토대로 경호위해요인을 탐지, 차단·격리하는 사전적 예방작용	범행 현장에 남아있는 흔적과 범행수법을 심리학과 행동과학 등을 근거로 심리학적 증거 위주의 범인의 행동적·성격적 특성을 분석하는 사후적 수사지원	지문이나 DNA 등의 법의학적, 생물학적 증거를 찾는 물적증거 위주의 사후적 수사지원

51) 임준태(2009). '프로파일링(Criminal Profiling)'을 참조

구분	경호프로파일링	범죄(자)프로파일링	과학수사
특성	**– 사전적 위해 예방 (차단·격리)** – 확신범적 범주의 위해 다수 – 특정대상의 위해와 사회 이슈화 목적 – 목표물 주변 피해가 크다. – 시간적 여유가 없는 현장에서 이루어진다. cf: MD, X-ray, 핸드스캐너 운용과 촉수 검색을 병행, 보완적 수단이다. 「현상이 발현되기 전에 요인을 보려는 노력이다」	**– 사후적 수사지원 (범인검거)** – 정신병리적 범주의 범죄 다수 – 사법상 형사상 분야에서 많이 활용하고 있음. – 불특정 대상의 반사회성 침해범죄 – 비교적 시간적 여유를 두고 이루어진다. cf: 범행현장에 유류(遺留)된 공간 심리적 증거 분석 「범인은 현장에 반드시 나타난다」	**– 사후 법의학적 수사지원 (범인검거)** – 정신병리적 범주의 범죄 다수 – 범죄(자)프로파일링과 유사하며, 증거물을 수집하여 사안의 진상을 밝히는 과학적 지식과 장비를 활용한 최첨단 수사 활동 – 시간적 여유를 두고 이루어진다. cf: 범행현장 유류물의 법의학적 증거 분석(열화상 카메라, 3D파노라마 카메라, 반사 자외선기, 족흔적 감식, 몽타주 수재, 거짓말 탐지기 등) 「범인은 사람이 잡지만 범죄는 과학이 입증한다」
비고	– 박사 논문(김화수, 2011)에서 언급 – 2013년 4월 22경찰경호대 발표 후 2014년 국회사무처, 군(軍)·경찰 경호부대 등 강의 진행	– 미국연방수사국(FBI)의 존 더글라스가 1978년 도입 – 2000년 초반 국내에서 발생한 엽기적인 살인사건을 중심으로 '범죄 심리분석 자문위원회'를 구성했으며, 치안 일선에서 프로파일링(Criminal Profiling)이 수사기법에 적극 활용	– 1955년 국립수사연구소 신설 – 1991년 국내 최초 유전자 분석실 설치 – 1997년 주민등록 신청시 십지지문 전산입력 – 2001년 자동지문 검색 시스템 전국경찰서 확대

2) 경호심리

경호심리란 경호대상자와 경호위해자가 느끼는 각종 심리작용을 뜻하는 것을 의미한다. 경호심리는 경호대상자의 절대 안전을 도모하는 예방적 경호업무의 하나로 경호원의 자질 중 주의력과 관찰력에 의해 인지될 수 있으며 이는 임무수행 중 스쳐지나가는 것들까지도 경호원은 주의 깊게 관찰하여야 한다는 점과 경호대상자 주변의 조그마한 변화라도 민감하게 알아차릴 수 있는 감각, 세밀한 관찰력과 깊은 관련성이 있다.

지금까지의 경호는 외부의 위협요인을 대상으로 집중되어 왔다면 이제는 우울증과 같은 이상심리로 인한 자살 등 경호대상자의 내면적 위협요인인 심리상태의 변화를 살피는 심리학적 경호도 함께 고려해야 되는 시점에 이르렀음을 최근 사례[52]를 통해 분석할 수 있다. 더 나아가 국가를 통치하는 전·현직 대통령을 포함한 국가(公)경호대상자와 대규모 인원의 안전과 직결된 책임을 맡고 있는 기관장에게는 전문상담의사가 필요하고, 그 역할은 매우 중요하다[53]고 경호심리와 관련해서 제언 하며 경호위해자의 심리는 '경호프로파일링 관련 연구방향'에서 집중 연구하였다.

3) 심리상태

사전적 의미로 심리상태는 "마음의 작용과 의식의 상태"를 뜻하는 것으로 정신상태를 의미하며 정신상태 검사(Mental Status Examination)를 통해서 사람의 심리상태를 알 수 있으며, 검사자가 면담시에 관찰한 것과 받은 인상의 총체를 기술하는 임상평가 부분이다(대한신경정신의학회, 1998: 153).

52) 〈표 4-1〉 참조.

53) 인터뷰(2013.5.21): 이근후(의학 박사)·이동원(사회심리학 박사) 이화여대 명예교수

일반적으로 측정방법에는 질문지나 면담형식 등을 이용한 피검자의 자기보고방식, 제3의 관찰자가 평가하는 행동 평가방식, 생리적 지표를 이용하는 방식 등이 이용되지만, 경호현장의 현실에 맞는 경호대상자와 경호위해자의 심리상태의 분석이 가능한 제3의 관찰자 즉 경호원이 관찰할 수 있는 행동평가 방식으로 표정을 평가하는 방법과 음성적 표현을 평가하는 방법 그리고 일반적 반응이나 움직임을 평가하는 방법(정옥분 외, 2008: 333)을 적용 경호대상자와 경호위해자의 심리상태를 분석한다.

(1) 심리상태의 인지

얼굴, 음성, 행동, 자세, 몸짓 등의 행위는 타인의 심리상태를 알 수 있는 중요한 역할을 하며 타인의 심리상태를 인지함으로써 그 사람의 반응과 행동경향성을 예측할 수도 있다(이훈구 외, 2005: 122-123).

심리상태의 인지는 외양을 통해 알 수 있는데, 외양은 자세, 몸가짐, 몸단장 등을 말한다. 외양을 표현하는 흔한 용어들로는 건강하다, 병약해 보인다, 불안정하다, 안정돼 보인다, 헝클어져 보인다, 어린애 같다, 이상해 보인다 등이 있다. 가령 불안한 증후로는 손이나 이마에 땀이 나거나, 자세가 긴장되어 있거나 혹은 눈을 크게 뜨고 있는 것 등이 있다(김화수, 2011: 45).

행동과 정신운동 활동에는 대상자의 운동행동의 질적, 양적을 기술한다. 매너리즘, 틱, 제스처, 경련(Twitches), 선동적 행동(Stereotype), 행동 반향(Echopraxia), 과다행동, 안절부절, 호전성, 유연성, 융통성, 경직성, 민첩성 등이 포함되고 계속 움직이는가, 손을 가만두지 못하는가 등 여러 가지 신체의 움직임을 기술한다. 정신운동성 지연이나 신체 움직임의 전반적 저조 상태가 있는지, 목적 없는 행동은 없는지도 기술한다(대한신경정신의학회, 1998: 154).

(2) 인간행위 인지

인지심리학에서는 인간 마음의 주특성을 인지라고 본다. 인간은 일상생활에서 각종 대상을 인식, 주의, 기억, 학습, 언어를 사용하고 생각하고 느껴서 감정을 갖게 되고 문제들을 해결하고 여러 가지 숙련된 행위를 해낸다. 이러한 모든 행위는 어떤 형태로든 일종의 인간행위 인지와 관련되어 있다(이정모 외, 2010: 26).

또한 인간은 분노, 사랑, 기쁨, 슬픔, 죄책감, 수치심, 두려움 등 여러 가지 다양한 감정들을 경험하며 살아간다. 인간이 경험하는 감정들의 대부분은 다른 사람들과의 접촉에서 비롯된다. 즉, 수많은 감정들이 사회적 상호작용과 관계 속에서 나타나고 사라진다. 인간은 상대방이 어떤 종류의 사람인가를 판단하기 위하여 그의 감정표현을 파악하며, 타인들 앞에서 자신의 이미지를 관리하기 위하여 감정을 통제하려고 노력한다(이동원 외, 2000: 160).

(3) 타인에 대한 감정 판단

타인의 정서의 인지는 감정이입(Empathy)이란 개념으로 이는 '안으로 들어가서 느낀다'는 의미이다(김경희, 2004: 233). 인간의 사고를 문제해결 수단으로 생각한다면 말로 표현되는 언어가 꼭 필요한 선행조건일 필요는 없다. 특정한 기본적인 감정을 표현하기 위해 안면표정을 사용하기 때문에 모든 문화에서 동일한 정서상태를 전달한다고 보았다. 안면 표정을 이용한 추론은 개인의 행동적·

심리적 성향 등 타인에 대한 감정판단의 중요한 단서로 사용한다고 볼 수 있다(김화수, 2011: 43).

4) 경호대상자의 내·외면적 경호위해요인

(1) 내면적 경호위해요인(이상심리)

이상심리란 적응에 실패했을 때 나타나는 인간의 정서·인지·행동의 장애이다. 정신병 같은 심한 심리적 장애에서부터 신경증, 성격장애, 일시적인 적응장애까지 포함한다. 현재 세계에서 가장 널리 사용되고 있는 미국 정신의학회에서 편찬한 정신장애 진단 및 통계 편람 제4판(DSM-IV: Diagnostic and Statistical Manual of Mental Disorders)에 근거하여 사고의 전개과정과 문제해결 방식에 영향을 미치는 중요한 장애들을 평가할 수 있다.

정신분석적 입장의 DSM-I 초기에는 모든 정신적 증상이나 불편 문제는 그 원인이 존재하고, 원인을 해결·해소함으로써 문제를 해결할 수 있다는 정신결정론적인 입장으로 그 증상의 경중을 따지기 위한 현실검증력(Reality Testing)을 기준으로 제시하고 있다. 현실검증력이란 외적세계와 내적세계를 분간하고 공상과 현실을 분간하는 감각적 인상에 대한 객관적 평가를 말한다. 내적세계는 외적세계와 많은 부분이 일치하지 않으며 인간은 최소한의 현실검증을 통해서 그것을 인식할 수 있고, 별도의 자아방어 체계를 통하여 괴리에서 오는 피해나 상처를 막거나 상처를 경감시킬 수 있다.

DSM-IV의 주요 진단 유형들은 현실검증능력의 장애로 중요한 의사결정 과정에서 병리적인 영향을 미치게 된다. 특히나 최근 DSM-IV에는 외상 후 스트레스 장애가 어느 정도의 기간이 지나면 나타나는 것으로 연구되었으나, 사건 후 바로 나타나는 증상의 발견으로 급성 스트레스장애가 추가 되었다. 이는 장애발생 전에 보호하고 대응하고자 하는 취지도 있다(김옥진 외, 2011: 113-120).

(2) 외면적 경호위해요인(스트레스)

스트레스란 어떤 상황이나 사건이 주는 과다한 심리적, 신체적 요구에 대한 압박상태를 말한다. 스트레스는 내·외적인 환경에 의해 일어나고 지속적이거나 과도한 경우 개인의 잠재력이 과도하게 소모함으로써 기능장애를 일으키게 된다. 슬프고 안 좋은 일만이 스트레스의 원인이 되는 것을 아니다. 기쁜 일, 고무적인 사건들도 스트레스의 원인이 될 수도 있다. 상황적 요구가 과다한지는 개인의 특성에 따라 다를 수 있다. 그 만큼 스트레스는 다양한 측면을 갖는 개념이다(송상옥, 2001: 35).

우리가 일상생활에 직면하게 되는 모든 위급상황, 질병, 상해, 강한 정서적 경험 그리고 도전들은 실체적인 적응과정을 요구한다. 우리에게 스트레스를 주는 사건들은 신체적인 반응들 뿐 만 아니라 매우 특정한 사고와 정서를 동반한다. 우리는 자신의 기술과 능력에 대한 도전에 직면할 때 초조해지고 안절부절 못해 하며, 좌절감을 느끼거나 우리를 괴롭히는 다른 사람에게 화를 내기도 한다. 이때 우리의 생각은 '난 이걸 해결할 수 없어' 라는 것에서부터 '난 이 문제를 잘 해결할 수 있을 거야'라는 생각에 이르기까지 다양하다.

스트레스 사건에 대한 우리의 정신적 반응과 신체적 반응들은 서로 서로 영향을 준다. 신체적 혹은 심리적인 스트레스 원인들이 시간의 흐름에 따라 스트레스원이 상당히 강력하고, 대처능력을 압도할 때 발생한다. 이 단계의 특징은 극도의 피로감, 높은 수준의 불안과 우울증, 운동 기능의 손상, 정신적 기능의 손상, 악몽, 저하된 성적능력 등이며 스트레스를 다루는 방법을 발견하지 못하는 경우 자살하기도 한다(김옥진 외, 2011: 184-188).

스트레스의 원인으로 압박감, 불안, 욕구불만 및 좌절, 일상생활에서의 스트레스 원인, 개인적 스트레스 원인을 들 수 있다.

첫째, 압박감(Pressure)은 어떤 특정한 목표나 바른 변화에 적응하는 과정에서 발생하는 것이 압박감이다. 이런 압박감은 두 종류가 있는데 하나는 내적 압박감(Internal Pressure)과 외적 압박감(External Pressure)이다.

내적 압박감은 자신의 내적목표와 자존감과 관계가 깊다. 자존감이 역기능으로 작용될 때 한 개인을 파멸로 빠지게 할 수도 있다. 외적 압박감은 개인의 외부에 존재하는 경우로써 동료와 경쟁을 한다거나 빠르게 변화하는 환경에 적응하지 못하거나 주변의 기대가 크다거나 하는 것이 바로 여기에 속한다. 특히 타인과의 경쟁 관계 지속은 매우 심각한 문세를 낳고 있다. 과거와는 달리 현대인들에게 주어지는 외적 압박감은 심한 경우에는 그것을 이기지 못해 자살이라는 극단적인 방법을 선택하는 경우도 볼 수 있다(김옥진 외, 2011: 189). 그러므로 스트레스는 개인이 주변상황과 자신들의 목적을 향해 적극적으로 중재할 수 있는 능동적 동인으로서의 자신의 위치를 어떻게 평가하고 인식하는가에 결정적으로 달려있다(문용린 외, 2010: 328).

둘째, 불안이다. 불안은 두려움, 염려 그리고 당장 어떤 재해가 닥칠 것 같은 느낌을 말한다. 불안한 사람은 왜 자기가 그렇게 느끼고 있는가 하는 이유를 알지 못하면서 숨이 가쁘고 근육이 긴장되고 머리가 아픈 등의 스트레스에서 나타나는 모든 증상을 경험한다. 그리고 아무 이유 없이 화를 내고 만족스러운 경제 형편에도 불구하고 우울해지기도 한다. 일반적으로 스트레스를 주는 상황이 길면 길수록 심하면 심할수록 그 상태의 불안은 더 커진다(김옥진 외, 2011: 190). 로즈먼(Roseman, 1984)에 의하면 사람들은 자신과 관련된 사건의 결과가 불확실할 때 특히 그 결과가 잠재적으로 해로울 수 있을 때, 그 사건을 스스로 바꿀 수 없을 때에 불안을 느끼게 된다고 하였다. 즉 불안은 결과에 대한 불확실성이 높고, 상황에 대한 통제 수준이 낮을 경우 느끼는 정서로 사람들은 보상수준이 낮을지라도 위험부담이 낮은 쪽으로 선택하도록 만드는 행동과 관련되어 있다(정옥분 외, 2008: 215).

셋째, 욕구불만 및 좌절이다. 개체가 요구하는 것이 어떤 방해에 부딪쳐서 그 욕구가 저지되거나 박탈되었을 때 욕구불만이 일어난다. 욕구불만 혹은 좌절에 빠지게 될 때 우리가 갖게 되는 일반적인 감정은 바로 분노(Anger)이다. 우리가 흔히 사회에 대한 어떤 요구가 받아들여지지 않을 때 과격한 시위가 조장되는 것도 그들이 갖고 있는 집단적인 분노의 감정이 분출되었기 때문이라 할 수 있다(김옥진 외, 2011: 192).

넷째, 일상생활에서의 스트레스 원인은 가까운 사람의 죽음, 결혼, 이혼, 질병, 상해, 승진 그리고 새로운 직장 등은 스트레스를 주는 생활에서의 변화들이다. 긍정적인 변화와 부정적인 변화 모두 사람들로 하여금 어떤 목표를 성취하는데 영향을 주며 새로운 목표와 목적을 달성하기 위해서 예기치 않는 압력을 가할 수 있다. 연구에 의하면 스트레스를 주는 일상적인 경험들이 많은 사람들은 호흡기 감염, 두통, 악몽 등을 많이 보인다고 한다. 또한 이들은 화를 버럭 내기가 쉽고, 더 쉽게 흥분하며, 더 불편해 하고 지루해 하며 안절부절 못한다(김화수, 2011: 39).

다섯째, 개인적 스트레스의 원인은 다양한 신체적 결함이나 질병, 사회적 관계기술의 부족 그리고 교육의 부족 등은 개인적 한계라고 볼 수 있다. 그런 것들은 개인의 목표성취를 방해할 수 있고 피곤할 때 쉬지 못하고, 아플 때도 평소처럼 계속 일을 하게 되고 카페인이 함유된 음료를 더 마시고, 담배를 더 피우고, 운동력이 저하되는 등 불안정한 특성을 갖게 된다(김옥진 외, 2011: 183-201).

2. 경호와 심리의 관련성

인간은 생물적이고, 정신적이며 사회적 존재이다. 따라서 인간의 문제를 다루는 심리학은 인류학과 언어학 등과 더불어 개인의 행동을 연구하는 행동과학을 대표하는 학문으로 간주되고 있다(김옥진 외, 2011: 17). 또한 심리학의 관련 학문은 행동과학에만 국한되지 않고, 생명과학, 행동과학, 사회과학과 밀접한 관련을 갖고 있는 것처럼 경호위해 행동의 전조를 읽어내는 경호위해요인의 분석과 행동의 관찰, 기술, 설명, 예측하여 행동을 변화하게 한다는 심리학의 목표(김옥진 외, 2011: 11)는 깊은 관련이 있음을 알 수 있다.

특히 경호대상자 또한 경호위해 분석 대상의 요인으로 관련성이 깊다. 경호대상자의 심리상태에 따라 나타날 수 있는 증상들을 이해함에 있어서 그 증상을 정확하게 파악하는 것도 중요하지만 이러한 증상들이 경호대상자의 전체적인 심리상태에 있어서도 어떤 의미를 내포하고 있는가를 인지하는 것도 중요하다. 또한 인지하는 것으로 끝나는 것이 아니라 예언을 해야 하고, 그에 따라 예방까지 가능해야 한다. 즉, 이러한 경호대상자의 정신의학적 관점에서의 이해는 경호대상자 자신으로부터의 위해요인을 차단하기 위한 경호예방적 절대 안전을 위한 대책의 수립을 가능하게 하는 근본이 된다(김화수, 2011: 47-48).

이상과 같은 측면으로 볼 때 경호관의 자질 중 책임감과 관련 '지시된 사항은 반드시 책임을 지고 처리해야 하는 것'이 원칙이지만(김종민, 2003 : 25), 이상심리 상태에 따른 지시와 경호의 원칙이 충돌할 때 경호현장에서 정확한 근거와 자료를 토대로 설명이 가능해야 할 것이다. 이처럼 경호대상자의 심리상태 인지능력과 인간의 이해를 전제로 한 경호위해요인의 분석 능력의 전문성 확보는 경호대상자의 절대 안전을 도모하는 궁극적인 목적으로 예방경호에 필수적으로 요청된다(김화수, 2011: 48).

3. 경호프로파일링 기법 개발을 위한 선행연구

1) 위해요인분석 관련 선행연구

(1) 정신분석학과 신경과학

최초 과학적 마음 연구는 정신분석이론에서 출발되었다고 볼 수 있다(이근후 외, 2011). 정신분석학(Psychoanalysis)의 기본 가정은 대부분 인간의 행동은 무의식적 과정에서 일어난다는 것으로 의식심리학이 의식되는 것만을 연구대상으로 삼는데 반하여 무의식을 심리학에 포함시킴으로써 심리학의 대상을 넓히는데 공헌하였다(김옥진 외, 2011). 또한 '부적응 이상행동이 정신내적 균형이 잘 이루어지지 않은 상태에서 환경과의 관계가 부조화 상태에서 발생한다'는 심리적 원인으로 설명한 최초의 체계적 이론으로 인간의 행동을 설명할 수 있는 정신구조[54]를 밝히고자 하였다(이근후 외, 1988).

프로이드(Freud)는 인간의 마음은 의식, 전의식, 무의식 상태로 존재하며 의식이란 개인이 알 수 있고 조절하고 통제할 수 있는 정신상태이며, 전의식이란 주의를 집중하면 쉽게 의식에 떠오르는 현상이고, 무의식이란 상당한 노력을 기울이고서야 깨닫게 되는 정신현상이라고 하였다. 또한 무의식적 정신영역에 이르는 지름길은 바

---

54) 정신분석학을 바탕으로 한 수정된 정신역동론에 따르면 개인의 내면세계 속에서는 원초아(원초적 욕구), 자아(환경에 대한 현실적응), 초자아(도덕적 가치 및 윤리의식) 3세력 사이에 경합, 투쟁, 타협하는 과정에서 일어난다. 그 결과 적응이나 부적응 상태가 초래된다. 부적응은 환경 요구에 맞추어 나가면서 원초아, 자아, 초자아 간 불균형이 유지되는 상태이고, 적응은 환경 요구에 맞추어 나가면서 원초아, 자아, 초자아 간 균형이 유지되는 상태를 말한다(이근후 외, 1988).

로 꿈이라는 점을 밝히면서 무의식적 정신 현상을 알기 위한 효과적인 방법의 하나로 꿈의 분석을 제시하였다. 또한 일상적인 행동에서도 우리의 무의식이 중요하게 작용한다는 점을 발견할 수 있는데, 개인의 행동 동기를 자기 스스로는 의식하지 못하지만, 관찰자에게는 명백하게 보이는 경우를 들 수 있다.

사람의 몸과 마음은 상호적인 관계, 양방적인 관계 속에 있고, 몸과 마음을 이해하기 위해 영역별로 살펴보아야 한다.

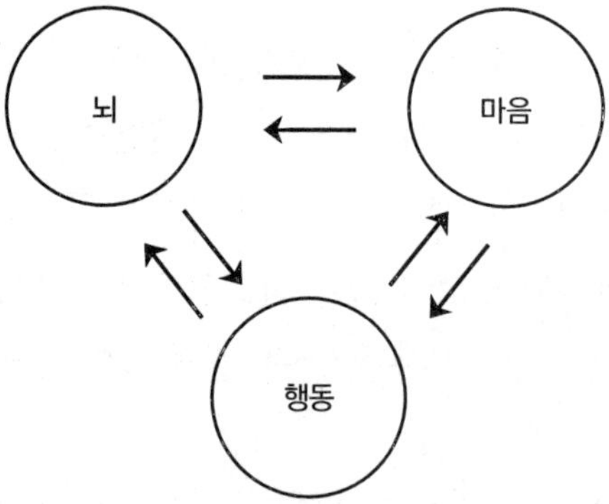

〈그림 5-1〉 뇌, 마음, 행동과의 관계

신경과학(Neuroscience)에서는 인간의 뇌에서 어떻게 심리적 기능과 행동적 기능들이 일어나는지, 정상적이거나 비정상적인 정신 현상과 행동들이 어떤 생리적인 기초에서 발생되는 지를 밝히고 있다. 이러한 연구들을 통해 우리의 정신적 기능들의 어떤 생리적 기초를 갖고 있는지, 또한 정신적 기능들을 생리적인 상태에 어떤 영향을 미치는지, 즉 몸과 마음의 상호작용에 대해 밝혀지고 있다

(WHO, 2001).

이러한 신경과학은 인지심리학과 연결됨으로써 여러가지 사고와 정서활동이 뇌의 어떤 특정 영역에서 활동과 상관이 있는지를 밝혀주고 있다.

최근 의학의 최첨단 발달에 의해 뇌영상기법이 개발됨으로써 사람이 사고하고 판단하고 지각하는 동안 활동하는 뇌 상태를 뇌 영상기법을 통하여 촬영할 수 있게 되었고, 심리학 분야 역시 신경과학과 동일한 방향으로 연구가 진행되고 있다고 말할 수 있다(이근후 외, 2011). 그러나 "우리가 무의식적 정신과정들은 직접 관찰할 수 있는 방법을 아직 알지 못하고 있다는 점은 사실이다(이근후 외, 1988)"는 정신분석학의 창시자 프로이드(Freud)의 말은 '이와 같은 현상들을 연구하는 방법들 모두는 간접적인 방법이다'는 것으로 프로이드(Freud)는 전이(Transference)[55]와 저항(Defense Mechanism)[56]을 통하여 인간의 행동을 분석하여 치료에 활용하고 있다. 이를 경호현장에 적용하면 '경호위해요인'과 '경호활동에 대한 불만요인'으로 구분하는 기준이 될 수 있으며, 그에 대한 대응 또한 구분하여 대처하는 경호기법이 요구됨을 알 수 있다.

특히 기성(假聲, Pseudo)[57]과 실언(Slip of Tongue)의 무의식적

---

55) 전이란 개인의 초기 생활의 대상관계에서 경험되었거나 발달되었던 충동, 방어, 태도, 감정, 반응들이 무의식적으로 현재의 대상에게 전치(Displacement)되는 한 형태로 이해될 수 있다(이근후 외, 1988).

56) 저항의 주요원천은 무의식적 갈등의 갑작스런 의식화에 따라 일어나는 불안, 죄책감, 그 외 다른 불쾌한 정서(그리고 궁극적으로는 무의식적 '위험' 상황 그 자체)를 피하고자 하는 요구에서 저항이 일어난다(이근후 외, 1988).

57) 진정시키기를 수반하는 스트레스 징후처럼 연속하는 두 가지 행동 패턴은 보통 속임수로 잘못 인식

반응에 대한 통찰력이 요구된다. 가성은 의식적 행위인 경호위해요인과 경호활동의 불만요인의 선별대응에 필수적이며, 방어가 순간적으로 허물어짐을 나타내는 실언은 무의식적 기저의 단서를 제공해주는 중요한 단서가 됨으로써 가볍게 해석해서는 안 될 것이다(이근후 외, 1988). 무엇보다 중요한 것은 경호관의 관점이 아니라 경호위해자의 관점에서 분석할 수 있어야 한다.

(2) 뇌와 신경언어학(눈동자 움직임)

인간의 뇌는 "파충류의 뇌(Brain Stem, 뇌간), 포유류의 뇌(Limbic System, 변연계), 그리고 인간의 뇌(Neocortex, 신피질)로 구성되어 있다"라고 1952년에 미국의 선구적인 뇌 과학자 폴 매클린(Paul Maclran)은 발표했다(조 내버로 외, 2010: 39). 경호프로파일링은 무의식적인 활동의 중추인 뇌간과 즉각적인 반응 등 불수의적 사고를 관장하는 원초 정서의 중추인 변연계에 집중을 하고 있다. 고차원적 사고의 중추인 인간의 뇌인 신피질은 언어활동을 토대로 상상, 창조 등 거짓말을 할 수 있는데 반해, 맨 아래쪽 층에 위치한 호흡, 심장 박동, 체온 등 생존의 본능과 직결된 가장 원시적인 파충류의 뇌인 뇌간과 뇌의 가운데 부분을 차지하는 여러 작은 구조물들을 통칭한 정서, 수면, 호르몬 등 다양한 감정 반응과 운동 신경을 관리하는 포유류의 뇌인 변연계는 불수의적 운동반응

되어 왔다. 이렇게 나타난 현상은 스트레스와 스트레스 완화의 표시로 반드시 부정적인 것은 아니다. 때론 거짓말을 하는 누군가가 그렇게 행동할 수도 있지만, 긴장하고 있는 무고한 사람들도 그런 행동을 보인다(조 내버로 외, 2010: 251). 실제로 스트레스 반응을 거짓말로 오해한 경찰 때문에 감옥에 간 사람도 있다. 경관들이 스트레스의 비언어를 속임수로 착각해 뉴욕 센트럴파크에서 조깅하던 흑인에게 자백을 강요한 사건을 비롯해 신문은 온통 공포스런 이야기로 가득 차 있다(조 내버로 외, 2010: 235).

으로 거짓말을 하지 못한다. 본 장의 연구에서는 진실을 읽는 데 도움을 주는 파충류의 뇌인 뇌간[58]이 지배하는 대표적인 눈동자 움직임을 살펴보고자 한다.

눈동자 움직임의 신호란 인간의 동공은 색채를 가진 홍채의 중앙에 있는 두 개의 검은 점처럼 보인다. 그것은 빛이 눈으로 들어가는 입구이며, 밝기에 따라서 그 크기가 변하는 것은 누구나 알 수 있다. 밝은 햇빛 아래서는 그 크기가 2mm정도의 크기로 줄어들지만 날이 어두워지면 햇빛 아래의 있을 때 보다 4배까지 확대된다. 동공은 빛뿐만 아니라 감정에 영향을 받는다. 우리가 무엇인가 흥분을 느낄만한 것을 보았을 때, 그것이 즐거운 일이건 공포이건 동공이 확대된다. 그 변화는 대개 무의식중에 일어나고 제어할 수 없는 것이므로 진정한 감정을 보여주는 일반적인 단서로 여겨져 왔다(김창호 외, 2011: 27). 이와 관련된 눈동자의 움직임을 뇌와 신경언어학적으로 접근, 경호위해요인의 단서와 관련성을 집중 살펴보았다.

뇌 속에서 정보를 전달하는 뉴런이나 본인이 자각하지 못하는 무의식적으로 반응하는 두뇌활동을 분석해 경호위해요인의 시각적 관찰기법에 접목하여 일반적인 눈동자 신호보다 체계적이고 구체적인 관찰기법을 제시하였다.

뇌는 뇌간을 통해 뇌와 척수로 연결되고 척수는 뇌 전체와 몸

58) 뇌간(Brain Stem)은 뇌줄기로 뇌와 척수를 이어주는 줄기 역할을 하는 부위로 중간뇌, 다리뇌, 숨뇌(연수)의 세부분으로 구성되어 있으며, 중간뇌는 안구의 운동과 홍체의 작용을 조절한다(의학정보, 서울대학교병원제공 네이버 검색).

을 연결한다. 뇌와 척수의 연결지점에서 흥미로운 점은 신경이 분리된 방식이다.

'좌반신에서 온 모든 신경은 우뇌로 가고, 우반신에서 온 모든 신경은 좌뇌로 간다'는 것이다. 이런 교차 덕분에 좌뇌가 우반신을 조절하고, 우뇌가 좌반신을 조절하게 되는 것이다.

척수는 우리가 의식하지 못 할 경우에도 계속 활동해야 하는 심장, 허파, 방광 등 동공과 같은 자율기관들에 정보를 보내게 되는데 이런 신체기관 중 객관적으로 관찰이 가능한 동공 즉, 눈동자의 움직임과 이성을 관장하는 좌뇌와 감성을 관장하는 우뇌의 특성을 조합하면 이론적으로 눈동자가 오른쪽을 보면 자신이 상상하거나 만들어내는 것을 시각화 하고, 왼쪽을 보면 기억하는 것을 시각화 하는 것으로 해석할 수 있다[59]. 신경언어 학습이론에서 오른손잡이의 경우 새로운 것을 구체적으로 상상할 때 눈동자가 오른쪽, 위를 향하고, 예전에 있었던 일을 기억할 때 눈동자가 왼쪽, 위를 향하는 것이 효과적이라고 설명되어 있다. 많은 심리학자는 신경언어학 프로그래밍(NLP, 신경언어학을 기반으로 적극적 사고를 돕는 기법)에 따라 거짓말과 눈동자의 움직임 간에 상관관계가 있다고 연구되고 있고 결과적으로 눈동자의 흔들림에 주목할 필요가 있음을 시사하고 있다.

59) 반면 리처드 와이즈먼 교수의 심리학연구팀은 거짓말 여부를 판단하는데 눈동자의 움직임보다 '말더듬기와 과장된 손짓'이 더 좋은 지표가 된다는 연구결과를 발표한바 있다(미국 공공과학도서관 온라인 학술지(2012.7.16) '플로서원(PLoS One)).

(3) 얼굴(표정)의 심리학

얼굴의 심리학(Emotions Revealed)의 저자인 폴 에크만(Paul Ekman) 박사의 연구에 의하면 인간의 몸엔 총 178개 정도의 근육이 있고 그 중에서 1/3 가량인 50개가 얼굴에 집중되어 있고, 표정이란 이러한 얼굴 근육들의 수축과 이완이 만들어내는 결과라고 한다. 얼굴 근육은 총 46가지이고, 그는 이것을 작동 단위별로 나누어서 일련번호를 붙였다. 그 결과 1978년에 시각적으로 구분 가능한 얼굴 움직임으로 정의되는 '얼굴 움직임 해독법(FACS: Facial Action Coding System)'을 개발하였다.

에크만(Ekman)은 사람의 심리상태를 알려주는 이러한 얼굴 표정을 '미세표정(Micro Expression)'이라고 규정하였다. 에크만(Ekman, 2003: 15)에 의하면 이는 1/15초 정도 이하로 지속되는 것으로 사람들이 숨기려고 하는 감정을 알아내는 결정적인 증거라고 말한다.

에크만(Ekman)은 미세표정을 통해 체계적으로 사람을 측정할 수 있는 실험을 한 결과, 동일한 1초의 평시 표정 안에 담겨져 있는 0.5초의 강력한 표정을 통해 그 사람의 감정을 읽어내는 JACBART(Japenese and Caucasian Brief Affect Recognition Test)을 개발하였다. 이 실험은 복합적이고 다양한 감정의 범위와 세부적인 감정 구분을 통해 감정 인식 신뢰도를 높이는 계기가 되었다(Ekman et. al., 2008: 10).

결과적으로 에크만(Ekman)은 JACBART의 지속적인 연구·보완을 통해 감정 인식 능력에 따른 개개인의 차이를 측정하고, 감정

인식 방법을 교육시킬 수 있는 도구를 개발하였고, 이 도구가 바로 '미세표정 훈련도구(METT: Micro Expression Training Tool)'이다. 이는 사람의 감정을 구분하기 위해 0.5초 정도의 짧은 시간에 해당하는 미세표정을 보여주고 진실한 감정을 맞추고 피드백하는 도구이다. METT에서 교육하는 가장 대표적인 감정은 슬픔, 화남, 놀라움, 두려움, 기쁨, 역겨움, 업신여김 등 7가지 감정이 있다.

7가지 감정의 미세표정[60]의 특징은 다음과 같다(Ekman, 2006: 150~346).

① 슬픔은 양쪽 눈썹이 가운데로 몰려 올라가면서 수직주름 발생, 양쪽 뺨이 올라감, 입가가 밑으로 쳐지면서 입술이 팽팽해짐.

② 기쁨은 얼굴 양쪽 뺨이 위로 올라감, 눈썹 사이가 좁아지고 눈 둘레에 주름이 생김, 입가에 주름이 뺨 쪽으로 올라감.

③ 놀라움은 위쪽 눈꺼풀이 위로 올라감, 턱이 아래로 떨어지면서 입이 벌어짐.

④ 화남은 눈썹이 가운데로 모이면서 아래로 향함, 눈이 커지면서 노려봄, 정사각형이나 직사각형으로 벌인 입, 화를 참을 경우에는 입술을 다물면서 얇아짐.

⑤ 두려움은 위쪽 눈꺼풀이 위로 올라가고 가운데로 몰리며 아

60) 미세표정은 두 가지 커다란 한계가 있다. 첫 번째는 거짓을 나타내는 미세표정이 없다는 것이다. 예를 들면 미세표정은 어떤 자극을 받았는가에 따라 불안, 즉 거짓 징후와 연관되어 있을 수 있다. 하지만 따로 떼어놓고 보면 그 신빙성은 꽤 낮다. 두 번째 한계는 실제 적용이 어렵다는 것이다. 고도의 훈련을 통해 1초 사이에 나타나는 얼굴 움직임을 알아챌 수 있을 만큼 예리한 눈을 갖추지 않는 실시간으로 벌어지는 일반적인 상황에서는 유용한 도구가 될 수 없다(필립 휴스턴 외, 2014: 172).

래 눈꺼풀에 힘이 들어감, 입술이 귀를 향해 일직선이 되면서 팽팽해짐.

⑥ 역겨움은 윗입술이 최대한 올라가고 아랫입술도 따라 올라가면서 약간 돌출됨, 콧구멍에 양족 입가로 깊은 주름이 생김, 뺨이 위로 올라가고 눈썹이 아래로 처지면서 주름이 생김.

⑦ 업신여김은 얼굴 좌우 대칭이 일그러짐, 입가에 힘이 들어가면서 살짝 올라감.

또한 실존인물인 임상심리학자 에크만(Ekman) 박사를 바탕으로 제작된 심리 수사드라마 “Lie to me”에서 밝히는 거짓말의 징후[61]를 다섯 가지로 분석하고 있고, 에크만(Ekman) 박사의 연구의 일환으로 여러 사례를 관찰한 영국의 W. 앤밀트 박사는 사람이 거짓말 할 때 나타나는 대표적인 현상을 네 가지로 분석하고 있다.

“Lie to me”에서 밝히는 거짓말의 징후는 다음과 같다.

① 시선회피는 가장 전형적인 기만의 징후다. 또한 고개를 돌리고 다른 방향을 바라보는 행동은 자신이 하는 말에 확신이 없음을 나타낸다.

② 강한 부정, 과잉분노, 방어적 태도, 이런 격앙된 반응은 정반대의 진실을 감추기 위한 반발심과 초조감에서 비롯되는 행동패턴이다.

③ 화제를 돌리는 건 전형적인 회피반응이다.

---

61) 심리적 감정적인 현상과 정보들을 찾아낸다.

④ 무시는 또 다른 회피, 침묵은 긍정을 의미한다.

⑤ 묻지 않는 부분에 대해서 굳이 부연설명을 달며 강조하는 것은 도둑이 제발이 저리는 것과 같은 심리적 행동반응이다(방어적 행동을 취하다가 오히려 진실을 흘리는 우를 범하기도 한다).

사람이 거짓말 할 때 나타나는 대표적인 현상을 W. 앤밀트 박사는 다음과 같이 분석하고 있다.

① 과장된 웃음이나 얼굴 근육 즉 얼굴 표정이 부자연스럽게 움직인다.

② 거짓말을 하는 순간 손이 얼굴이나 눈을 가리는 현상이 많다.

③ 거짓말을 하는 경우에 눈을 오래 동안 감는 행동이나 눈의 깜박임이 많다.

④ 손이 가만히 있지 못하고 말과 다른 행동을 한다.

①번 행동의 해석은 과장된 행동으로 자신의 말을 강하게 인식시키기 위해서 무의식중에 나타나는 행동이다.

②번과 ③번 행동의 해석은 거짓말 하는 경우 빨리 거짓말 하는 상황에서 벗어나고 싶어 하는 심리가 눈을 감거나 손으로 얼굴을 가리는 행동으로 나타나기 때문이다.

④번 행동의 해석은 거짓말을 하려면 말을 만들어 내야 하기 때문에 그 상황에 맞지 않는 행동이 자연스럽게 나오는 것이다(출처: 인터넷 사이언스 올).

(4) 행동의 심리학

행동적 접근은 행동주의 심리학파의 이론적 근거에 기초한 인간 내적인 정신과정보다는 인간의 외적인 행동의 이해와 신체적 측면에서 설명될 수 있는 모리스(Morris) 교수[62)]의 'Man Watching(인간행동 관찰)'과 전직 FBI 특수수사관 내버로(Navarro)[63)]의 FBI 행동의 심리학을 살펴보았다.

모리스(Morris) 교수는 30여 년간 전 세계를 여행하면서 인간행동의 특징을 관찰하여 'Man Watching'이란 책을 썼으며, 전 세계 공통적으로 나타나는 인간의 동작, 제스처, 그리고 행동의 특징을 의도동작, 대체행동[64)], 타방향 행동[65)], 장벽신호[66)], 영역행동[67)]의 5

62) 1928년 영국 월트셔에서 태어나 옥스퍼드대학에서 박사학위를 받고, 1959년부터 1967년까지 런던동물원 포유류 원장을 지냈으며, 1967년 출간된 '털 없는 원숭이'는 전 세계 20개 언어로 출간되어 1000만부 이상 판매되었다. 그 후로 지속적으로 인간의 행동의 특징을 연구한 결과 1970년 중반에 'Man Watching'이라는 책을 출간하였고, 2004년 'People Watching'이라는 제목으로 개정 발간하였다.

63) 미국 연방수사국(FBI)에서 25년간 대적 첩보 특별수사관으로 활동, 고도의 훈련된 스파이와 지능범죄자를 상대하여 포커페이스에 가려진 진심을 꿰뚫는 능력으로 FBI 내에서 인간 거짓말탐지기로 불렸다. FBI에 터득한 기술과 30년에 걸친 인간행동 연구를 바탕으로 현재 비언어 커뮤니케이션 전문가로 활동하고 있으며, 인간 행동의 비밀을 담은 "FBI 행동의 심리학"을 출간했으며, 세인트레오 대학교 겸임교수이며, 국제적인 협상과 비즈니스 컨설턴트로도 활동하고 있다(홈페이지 www.jnforensics.com).

64) 사람이 내적 갈등이나 욕구불만에 빠지면 겉으로 부적절해 보이는 행동을 하는데 이를 대체행동(Displacement Actibity)이라고 한다(Morris, 2002: 258; 김창호 외, 2011: 24).

65) 처음에 의도한 사람과는 다른 사람을 향해서 취하는 행동 패턴으로 그 가장 두드러진 보기는 다른 방향으로 향하는 공격을 타방향 행동(Redirected Actibity)을 말한다(Morris, 2002: 262; 김창호 외, 2011: 25).

66) 사회상황으로부터 몸을 지키는 동작으로 사람들은 불리적 장벽 뒤로 숨으면 안정감을 느끼는 것을 말한다. (Morris. 2002: 270)는 장벽신호의 가장 대표적인 예로 '신체 교차하기'가 있다고 하였다. 자신의 몸 앞에 두 손 또는 두 팔을 마주치게 해서 '몽둥이'모양을 만드는 것은 자신의 감정이 불안하거나 초조하여 상대방으로부터 자신을 보호하기 위한 행동이다(김창호 외, 2011: 26).

67) 영역이란 방어를 하는 공간을 말한다. 사람은 어디를 가나 개인영역이 존재하므로 남이 그곳을 침범하거나 들어오면 위협을 느끼고, 반대로 너무 떨어져 있으면 불안감을 느낀다(Morris, 2002: 184; 김창호 외, 2011: 26).

가지 동작의 개념 등으로 분석하였다. 행동심리학적 접근에서는 경호위해요인 관찰에 필요한 '의도동작' 부분만 선택하여 살펴보았다.

의도동작(Intention Movement)이란 사람은 어떤 동작을 하려고 할 때 흔히 약간의 예비적인 움직임을 보인다는 것으로 이 움직임은 우리가 무엇을 하려는가를 나타내는 단서가 되며, 새로운 활동을 어려움 없이 시작할 수 있는 상태라면 그것이 무엇이든 망설이지 않으므로 최초의 움직임이 그 행동의 패턴으로까지 막힘없이 전개된다. 그러나 어떤 이유로 우리가 망설이게 되면 우리는 먼저 작은 동작만을 행하며, 의도동작을 미끼로 사용하여 상대방의 허점을 노리는 동작(김창호 외, 2011: 24)으로 경호위해 행동에 앞서 나타나는 긴장상태를 알려주는 내적 갈등의 신호로 분석할 수 있기 때문이다.

또한 FBI 행동의 심리학의 저자인 내버로(Navarro)는 전직 FBI 특수수사관으로 인간 거짓말탐지기라고 할 만큼 사람의 감정, 생각, 의도를 간파하는데 뛰어났다. 그는 심리학, 신경생물학, 의학, 사회학, 커뮤니케이션학, 인류학 등에서 밝혀낸 연구와 자신의 경험을 토대로 '행동은 말보다 더 크게 말 한다'는 비언어적 행동을 설명하고 있다.

얼굴은 감정을 가장 자주 숨기고 속이는 신체의 한 부분이다. 그래서 사람들은 신체언어를 읽을 때 대개 얼굴부터 시작해 아래로 내려오며 관찰한다. 하지만 그는 정반대의 접근으로 FBI에서 수천 건의 수사를 진행하는 동안 먼저 용의자의 발과 다리에 집중해야 한다는 것과 아래에서 위쪽으로 올라갈수록, 즉 발에서 머리로 이동할수록 진실성이 감소한다는 것을 알게 되었고 발과 다리는 놀랍도록 정직하게 비언어 정보를 제공한다고 분석하였다(Navarro, 2010: 175). 네버로(Navarro)는 행동만으로도 사람의 심리는 노출된다는 것을 밝히고, 몸짓으로 사람의 마음을 읽기 위한 7가지 비언어 커뮤니케이션 기술을 설명하였다.

① 보지 말고 관찰하라
② 본능이 드러나는 불변의 보디랭귀지를 기억하라
③ 특별한 상황에서만 나타나는 행동을 파악하라
④ 평상시 모습을 기억하라
⑤ 갑작스런 행동의 변화에 주목하라
⑥ 편안한 상태와 불편한 상태를 구별하라
⑦ 당신이 관찰하는 것을 상대가 모르게 하라(상대가 당신의 의도를 눈치 챌 경우 자신의 의도를 숨기려 하기 때문이다)

(5) 프로파일링

프로파일링이라는 용어는 사람과 사람들에 관한 다양한 종류의 정보를 수집하는 것을 표현하는데 사용된다(임준태, 2009: 146). 일반적으로 프로파일링은 비정상적인 범죄인을 대상으로 한 연구에 초점을 두고, 범행현장에 남아있는 희미한 흔적과 범행수법을 심리학과 행동과학 등을 근거로 분석해 범인의 성격 및 특성, 행동양태 등을 추론해 범행동기 등 숨겨진 의도를 밝혀내는 범죄심리분석 수사관으로 특정범죄유형의 범죄심리나 행동분석을 통해 범인검거의 효율성을 높이고 범인과 고도의 심리적 전략을 구사함으로써 자백을 받아내기도 하는 범죄심리분석관을 말하며 이러한 수사지원 기법을 프로파일링(Profiling)이라 한다.[68]

① 범죄(자) 프로파일링(Criminal Profiling)

범죄에 대한 심리적 평가로써 범죄자 유형 분석기법의 목적은 범행현장에 유류된 증거들을 범죄자의 성격유형에 관한 단서로서 인식하고 해석하기 위한 것이다.

범죄(자) 프로파일링은 대부분 과학자들에 의해 범죄가 저질러졌던 방식 때문에 발각된 어떤 행동상의 또는 성격적인 특징을 소유하고 있는 용의자 쪽으로 수사 방향을 좁히는 데 활용된다. 프로파일링 그 자체는 특별한 용의자를 확정할 수는 없다. 그 대신에 알려지지 않는 범죄자와 가장 가까운 형태의 일반적이고 인간적인 특성들에 관한 묘사를 스케치하는 것이다. 범인의 여러 가지 특성들은 역시 교도소에 수감되어 있는 범죄자들과의 인터뷰를 통해 수집된다고 한다(임준태, 2009: 174).

"범죄(자)프로파일링의 목적을 한마디로 범죄사건 수사 및 해결에 도움이 되는 것"이라고 하였다. 이는 연쇄살인범 등 정신병리적 징후들을 보여주는 통상적으로 사이코패스 혹은 인격장애에 대한 생물학적 특질 혹은 유전인자들의 환경적 경험과 상호작용을 밝히는 것으로 범죄(자)프로파일링은 경호위해요인의 대상에는 포함이 되나, 지극히 제한적인 부분에서의 영역이라고 말할 수 있다. 성공

68) '시사상식사전' 네이버 검색.

적인 범죄(자)프로파일러는 인간의 행동에 대한 심층적인 이해 능력, 인간의 성적 활동, 범죄현장 수사능력 그리고 법과학적 지식을 소유하고 있어야 하고, 자신이 통찰한 것과 관찰한 것에 대한 해석을 수사관들에게 제공하면서, 폭력범죄 연구에 대한 광범위한 전문훈련과 경험이 요구되는 능력을 갖추어야 한다(임준태, 2009: 175)는 부분은 경호프로파일러가 갖추어야 할 능력과 유사하다고 할 수 있다.

② 지리학적 프로파일링(Geographic Profiling)

범죄지리적 관점에서 범인이 피해자를 물색하는 유형과 방법을 분석하는 지리학적 프로파일링이다. 범죄자(혹은 용의자)의 주거지가 소재할 가능성이 가장 높은 장소를 찾아내기 위해 일련의 관련된 범죄 장소를 분석해 내는 수사방법으로 로모스(Rossmo)박사에 따르면 지리학적 프로파일링은 범행 발생 장소의 유형, 물리적 그리고 심리학적 장애물, 이웃주민들의 인구통계적 특성, 피해자의 일상적 활동, 전이현상 등이 고려되어야 할 요소들로 제시하고 있다.

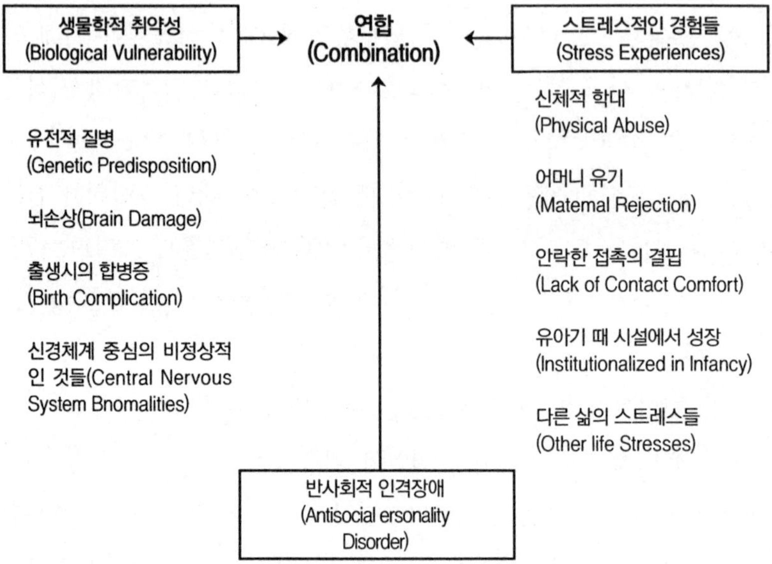

〈그림 5-2〉 반사회적 인격장애에 관한 취약성-스트레스 모형[69]

(6) 과학수사

과학수사는 범인을 발견하고 증거를 수집하여 사안의 진상을 밝히는 수사활동에 과학적 지식·기술과 감식시설·장비·기자재 등을 최대한으로 활용하는 수사로 자연과학 분야의 지식뿐만 아니라 사회과학 분야의 지식의 원리까지 총 동원하는 학문을 말한다. 과학수사의 내용은 사회학, 철학 등 인문과학을 포함하는 광범위한 분야의 과학적 지식과 감식장비, 기술을 최대한으로 이용 또는

69) Wade et., 2006: 591; 임준태, 2009: 328.

응용하는 수사분야[70]로써 예방을 목적으로 하는 경호프로파일링 분야에 적용하기에는 한계가 있으나, 관련 지식을 확장하는 부분으로 '신체의 자율신경계는 의식적으로 조절되지 않는다'는 거짓말 탐지기의 원리와 무의식적 단서를 찾는 경호프로파일 기법의 원리인 거짓말을 할 때 나타나는 신체의 변화를 통해 진실을 가려내는 유사성을 발견할 수 있다.

※ 거짓말탐지기(Polygarph)

거짓말탐지기는 거짓말 자체를 기록하는 것이 아니라, 정상적인 의식적으로 거짓말을 하게 되면 양심의 가책이나 거짓에 발견에 대한 우려 등으로 인하여 심리상태의 변동이 일어나고 이러한 심리상태의 변동은 인체의 신경계를 자극하여 생리변화를 유발시키며 이때 나타나는 여러 가지 생리반응의 변화를 분석하여 진위 여부를 추론할 수 있는 생리학적 반응에 기초를 두고 있다[71]

2) 탐색질문 관련 선행연구

(1) 행동촉발질문(Behavior Provoking Questions)

리드 테크닉의 설립자인 리드(Reid)는 지난 50년 이상 진실한 피의자와 기만적 피의자를 입증하는 언어적 행동과 비언어적 행

---

70) '경찰학사전' 네이버 검색.

71) 국립과학수사연구소 홈페이지

동을 연구해 왔는데, 그러한 연구와 관찰을 통해 진실과 기만에 관련된 행동에 대한 데이터베이스를 개발해 냈다. 그는 거짓말탐지기 조사관으로 일해 오면서 자신이 검사한 진실한 피의자와 기만적 피의자 간의 행동적 차이를 관찰한 후 1953년 그의 동료 아처(Archer)와 함께 총 809명의 거짓말탐지기 피검사자의 행동에 대한 5년간의 연구결과를 발표했다. 그 연구결과는 진실을 말하는 피의자들이 실제로 구조화 된 면담동안 거짓말을 하는 피의자와 다른 행동을 보인다는 믿음을 뒷받침해 주었다.

1990년과 1992년 존 리드(John Reid)는 국가 보안국을 통해 행동분석 분야에서 보다 차원 높은 연구를 수행하였고, 그렇게 개발된 전문적이고 체계화된 질문이 바로 행동촉발질문(Behavior Provoking Questions)이다(김종률, 2004: 109).

행동분석 면담 중에 피의자는 언어적 행동(사과메세지를 전하는 어휘나 어구의 선택), 준언어적 행동(속도, 음의 고저·장단, 지속성), 비언어적 행동(신체자세, 팔과 다리의 움직임, 시선접촉과 얼굴표정)과 같은 세 가지 통로를 통해 의사소통을 한다고 했으나, 행동분석 가이드라인은 진실이나 기만에 항상 연결되는 독특한 행동은 없으며 전형적인 것으로 분류할 수 있는 행동은 있다고 하였다(김창호 외, 2011: 28).

위에서 언급한 행동촉발질문은 특정화된 질문 모델을 통해 상대방의 진실한 반응과 기만적 반응을 구별 짓는 원리이다. 세부적으로는 질문목적, 응수타진, 지식, 의심, 면책, 사건발생 현실성, 기회, 범의, 반대, 결과, 태도, 처벌, 다시 한 번 기회 등 14개의 특정

항목별로 모델화된 질문을 해가면서 기만적 또는 진실 반응을 살피는 것이다.

이중 경호위해요인 분석에 필요한 조사목적, 응수타진, 지식, 기회의 4가지 부분을 일반적인 질문사례를 통해 살펴보았다.

여기서 Q는 질문유형, T는 진실한 반응, D는 기만적 반응을 나타낸다.

① 조사목적

Q : 오늘 조사의 목적이 무엇인지 알고 있나요?

T : 조사 중인 사안을 거론하는데 편안함을 느낄 것이다. 사안에 대해 풍부하고 완전하게 규정한다. '훔치자', '죽이다', '강간하다'와 같은 규정적 언어를 사용하고, 피해자의 이름을 사용하는 등 사건에 대해 구체적으로 언급할 수가 있다.

D : 조사 중인 사안을 다루는데 불편함을 드러내고, 애매하거나 간단히 답할 수 있다. 예를 들면 "정말로 아무것도 몰라요" 등 구체적인 내용을 말하지 아니한다.

② 응수타진

Q : 당신이 이 사건과 조금이라도 관련이 있다면 지금이라도 말씀해 주시겠습니까?

T : 즉각적으로 강하게 부인 할 것이다. 예를 들면 "절대 아니에요, 나는 그 사건과 아무 관련이 없어요"라고 말할 것이다.

D : "당신에게 별로 도움이 되지 않는 거예요."처럼 회피적인 반응을 보일 수 있다. 연습한 반응임을 드러내는 듯이 축약하지 않는 부인을 할 수도 있다.

③ 지식

Q : 누가 했는지 아나요?

T : "아니요, 아무것도 몰라요. 도울 수 있으면 좋겠는데..."라고 하며 조사를 도울 수 없다는 점에 진지하게 유감을 표시할 수도 있다. "확실치는 않지만 이것에 관련됐을 거라고 생각하는 사람이 있어요." 라고 말하며 그가 의심하고 있는 사람이 있다고 넌지시 비치면서 그의 부인은 신빙성을 더할 수도 있다.

D : "아니요, 모릅니다."처럼 또박또박 말한다. "나는 아무것도 몰라요." 라고 말이 생각 없이 재빨리 나오면서 관심의 결여를 반영할 수도 있다.

④ 기회

Q : 이런 범죄를 저지를 거라고 생각이라도 해 본 적이 있나요? 당신이 하려고 한 것이 아닐지라도...

T : "결코", "말도 안돼요"처럼 그런 생각을 가지는 것에 대해 완강하게 부인한다.

D : "심각하게는 아니죠, 아니에요"처럼 부인을 한정할 수 있다. 어떤 경우 기만적 피의자는 범죄를 저지를 생각을 가졌다는 것을 숨김없이 인정할 것이다. 예를 들면 "글쎄요. 확실히 생각해 봤어요. 돈 옆에서 일하는 사람은 누구라도 그걸 가질 생각을 하지요."라고 말할 수 있다.

(2) 거짓말의 심리학[72]

전직 CIA 거짓말탐지 조사관인 필립 휴스턴(Philip Houston), 마이클 플로이드(Michael Floyd), 수잔 카나세로(Susan Carnicero)가 전수하는 거짓말 간파하는 법이란 '거짓말의 심리학(2014)' 중 사실을 사실대로 말할 수 없을 때 사람들이 사용하는 언어적 거짓행동 즉 상대가 무의식적으로 보내는 거짓말 신호들로 언어적 거짓행동의 기초가 되는 전략부분을 살펴보고, 행동촉발질문의 기만적 반응을 보완하고자 한다.

① 대답하지 않음

상대에게 질문했는데 그가 바로 대답하지 못 한다는 사실이 자신에게 불리하므로 이 상황을 모면할 방법을 찾고 있다는 것이다.

② 분명하게 부정하지 않음

대답하지 않는 반응과 아주 밀접한 반응으로, 질문에 포함된 잘못된 행위나 그와 관련된 결과를 분명하게 부정하지 못하는 경우가 된다.

– 포괄적 부정 : "난 아무 짓도 안했어요"라고 하거나, "난 절대 그런 짓을 하지 않아요"라고 한다면 여기에도 중요한 의미가 있다.

– 지나치게 간결한 부정 : "아니요"라는 응답이 장황하게 긴 대답 속에 묻혀 있다면 이는 관심을 기울일 필요가 있다. 긴

72) 필립 휴스턴 외, 2014: 71-86.

대답 속의 부정과 관련 있는 대답의 비중이 상대적으로 작다면 이는 나쁜 징조이며 거짓 징후라 생각해도 좋다.

③ 대답을 꺼리거나 거부함

질문을 받은 상대가 "내가 이런 얘길 해도 되나 모르겠군요", "이런 내가 거기에 대답할 수 있을지 모르겠네요"라고 답할 때가 있다. 경우에 따라서는 자신이 그런 얘기를 해도 되는 사람이 아니길 바라기 때문에 그렇게 말할 수도 있다. 간단한 회피의 수법이다.

④ 상대의 질문 반복하기

질문에 침묵으로 응답하는 것은 보편적으로 거짓의 표현이라 여겨지므로 멍한 표정으로 가만히 앉아 무겁게 입을 다물고 있느니 질문을 반복하여 생각할 시간을 버는 것이다.

⑤ 공격 모드 돌입

어떤 상황에 관한 사실로 코너에 몰리면 거짓말을 한 사람은 상당한 중압감을 받게 되고 어쩔 수 없이 공격하게 된다. "이 일을 한지 얼마나 됐습니까?", "우리 조직에 관해 뭘 안다고 그럽니까?" 등 이러한 공격은 대부분 질문하는 사람의 신뢰도나 권한을 문제 삼는 형태를 취한다.

⑥ 지나치게 짧거나 상세한 대답

거짓말 하는 사람들은 완전히 상반되는 두 가지 방식으로 지나치게 구체적인 대답을 하기도 한다. 대답의 범위를 축소시켜 지나치게 한정적으로 대답하는 것과 정반대로 거짓말을 하는 사람들은 엄청나게 세부적인 정보를 쏟아놓기도 한다. 사람들이 자신에 대한 상대방의 인식을 제어하기 위해 영향력 있는 거짓말을 사용하거나 혹은 진실을 사용하여 후광효과[73]를 얻기 위해 질문한 것 이상으로 많은 정보를 주곤 한다.

⑦ **과도한 정중함**

질문에 답을 하다가 "그런데 넥타이가 너무 멋지군요" 등 갑자기 칭찬이 튀어나오거나, 이전보다 친절한 태도를 보인다면 여기에는 다른 의도가 있다.

기타 드물게는 "신에게 맹세하는데…"라거나 "신이 저의 증인입니다"라고 종교를 들먹이는 말을 하면 그게 어떤 의미인지를 잘 알고 있어야 한다. 이는 거짓말을 내놓기 전 가장 그럴싸하게 치장하려는 것이다. 위에서 언급한 무의식적 거짓말 신호들은 정당한 반응일 수도 있음에 유의하고, 항상 클러스터(Cluster) 규칙[74]을 염두에 두고 있어야 한다.

---

73) 거짓말의 심리학(2014)은 '진실을 밝히기 위해 진실을 무시하라'는 전략으로 설명하고 있다.

74) 인간은 시각에만 지배되거나 청각에만 지배되는 경향이 있다. 보는 것을 인식하고 처리하는데 더 신경을 쓰든지, 아니면 듣는 것을 인식하고 처리하는데 더 집중하든지 둘 중하나라는 얘기다. 문제는 의사소통은 언어적 요소와 비언어적 요소로 구성된다는 것이고, 거짓행동 역시 언어적인 형태나 비언어적인 형태나 혹은 두 가지 모두의 형태로 구성된다는 것이다. 이에 따라 클러스터 규칙은 한 번에 이 두 가지를 파악해야 한다는 것이다(거짓말의 심리학, 2014: 43).

3) 위기대응 관련 선행연구

(1) 근접경호 안전거리의 원리

신체의 반응시간[75]과 근접대응의 원리[76]를 적용하여 경호위해자의 위해동작이 경호원의 방어동작보다 앞서 이루어진다는 가정 하에 위치선점 만으로 경호대상자의 절대 안전을 도모할 수 있는 원리이다.

『절대 안전은 위치선점에 있다』

근접경호 안전거리는 성인 남자의 100m 질주기록을 14.02초라고 할 때, 성인 남자 평균 신체 반응시간(0.3초)내 질주 거리가

---

75) 인체의 반응시간이란 사람이 외부로부터 어떤 자극을 받아들여 인지하고 뇌의 판단과 명령을 통해 신체적 행동을 개시할 때까지 소요되는 일정한 시간, 즉 인간이 어떤 자극을 받은 후 대응에 필요한 동작을 할 때까지 일정한 시간이 소요되는데 이를 반응시간이라 한다. Jensen과 Fisher(1972)는 반응시간은 나이, 성, 준비성, 자극의 강도, 식사, 운동경력, 피로 등에 의해 영향을 받는다고 하였다. 신체반응시간은 사람마다 차이가 있으나 일반성인의 경우, 평균 0.3초로 알려져 있다(체육과학원 교범, 2006). 반면 미국 레이건 대통령 저격사건 당시 근접경호원 '매카시'는 0.33초 만에 위해기도를 감지한 뒤 신체적 반응을 보이기 시작했기 때문에 미국 비밀경호대에서는 경호원의 신체 반응시간을 0.33초로 본다(Dennis V. N McCarthy et. al, 1988).
신체반응시간은 단순반응시간(Simple Reaction Time)과 선택반응시간(Choice Reaction Time)으로 구분되는데 단순반응시간이 선택반응시간 보다 훨씬 짧은데, 그 이유는 운동이 복잡할수록 신경전달시간이 길어지기 때문이다(김의진 외, 1988).
위해상황을 인식하고 이에 어떻게 대응해야 하는 것을 결정해야 하는 경호원에게 선택적 반응시간이 요구된다고 할 수 있다(이충수, 2008: 305).

76) 근접대응의 원리란 경호원은 순간적으로 발생하는 위해자의 움직임이나 행동을 신속하게 판단할 수 있어야 효과적인 대응이 가능한데, 위해상황을 시각적 또는 청각적 자극에 의해 인식하고 어떻게 대응해야 할지를 결정해야 한다. 위해자가 총기를 사용한 위해행위를 시도하였을 시, 경호원은 시각적 인식에 의한 대응이든 청각적 자극(총성)에 의한 대응이든 경호대상자의 방호를 위해서 최단시간 내 방벽형성을 하여야 한다. 즉 신속한 방벽형성은 경호원의 신체반응시간이 단축되는 것에 비례하기에 경호원의 시각적 청각적 자극에 따른 신체반응 시간의 단축과 반응시간에 따른 경호원의 이동거리 및 대응에 필요한 시간 등을 고려한 경호안전거리와 지역이 요구되어지는 것이다(이충수, 2008: 308).

2.14m 임을 알 수 있다(이충수, 2008: 308). 이는 위해기도자를 경호원이 감응 또는 포착하는 순간, 그 위해기도자는 이미 경호대상자에게 2.14m를 더 근접할 수 있는 시간과 거리임을 알 수 있다. 즉, 아무리 민첩한 경호원이라도 물리적으로 불가능한 시간과 거리가 존재함을 알 수 있다.

그러므로 군중과 경호대상자와의 거리는 2.14m이상 이격되어야 하며, 경호원은 일직선상 원칙에 입각하여 군중과 경호대상자의 중간지점에 위치하여야 함을 알 수 있다. 그러나 군중과의 친밀한 관계 형성이 절실히 요구되는 행사의 성격이나 경호대상자의 명시적인 지시가 있을 시 이외의 지점에서 경호활동은 가능하나 근접경호 안전거리 내에는 경호원이 일대일 관찰이 가능한 인원으로 제한되어야 한다.

이때 경호원은 군중의 양손만을 관찰해야 한다. 인체의 특성상 양손을 제외한 신체부위를 활용한 공격은 치명적인 위해(危害)를 모면할 수 있기 때문이다.

영국에서는 "수상이 군중 앞에 나타날 때는 4m 이내로 접근할 수 없도록 경찰 배치보다는 바리게이트를 설치한다"라고 하여 원천차단하는 이유 또한 '근접경호 안전거리의 원리'의 중요성을 철저히 지키는 사례라고 볼 수 있다.

단 한 번의 실수도 용납할 수 없는 경호임무의 중요성으로 볼 때 신체반응시간 역시 훈련강도에 따라 줄일 수 있으며[77], 신체반응

---

77) Woodworth와 Schlosberg(1964)는 연습의 횟수가 많아지고 시간이 경과할수록 반응시간은 점차 진보하고, 이용호 박사는 '운동선수들이 끊임없이 그런 훈련을 하면 척수와 뇌에 고속도로와 같이

시간의 단축에 따른 질주거리 또한 단축될 수 있음을 예상하여 성인 평균 0.3초를 기준[78)]으로 0.2~0.4초를 대비하여 근접경호 절대안전거리는 0.2초를 기준으로 1.43m, 근접경호 안전거리는 0.4초를 기준으로 2.85m를 지정 인간의 한계로 인정되는 0.1초[79)]의 초인간적인 위해기도자까지 예상하여 경호안전지역내의 군중의 진입은 철저히 차단되어야 한다.

〈표 5-2〉 근접경호 안전거리의 원리

구 분	내 용	비 고
신체반응시간	신체반응시간은 단순반응시간(Simple Reaction Time)과 선택반응시간(Choice Reaction Time)으로 구분되며 단순반응시간은 사람이 외부의 자극을 인지하고 뇌의 판단과 명령을 통하여 신체적 행동을 개시할 때까지의 시간 cf: 위해상황을 인식하고 대응해야 하는 경호원에게 선택반응시간이 요구되며 이는 단순반응시간보다 많은 시간이 소요된다.	일반인 평균 0.3초 cf: 반응시간은 나이, 성, 준비성, 자극의 강도, 운동경력 등에 의해 영향을 받음.

신경회로가 굵어져 반응이 빨라진다'(이충수, 2008: 312).

78) 미국 레이건 대통령 저격사건 당시 근접경호원 '매카시'는 0.33초 만에 위해기도를 감지한 뒤 신체적 반응을 보이기 시작했기 때문에 미국 비밀경호대에서는 경호원의 신체 반응시간을 0.33초로 본다(Dennis V. N McCarthy 외, 1988; 이충수, 2008: 305).

79) 한국표준과학연구원 이용호박사가 일반인을 대상으로 뇌에서 나오는 자석의 힘을 이용해 1,000분의 1초 단위로 측정한 결과 '삐' 신호가 청각 담당 뇌까지 전달되는 데 걸리는 시간은 0.08초였다. 청각뇌는 사고를 담당하는 뇌로 신호를 보내 그게 출발신호라는 것을 판단한 뒤 다시 팔다리를 움직이도록 명령하는 운동영역 담당 뇌로 신호를 전달한다. 그런 과정을 모두 거치는데만 0.1초 정도가 걸리는 것이다. 반응시간의 한계는 있지만 지속적인 훈련을 통해 줄일 수 있고 그 만큼 효과적으로 대응할 수 있게 된다(이충수, 2008: 313).

신체반응거리		한국 성인 남자의 100m 평균질주 기록은 14.02초 신체반응 시간은 0.3초	평균 2.14m cf: 군중과 경호대상자와의 거리는 약 2m이상 이격되어야 하며 경호원은 경호대상자와 군중과의 일직선상의 사이에 위치하여야 자연방벽의 효과로 교차차단이 용이토록 한다.
근접경호 안전거리	안전 거리	신체반응시간과 신체반응거리를 적용, 경호원의 개인차 고려 0.4초 일 때의 거리	안전거리 2.85m cf: 숙달이 되지 않은 경호원을 기준으로 최대한 안전을 고려하였다.
	절대 안전 거리	신체반응시간과 신체반응거리를 적용, 경호원의 개인차 고려 0.2초 일 때의 거리	절대안전거리 1.43m cf: 숙련된 경호원을 기준으로 경호대상자와 환영자 간의 친목도모의 경호목적을 최대한 고려 하였다.

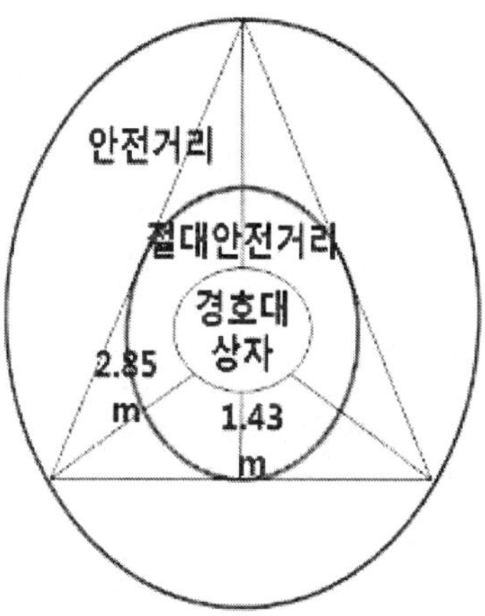

※ 14.02/s = 100/m

1/s = 7.13m(14.02/100m)

0.2/s = 1.43m

0.4/s = 2.85m

〈그림 5-3〉 근접경호 안전거리 원리

〈표 5-3〉 근접경호 절대안전거리 내 경호위해 사례[80)]

경호대상자	발생일	수 단	직 업	행 사
이승만	1952.6.25.	권총	대통령	6. 25 2주년 기념식 연설 중
안신개	1960.7.14.	단도	일본 수상	행사퇴장 답례인사 중
버트 케네디	1968. 6.4.	저격	미국 상원의원	맴피스트 호텔 주방 (악수 청하며)
코시긴	1971.10.18.	폭행	소련 수상	국회의사당 환영화답 중
김대중	1973.8.8.	납치	야당 지도자	그랜드팔레스호텔
박정희	1979.10.26.	저격	대한민국 대통령	중앙정보부 안가
경호대상자	발생일	수 단	직 업	행 사
박근혜	2006.5.20.	커터칼	국회의원	지방선거 지원 유세 중
사르코지	2011.6.30.	멱살	프랑스 대통령	유권자들과 악수 중
박원순	2011.11.15.	폭행	서울시 시장	시청역 화생방 설명 청취 중
아흐메드 도안	2013.1.19.	가스총	불가리아 야당대표	생방송 연설 중

⑵ 스포츠(대응원리) 심리학

대응기법은 폭발물·총기 등 테러범의 물리적 제압에서 경호 활동 불만위해자 등 신체적 대응을 포함하여 다양하다. 이 책에서는 물리적 제압을 제외한 스포츠 심리학적 분석을 통한 대응원리

80) 출처: 연시중(2001) '한국정당정치실록', 피터피타도 외 공저(2009), '죽기전에 꼭 알아야할 세계 역사 1001Days', 이상철(2004) '경호현장운용론', 매일신문 2011.11.15, 서울신문 2006. 5.23, 세계일보 2013. 1.20, 노컷뉴스 2011. 7. 1.

를 살펴보았다.

실제로 폭발물·총기 등 테러범의 물리적 위해기도는 현장에서 초기제압이 불가능한 경우가 많으나 경호원의 현장 대응에 따라 피해를 최소화 할 수 있다. 특히 총기 위해의 경우를 예[81]로 경호요원에 의한 초기대응을 산술적으로 분석해 보았을 때, 인간이 외부의 자극에 대해 위협을 인지하고 뇌의 판단과 명령을 통하여 신체적 반응을 보일 때까지의 '신체반응시간'은 평균 0.3초이며, 총을 뽑아서 거총 후 격발하여 실탄이 총구를 이탈하기까지 시간을 '사격소요시간'이라고 할 때, 소요되는 시간은 조준사격시 평균 2.2초(무조준 사격시 평균 0.4초)이므로 사격소요시간은 평균 2.5초가 된다.[82] 또한 손을 검색하는 근접경호원의 시야에서 벗어나 저격 가능한 최소 이격거리를 7m로 가정했을 때, 실탄이 7m 비행하는데 소요되는 시간은 0.025초이므로 범인을 제압하는데 소요되는 '사격제압시간'은 총 2.525초가 소요됨을 알 수 있다.[83] '신체반응시간'과 비교해 볼 때, 총기위해 사태시 '자기희생의 원칙'에 따라 총기대응에 앞서 과감히 자신의 몸을 날려 경호대상자를 방호, 2차 피해

---

81) 1981년 3월 30일 미국 워싱턴의 힐튼호텔 앞에서 발생한 레이건 대통령 저격 사건이다. 저격범 힝클리는 레이건 대통령이 다음 행사를 위해 전용차를 타려는 순간 지근거리에서 연속해서 세 발의 실탄을 발사했다. 이중 한발이 레이건 대통령의 왼쪽 가슴을 뚫고 들어가 허파에 박혔다. 다른 한 발은 브래들리 백악관 대변인을 맞혔고, 또 한발은 경호임무를 위해 현장에 나와 있던 사복 경찰관을 맞혔다. 총소리가 들리는 순간 SS(미국비밀경호대) 요원들은 총을 쏜 쪽은 쳐다보지도 않고 미식축구 선수처럼 레이건 대통령을 향해 몸을 날렸다. 육탄 방어망이 형성되자 한 요원이 전용차의 문을 열고 레이건 대통령을 '집어 던졌다'. 전용차는 바로 출발했는데, 정확히 2분30초 만에 조지워싱턴대학 병원 응급실에 레이건 대통령을 내려놓았다. 그때까지도 레이건 대통령은 총알을 맞은 줄 몰랐다고 한다(임준태, 2009: 51).

82) 이상철, 2006: 269.

83) 스포츠과학연구원: 탄두비행속도 280m/sec, 7m 비행속도: 0.025초.

를 최소화 할 수 있는 신체적 신속한 방어가 오히려 경호대상자 보호에 성공적 조건이 됨을 알 수 있다. 자기희생의 행동은 평소 실전과 같은 상황하에서 반복·숙달훈련[84]과 정서심상법[85], 근육긴장 이완훈련[86] 등 고도의 심리적 훈련을 병행, 경호원으로서 긍지와 자부심을 가질 때 가능[87]하기 때문이다. 근접수행 경호를 '경호의 꽃'이라고 부르는 이유도 이처럼 고귀한 임무와 관련이 깊기 때문이다. 또한 이와 같은 경호 교육훈련은 초기에 가장 신중[88]을 기해야 하며 본 책자에서는 심리적 부분의 현장무빙기법(FMT: Feild Moving Technique)의 중심원리만 언급하고자 한다.

84) 미국비밀경호대(S.S) 자료(안종하, 2004: 29).

85) 행동주의상담의 치료기법으로 '실제장면이나 행동에 대한 느낌을 마음속으로 생생하게 상상해보도록 하여 불안에 대처하도록 하는 기법'으로 총기위해 사태시 반사적으로 자신의 몸을 날려 경호대상자를 보호하려면 반복·숙달 훈련에 앞서 상황적 불안을 극복할 수 있어야 하기 때문이다.

86) 불안을 감소시키기 위해 근육의 긴장을 이완시킬 수 있도록 훈련시킨다(체계적 둔감법 중).

87) 반두라(A. Bandura)의 자기강화이론에 의하면 인간의 행동이란 외부로부터 보상이나 처벌에 따라서 영향을 받기도 하지만 사회화됨에 따라 외적인 보상과 벌에 덜 의존하고, 자기 자신의 내적 가치기준들을 설정하고 자기스스로에게 보상과 벌을 준다고 하였다. 즉 행동을 통제할 수 있는 자기반응적 능력은 경호원의 긍지와 자부심을 가질 때 가능하기 때문이다.

88) 로렌츠(Lorenz)의 각인이론과 스키너(Skinner)의 조작적 조건형성의 원리로 설명될 수 있다. 로렌츠(Lorenz)의 각인이론은 진화론적 관점과 동물행동학적 방법 등을 인간 행동의 연구에 접목시킴으로써 인간발달에 있어서 '결정적시기'의 개념을 도출하였다. 결정적 시기는 신체 및 심리의 발달과정상 가장 용이한 시기가 있음을 의미하는 것으로, 이 시기를 놓칠 경우 발달과업 획득의 효율성이 떨어지게 된다. 어떤 특정시기의 교육이 잘못되는 경우 추후 그것을 교정·보충하는 데는 한계가 있다는 것이다. 또한 스키너(Skinner)의 조작적 조건형성의 원리에서도 '한번 습득된 행동은 보상이 주어지지 않더라도 똑같은 상황이 직면하는 경우 다시 나타난다'고 하여 이를 '자발적 회복원리'로 설명하였다.

〈표 5-4〉 사격소요·대응·제압시간

구 분	내 용	비 고
사격소요 시간	총을 뽑아서 격발하여 실탄이 총구를 이탈할 때까지의 시간 무조건사격(0.4초)+조준사격(1.8초) = 조준사격	무조준사격시: 평균 0.4초 조준사격시: 평균 2.2초
사격대응 시간	경호원이 표적을 인지하고 총을 뽑아 조준하는데 걸리는 시간 신체반응시간+조준사격시간 (0.3초) (2.2초)	평균 2.5초
사격제압 시간	대응시간+탄두속도/7m = 2.5초+ 0.025초(280m/sec) = 2.525초	평균 2.525초 cf: 신체반응시간 · 거리의 원리와 비교, 비상상황시 총기사용을 자제하고 경호원의 신체를 이용한 '자기희생의 원칙'이 우선임을 알 수 있다.

『자기희생의 원칙 또한 정신운동과 반복 훈련의 후천적 산물이다』

현장무빙기법의 중심원리인 대한무학경호무술[89]은 심리적으로 접근해 공격을 원하는 형태로 유도하거나 실수를 이끌어 내는 지능적인 자기방어(Self Defense) 기법으로 '가장 짧은 시간에 가장 적은 힘과 가장 작은 동작의 효과적인 기술'을 개발, 일수이출(一手二出)의 원리로 신체단련과 함께 얼굴표정(Facial Expression Reading)과 몸동작 읽기(Body Language Reading)기법을 익혀 실전에 효율적으로 대응할 수 있도록 하고 있다.

89) 김화수(2004), '무학무술칼럼' 재구성

※ **일수이출(一手二出)의 원리** : 공격과 방어는 단수로 그 자체가 불완전하므로 복수동작(2동작 이상)으로 단수를 보완하는 원리이며 '한 동작을 펼침과 동시에 그 반탄력을 이용하여 두 동작을 전개하는 기법'을 말한다.

① 주먹을 지를 때 나갔다가 다시 돌아오는 반탄력을 최대한 키움으로써 방어시에도 위력적인 파괴력을 발휘할 수 있게 된다.

② 반탄력을 크게 유도하기 위해서는 속도가 필수적이므로 빠른 공격이 가능하게 된다.

③ 반탄력의 방향을 어느 쪽으로 유도하느냐에 따라 공격에서 공격, 공격에서 방어, 방어에서 공격, 방어에서 방어로 목적과 상황에 대응하여 공격과 방어의 동작을 자유자재로 구현할 수 있다.

④ 주먹공격의 수련에 육합(보법)을 어떻게 응용하느냐에 따라 위력적인 폭발력의 증폭 여부가 좌우되며 공방자재(攻防自在)의 능력이 결정된다.

⑤ 주먹공격 수련 정도에 의해 다른 수기의 수련도(성취정도)에도 막대한 영향을 미치게 된다.

〈표 5-3〉는 수기 관절운동으로 일수이출(一手二出)의 동작이 가능하게 구성되어 훈련이 가능하며, 숙달시 가장 신속하고 강력한 경호위해 대응기법으로 현장무빙기법의 기초가 된다.

〈표 5-3〉 수기 복수 관절 동작

① 직선류　　1 : 반직선　　2 : 완전직선
② 곡선류　　3 : 반곡선　　4 : 완전곡선

선수 \ 후수	1	2	3	4
1	11	21	31	41
2	12	22	32	42
3	13	23	33	43
4	14	24	34	44

① 표정과 행동패턴 탐색

공격시점과 공격패턴의 시작점(손, 발, 무기 등)을 예상 선제 제압한다.

② 공격패턴 탐색

공격수단의 시작점과 끝지점에 따라 경호술기 기법 중 최적의 기법을 선택한다.

③ 모니터링과 연합대응(Combination)

움직임을 끝까지 추적하면서 공격패턴의 변화에 대비하고 공격의 허수와 정점을 탐색, 최적의 순간(Timing)에 연합동작으로 공격패턴을 무력화하여 재공격을 완전 불가능하게 한다.

VI 경호프로파일링 기법 개발 및 제시

경호프로파일링 기법은 무의식적 지배를 받거나 자의적 근육의 움직임이 불가능한 불수의근과 뇌와 행동의 연관성을 토대로 무의식적 단서를 읽어내는 정신분석학, 뇌와 신경언어학, 얼굴(표정)의 심리학, 행동의 심리학, 의식적 위해 단서를 찾아가는 범죄(자)프로파일링, 탐색질문기법, 스포츠심리학 등 다양한 분야의 학문적 분석을 근거로 경호 현장의 경험을 융·복합하여 체험적 기반위에 이론이 가미된 경호위해요인을 식별[90], 탐지[91]하고 사전 차단, 격리하기 위한 다양한 기법의 개발과 창의적(創意的) 제시를 함으로써 경호현장의 역량을 극대화하고 있다.

『의식과 무의식 간의 관계에서 심리적 갈등이 표현 된다』

---

90) 식별(識別) : 분별하여 알아봄(국어사전) 즉, 보이는 부분을 확인하는 것이다.

91) 탐지(探知) : 드러나지 않는 사실이나 물건 따위를 더듬어 찾아내는 일(국어사전) 즉, 보이지 않는 것을 발견하는 것이다.

1. 연구모형

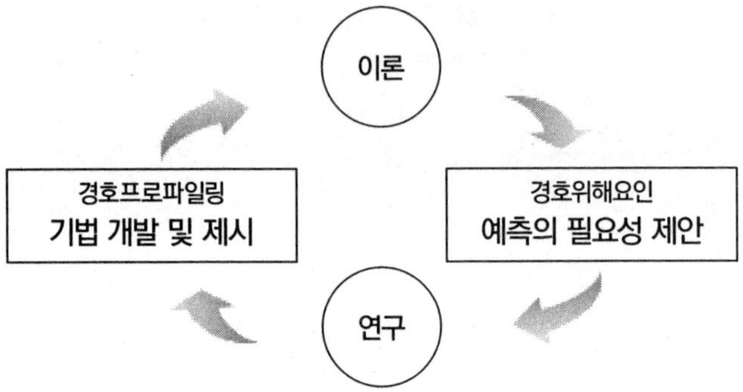

〈그림 6-1〉 연구모형

2. 연구의 접근

1) **포괄성** : 인간의 뇌와 심리, 표정, 행동의 분석 등 경호위해요인에 대한 종합적 설명(이해)

2) **효율성** : 가능한 한 단순, 위기 상황시 최적의 대응 가능성

3) **경험적 타당성** : 직접 경험된 지지 증거의 필요

4) **정확한 검증성** : 객관적 검증이 가능한 구체적인 상황과 행동에 대한 명확성(조작적 정의 필요)

5) **창의적 탐구성** : 새로운 아이디어와 통찰력의 깊이 있는 탐구, 심화, 확장

6) **적용성** : 경호현장에 실제 적용하여 완벽한 경호임무 수행에 기여

『과학자는 공식으로 사고하지 않는다.
직관적으로 깨달은 후에 논리적으로 표현하는 것이다[92]』

3. 선행연구에 따른 기법

1) 정신분석학적 기법

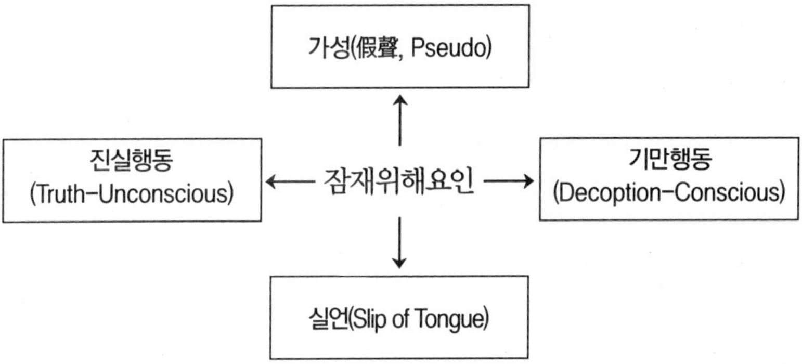

〈그림 6-2〉 정신분석학적 기법 도식

정신분석학적 기법[93]은 '원인없는 결과는 없다'는 정신결정론에

92) 바바라 매클린턱(Babara McClintock, 1902-1992) 미국 생물학자, 1983년 이동성 유전인자를 발견한 성과를 인정받아 노벨생리의학상을 수상했다(로버트 루스번스타인 외, 2013: 25).

93) 미국 정신행동과학자 클린턴 킬츠는 '사람이 순간적 판단을 내릴 때는 의식이 미치지 못하는 부분에서 신경전달물질이 활동 한다'고 하여 사람이 일상생활에서 하는 활동과 의사결정의 95%는 무의식이 결정 하며, 이 처럼 무의식적으로 이루어질 수 있는 이유는 인간의 뇌가 몸의 움직임을 상황에 적합하게 맞출 수 있기 때문이라고 설명한다(http//2dreamy.wordpress.com '일상생활 95%는 무의식' 검색).

서 출발한다. 경호위해 기만행위를 선별해 내는 것을 목적으로 가성(假聲, Pseudo)과 실언(Slip of tongue)의 단서[94]들에 대한 통찰기법이다.

가성은 무의식적 반응으로 의식반응인 기만(허위)반응과 구분되어야 한다. 즉, 경호원의 질서유지 등 협조에 화를 내는 행사 참석자에 대한 반응이 경호원의 행동 등 행사의 절차에 있어 불쾌해서 나온 반응인가, 사회적 불만에서 나온 행동인가를 선별하여 불쾌에서 나온 반응이라 판단되면 절차에 따라 친절히 안내하거나 분위기를 환기시키는 수준의 조치가 요구되지만 사회적 불만이 전이된 반응이거나 저항이 동반된 반응이라고 판단되는 경우 잠재위해요인으로 선의조치를 지양하고, 상황에 따른 격리조치 등 주의 깊게 관찰해야 한다. 실언 역시 무의식의 기저를 두고 있는 반응으로 단순 반응과는 구분될 필요가 있다. 소지한 물건을 떨어뜨리거나 다른 참석자의 발을 밟는 행동은 무의식적 긴장의 반응으로 주의 깊은 관찰이 요구되며, 경호원의 눈과 마주쳤을 때 먼저 아는 척하거나 '내가 오늘 행사에 중요 참석인사 인데'라는 말을 하고 농담으로 돌려버리는 반응 또한 돌발행동 등 잠재위해요인으로 주의 깊게 관찰해야 한다. 또한 과민반응의 과각성(過覺醒, Hyperarousal)[95]과 스트레스 반응으로부터 경호위해요인을 분리시킴으로써 '전략적 집중'이 가능하다.

94) 실어(失語), 실행(失行), 실인(失認)을 포함한다.

95) 자극에 대해 정상보다 과민하게 반응하는 상태를 말한다. 즉 "특이한 듯한 보통사람과 보통인 듯한 특이한 사람"을 구분하는 척도가 된다.

『사건을 과각성(過覺醒, Hyperarousal)과
스트레스로부터 분리시켜라』

2) 뇌와 신경언어학적(눈동자 움직임) 기법(NLP: Neuro Linguistic Programming Technique)

뇌와 신경언어학적 기법은 이상화 및 추상화한 이론적 뇌의 특성을 중심으로 신체기관 중 객관적으로 관찰이 가능한 동공 즉 눈동자의 움직임과 이성을 관장하는 좌뇌와 감성을 관장하는 우뇌의 특성을 조합한 NLP(신경언어프로그래밍)의 숨겨진 메세지를 읽는 눈동자 움직임 관찰기법(EAQ: Eye Accessing Que)[96]을 제시하였다. 아래 〈표 6-1〉은 오른손잡이(Handeness)를 기준[97]으로 좌·우뇌의 특성을 분석한 것이다.

96) 호리이 케이, 심교준 역(2011).

97) 위스콘 대학교의 신경과학자 리츠드 데이비슨(Richard Davideson)은 뇌전도(EEG, Electroencephalography) 와 FMRI 영상을 이용하여 일반적인 경험과 특정 대상에 대한 주목이 뇌와 행동에 미치는 영향을 보여주는 연구를 했다. 이런 생리적 변화는 생물학적 변화와 마찬가지의 결과를 보여주었다. 즉 신경 체계가 우리의 경험에 반응하여 구축된다는 것이다. '이는 학습과 관련된 것이다. 행동을 변화시키는 것은 뇌도 변화시킨다'(위니프레드 갤러거, 2011: 120). 즉 오른손잡이가 많으나, 왼손잡이일 경우 뇌의 언어중추가 일반적인 것과는 달리 우뇌에 있을 가능성이 있다는 것이다.

〈표 6-1〉 좌·우뇌의 기능

좌뇌의 기능(우반신 작용)	우뇌의 기능(좌반신 작용)
※ 언어 뇌 - 언어 능력 - 수리 능력 - 추리 능력 - 이성적·분별적 능력 좌뇌는 추리, 계산 등 논리적 기능을 관장한다고 하여 '거짓 반응'으로 추론되고 있다.	※ 이미지 뇌 - 종합 능력 - 시·공간 능력 - 직관 능력 - 추상적·감성적 능력 우뇌의 패턴 인식력이란 기억을 이미지화하여 머릿속에 파일 형태로 저장 필요시 활용, 사물의 공간적 위치를 파악하고 행동을 계획하는 기능을 관장한다고 하여 '진실 반응'으로 추론되고 있다.

◇ Left Constructed Images(구성)		◇ Right Remembered Images(기억)	
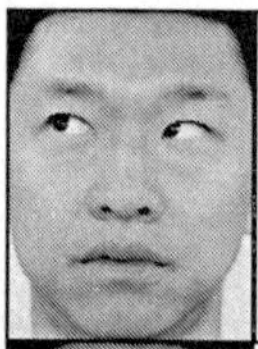	▶ 구성시각 ▶ Visual Constructed ▶ 보지않았던 것에 대한 시각적인 상을 떠올릴 때	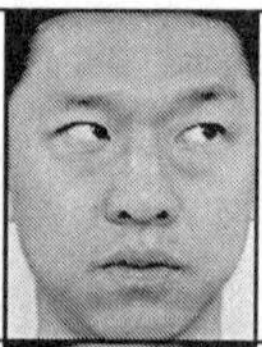	▶ 회상시각 ▶ Visual Remenbered ▶ 과거의 경험한 기억을 되살려 시각적인 상을 떠올릴 때
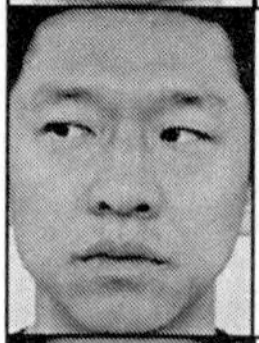	▶ 구성청각 ▶ Quditory Constructed ▶ 들어보지 않은 소리를 상상할 때	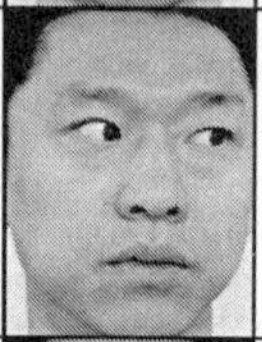	▶ 회상청각 ▶ Auditory Remenbered ▶ 과거에 들었던 소리를 기억하여 떠올릴 때
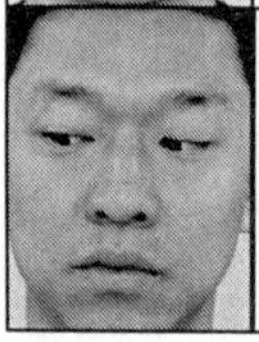	▶ 신체감각 ▶ Kinesthetic(Feelings) ▶ 감정, 느낌, 신체적 촉감 등과 관련된 내용을 생각할 때	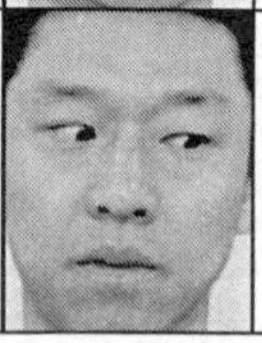	▶ 내부언어5 ▶ Quditory Digital ▶ 마음속에서 어떤 내용을 생각하거나 혼잣말 할 때

〈그림 6-3〉 NLP(신경언어학 프로그램) 시선식별단서(EAQ) 재구성

※ 사람의 눈은 자극을 받거나 갑자기 뭔가와 맞닥뜨렸을 때 커진다. 동공역시 팽창하면서 되도록 많은 빛을 받아들여 최대한의 시각적 정보를 뇌에 보낸다. 그러나 정보를 처리하는 순간에 그 정보가 부정적으로 지각될 경우, 불쾌한 놀람이나 실제 위협일 경우에 동공은 순식간에 수축된다. 좋아하는 무언가를 보고 있을 때 동공은 팽창하고 불쾌, 놀람, 위협 등 부정적인 상황에서는 동공이 수축되며 동공은 의식적 통제가 불가능하다(조 내버로 외, 2010: 80).

3) 얼굴(표정)의 심리학적 기법

얼굴심리학 관찰기법은 영국의 W. 앤밀트 박사의 거짓말 할 때 나타나는 4가지 대표적 현상과 폴 에크만(Paul Ekman)박사의 얼굴 미세표정 연구와 관련된 경호위해요인으로 슬픔, 분노, 역겨움, 업신여김, 놀라움, 두려움의 6가지 감정에 대해 분석한 얼굴움직임 해독법(FACS: Facial Action Coding System)를 중심으로 제시하였다.

선행연구에서 W. 앤밀트 박사는 사람이 거짓말 할 때 나타나는 대표적인 현상을 네 가지로 분석하고 있다.

① 과장된 웃음이나 얼굴 근육 즉 얼굴 표정이 부자연스럽게 움직인다.

② 거짓말을 하는 순간 손이 얼굴이나 눈을 가리는 현상이 많다.

③ 거짓말을 하는 경우에 눈을 오랫동안 감는 행동이나 눈의

깜박임이 많다.

④ 손이 가만히 있지 못하고 말과 다른 행동을 한다.

선행연구에서 폴 에크만(Paul Ekman)박사의 6가지 감정을 나타내는 미세표정의 특징은 다음과 같다

① 슬픔은 양쪽 눈썹이 가운데로 몰리면서 올라가면서 수직주름 발생, 양쪽 뺨이 올라감, 입가가 밑으로 쳐지면서 입술이 팽팽해짐

② 놀라움은 위쪽 눈꺼풀이 위로 올라감, 턱이 아래로 떨어지면서 입이 벌어짐.

③ 업신여김은 얼굴 좌우 대칭이 일그러짐, 입가에 힘이 들어가면서 살짝 올라감.

④ 화남은 눈썹이 가운데로 모이면서 아래로 향함, 눈이 커지면서 노려봄, 정사각형이나 직사각형으로 벌인 입, 화를 참을 경우에는 입술을 다물면서 얇아짐.

⑤ 두려움은 위쪽 눈꺼풀이 위로 올라가고 가운데로 몰리며 아래 눈꺼풀에 힘이 들어감, 입술이 귀를 향해 일직선이 되면서 팽팽해짐.

⑥ 역겨움은 윗입술이 최대한 올라가고 아랫입술도 따라 올라가면서 약간 돌출됨, 콧구멍에 양족 입가로 깊은 주름이 생김, 뺨이 위로 올라가고 눈썹이 아래로 처지면서 주름이 생김.

◇ 얼굴표정 움직임 해독법(FACS)[98]

	**슬픔** ▶ 눈썹이 가운데로 몰리면서 올라감 ▶ 눈에 초점을 잃음 ▶ 입가가 밑으로 쳐지면서 입술이 팽팽해짐		**화남** ▶ 눈썹이 가운데로 모이면서 아래로 향함 ▶ 눈이 커지면서 노려봄 ▶ 입술을 다물면서 얇아짐
	**업신여김** ▶ 입가에 힘이 들어가면서 살짝 올라감 얼굴 좌우 대칭이 일그러짐		**역겨움** ▶ 콧구멍에 양쪽 입가로 깊은 주름이 생김 ▶ 윗입술이 최대한 올라가고 아랫입술도 따라 올라 가면서 약간 돌출됨
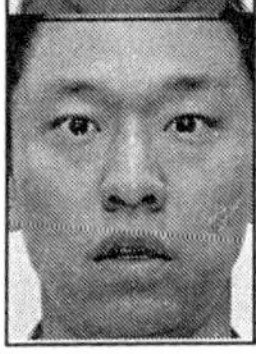	**놀람** ▶ 위쪽 눈꺼풀이 위로 올라감 ▶ 턱이 아래로 떨어지면서 입이 벌어짐		**두려움** ▶ 미간이 가운데로 몰림 ▶ 위쪽 눈꺼풀이 위로 올라감 ▶ 아래 눈꺼풀에 힘이 들어감 ▶ 입술이 귀를 향해 일직선이 되면서 팽팽해짐

〈그림 6-4〉 폴 에크만(P. Ekman) **박사의 '표정으로 생각읽기' 재구성**

4) 행동의 심리학적 기법

행동의 심리학적 기법은 FBI 행동의 심리학의 저자인 조 내버로(Joe Navarro)의 수사경험적 행동관찰기법의 발·다리를 집중, 발에서 머리로 이동할수록 진실성이 감소된다는 비언어적 행동을 설명하는 마음을 읽기 위한 7가지 비언어적 커뮤니케이션 기술을 중심으로 제시하였다.

98) 출처: http://www.todayhumor.co.kr

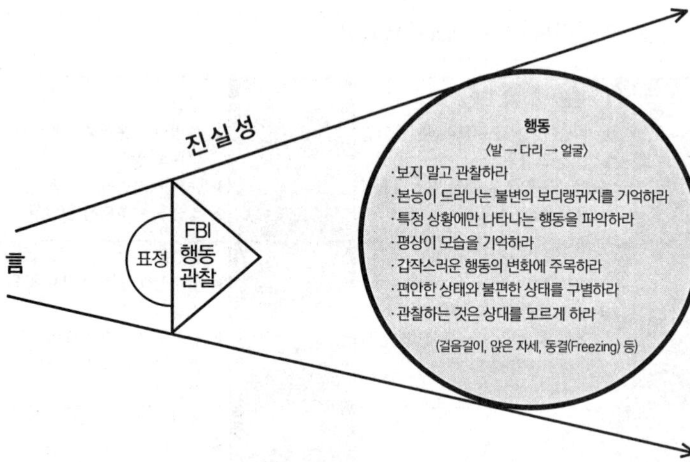

〈그림 6-5〉 행동의 심리학적 기법

『사람은 말을 하는 것이 아니라 말해진다』

5) 범죄(자)프로파일링적 기법

범죄(자)프로파일링 기법은 선행연구에서 살펴 본바와 같이 정신병리적 징후들을 보여주는 통상적으로 사이코패스 혹은 인격장애에 대한 생물학적 특질 혹은 유전인자들의 환경적 경험과 상호작용을 밝혀는 것으로 경호위해요인의 대상에는 포함이 되나, 지극히 제한적인 부분에서의 영역이라고 볼 수 있음으로 '비조직화·비사교적 및 조직화·비사회적 범죄자들의 개인적 특성'을 제시함으로써 병리적 인간의 행동에 대한 심층적인 이해를 돕고자 한다. 아래 〈표 6-2〉의 분석으로 볼 때, 사이코패스 혹은 인격장애를 가진 범죄자라고 하더라도 평상시 생활양식에는 차이를 볼 수 있으나, 범죄행위시는 정상인 혹은 정상인 보다 더 체계적이고 치밀한 범죄계획을 수립하고, 경호위해자 관점에서 정치·사회적 이익집단의 이념을 앞세운 죄책감 없는 확신범의 경호위해 행위와 유사한 위해 범주로 분석할 수 있다.

『정상 범위 보다 더 치밀하고 계획적이다』

〈표 6-2〉 비조직화·비사교적 및 조직화·비사회적 범죄자들의 개인적 특성 비교[99]

비조직화·비사교적 범죄자들의 개인적 특성 프로파일	조직화·비사회적 범죄자들의 개인적 특성 프로파일
IQ 평균 80~95	IQ 평균 105~120
사회적응 못함	사회적으로 적응함
혼자 살고, 보통 데이트도 안 함	파트너와 살고, 데이트도 함
아버지의 부재	엄격한 아버지
가족의 잠재적 폭행	가족의 신체적 폭행
범행 장소 근처에서 살거나 일함	잦은 이사
언론 매체에서 흥미를 느끼지 못함	뉴스 매체를 따름
고등학교 중퇴	대학 교육
집을 치우지 않고 기술부족	기술도 가지고 집도 잘 유지함
집에 비밀 장소를 가짐	숨기는 장소를 가지지 않음
밤에 뭔가 하는 습관	낮에 일함
트럭 운전수	멋진 차를 몬다
기억을 없애기 위해 범죄 장소로 돌아옴	경찰이 조사한 것을 보기 위해 범행 장소로 돌아옴
희생자의 가족과 접촉하고 어울리기도 함	경찰과 접촉하고 어울림
경찰 일에 아무런 흥미를 보이지 않음	혼자서 실험하지 않음
혼자서 프로그램을 실험함	경찰에 잘 협조함
보통 시체를 버림	한 장소에서 살해하고 다른 곳으로 옮김

99) 출처: Holmes & Holmes, 2002: 72-78; 임준태, 2009: 420.

기습적으로 공격	시체를 절단함
한 장소에서 죽이고, 그런 사명을 받음	유혹해서 살해함
희생자를 비인격화 시킴	인격적으로 대하고 대화도 함
범행 장소를 그대로 방치함	범죄 장소를 통제함
물리적 증거 남김	증거를 거의 남기지 않음
상담적 인터뷰에 적극적으로 대답함	직접적인 인터뷰에 가장 잘 호응함

6) 탐색질문적 기법

선행연구에서 살펴본 행동촉발질문 중에서 경호임무에 적합한 경호위해요인 분석을 위한 질문으로 조사목적, 응수타진, 지식, 기회의 4가지 부분을 연구하여 관계성, 응수, 명료화, 유도 4단계 탐색질문기법으로 제시하고, 답변 간 무의식적으로 나타나는 언어적 거짓말 신호들을 함께 제시함으로써 탐색질문적 기법을 보완[100]하고 있다.

탐색질문적 기법은 경호위해자의 심리적 요인이 추상적 개념으로 직접 측정할 수 없는 점을 감안, 그 경호위해 심리와 관련성이 있다고 생각되는 행동을 수량화 해내는 간접적인 방법의 탐색질문을 통해 분석하고 있다. 이러한 탐색질문적 기법은 경호위해자의 행동을 예측하기 위한 경호프로파일링 기법의 한 과정이다. 또한 탐색질문적 기법은 촉진관계를 만들어가는 상담기법이나 범죄혐의를 추궁하는 심문기법과는 차이가 있다. 경호원이 경호행사와 관련된 관계성 탐색질문으로 행사참석 적격여부를 확인하는 질문범위가

100) 경호행사 초청자 명단(초청장)에 있더라도 신분증 미지참시 지문대조 신원확인을 염두에 두어야 한다.

한정된 폐쇄형 질문(Closed-Ended Question)인 언어를 매개로 하여 표현된 언어의 의미를 넘어 이면에 포함되어 있는 언어적·비언어적 단서를 종합적으로 관찰 경호위해 요인을 분석하는 기법이다.

시·지각 관찰을 통한 의심스러운 행사참석자로부터 행사와 관련된 객관적 자료와 정보를 수집, 이들 간의 관계에 대한 지식을 묻고, 불안감을 어느 정도 느끼고 있는지, 진지하게 대답하는지, 불성실하게 대답하는지, 솔직한 대답인지, 의도적으로 불성실한 대답인지 등 진실성 여부를 파악하는 첫 단계의 관계성 탐색질문이 가장 중요하며 행사와 무관한 대답일 때, 대답하기 꺼리거나 거부할 때, 탐색질문을 반복하거나 지나치게 상세하게 대답할 때, 과도하게 정중하거나 드물게는 종교를 들먹일 때, 필요 이상의 방어적 태도를 보이며 때때로 민감한 반응을 보일 때 등의 반응이 관찰되면 양해를 통한 격리된 장소에서 다음 단계인 응수, 명료화, 유도 탐색질문으로 이어간다. 너무 지나치게 사용하면 상대방이 경호원이 뭘 하려는지 알아차릴 가능성이 높아진다. 그러면 방어적인 태도를 보일 것이고, 경호원이 불합리한 방향으로 이끈다고 여길 수 있어 주의를 요한다(예시: 2013.6.6. 58회 현충일 행사).

① 관계성 탐색질문(목적)

행사 참석의 목적, 초청된 절차에 대한 질문으로 상기 언급한 내용을 포함하여 답변이 느리거나, 부적합한 답변을 하면 행사 참석 의도를 의심해 볼 수 있다.

Q : 어느 기관에서 초청 받으셨습니까?

T : 예 보훈처에서 매년 초청장을 받았습니다.

D : 여기 저기 검색하다가 내가 참여해야 할 자리라고 생각해서 왔습니다.

② 응수 탐색질문(응수타진)

행사 참석자의 반응(협조성)을 살피는 질문으로 장소이동에 따른 침묵, 특히 저항으로서 침묵이 일어난 경우 대개 참석자가 시선을 피하거나, 눈싸움을 하는 듯한 자세나 부정적 표정을 지으며 침묵을 지키는 수가 있다. 침묵은 사회적 문제의 신호일 수 있으며, 이때는 경호원이 무조건 기다리는 것이 아니라 그 침묵과 원인이 되는 참석자의 그때 그 자리에서의 숨은 감정을 언급하고 다루어 나간다. 침묵에 대한 응수 질문이라 할 수 있고 행사참석의 의도를 의심해 볼 수 있다.

Q : (침묵에 대해) 양해를 구했으나 장소 이동으로 불편하십니까?

T : 조금 불편하지만 협조해 드려야죠...

D : 시선을 피하거나 눈싸움을 하듯 부정적인 자세나 표정을 지으며 침묵의 태도를 보일 때

③ 명료화 탐색질문(지식)

행사에 초청자가 알 수 있는 수준의 질문으로 답변 중 모호한 점이나 모순된 점이 관찰되면 다시 그 점을 탐색 질문함으로써 의도를 명백하게 파악하는 것으로 답변을 머뭇거리거나 회피하

면 의심해 볼 필요가 있다. 명료화 탐색질문은 의미를 명확하게 질문하는 것 또한 중요하다. 탐색질문이 모호하면 의심스러운 행동이 나타나더라도 무엇에 대한 반응인지 모르게 될 수 있다.

Q : 이번 행사가 몇 주년인지 알고 계십니까? 선생님께서는 몇 주년 행사부터 참석하셨습니까?

T : 금번이 58주년 현충일 행사로, 부모님께서 현충원에 안장되신 이후부터 참석하게 되었습니다.

D : 나라에 목숨을 바친 애국선열에게 이렇게 까지 못해줍니까?

④ 유도 탐색질문(기회)

유도 탐색질문은 프로빙(Probing)기술[101]이라 할 수 있다. 대답이 불충분하거나 정확하지 못할 때 간단한 찬성식 질문이나 비지시적 질문을 통해 행사 참여 의도를 유도하는 탐색질문으로 부정적인 답변이나 분노의 표출, 과도한 긍정적 답변은 의심해 볼 수 있다.

Q : 이렇게 하는 정부(불편 등)를 보면 누구나 화가 많이 나겠지요?

T : 아쉽지만 다들 어려우니까 그러려니 합니다. 관련 부처도

101) 프로빙(Probing)기술 : 면접과정에서 응답자의 대답이 불충분하거나 정확하지 못할 때 행하는 추가질문을 뜻하는 것으로 충분하고 정확한 대답을 캐내는 과정이다(이용석·청소년상담사 수험연구소, 2014: 279).

최선을 다 했으리라 생각합니다.

D : 당연하죠, 할 수만 있다면 몽땅 바꾸어 버리고 싶습니다.

『질문하고, 멈추고, 그리고 관찰하라』

※ 상황이 절망적일수록 공격적인 모습을 나타낼 가능성이 크다. 탐색질문을 하고 공격적인 반응이 돌아온다면 탐색질문에 특히 많은 부담을 느낀 것이니 더욱 주의 깊게 살펴보아야 하고, 의심이 느껴지면 행사 종료 시까지 차단·격리하는 것이 좋으나, 현장 조치가 어려운 상황이 많이 예상됨으로 의심이 가는 참석자는 반드시 상황전파와 동시에 책임경호원을 지정, 비노출 근접거리에서 행사 종료 시까지 반드시 관찰할 수 있도록 해야 한다.

7) 스포츠심리학적 현장무빙(Feild Moving)기법

스포츠심리학적 현장무빙기법(FMT: Feild Moving Technique)[102]은 현장감과 현실감을 그대로 반영한 실질적인 현장경호 조치기법으로 경호위해요인이라고 의심이 느껴지면 상황전파 및 책임경호원을 지정, 비노출을 원칙으로 근접거리에서 행사 종료 시까지 반드시 관찰할 수 있도록 한다. 특히 근접수행 절대안전거리 내에서는 경호위해요인을 불문 양손을 끝까지 관찰할 수 있도록 하여야 한다. 근접해서 경호대상자를 위해(총, 칼, 위해장비 등)하기 위해서는

---

102) 김화수(2004), '무학무술칼럼' 재구성

반드시 손을 사용하기 때문이다.

따라서 손이 가려지면 즉시 손의 위치를 확인을 하여야 하며, 의복으로 가려지면 의복과 함께 잡아서 고정, 위해장비가 외부로 노출(露出)되지 않도록 하는 것이 중요하기 때문에 의심이 되면 즉각적인 대응이 이루어져야 한다.

만약 경호원의 오판으로 판명이 되더라도 경호원은 주저함이 없이 대처해야 한다[103]. 이때 경호원은 팔꿈치를 자연스럽게 굽혀서 반응시간을 최소화하고 순간 차단동작이 가능하게 한다.

근접수행 안전거리 내에서 사전 움직이는 사람에 대해서는 오른손잡이 인지, 왼손잡이 인지를 면밀히 관찰하여 근접수행 절대 안전거리 내에 근 접시 관찰 손의 대상을 최소로 할 수 있으므로 효율적으로 예방할 수 있게 된다.

또한 평소 경호대상자의 행동적 습관을 정확히 파악함으로써 우발상황 발생 시 근접수행 경호원에 의한 신속한 방향전환[104]이 가

---

103) 1975년 포드 전직 미국대통령이 환영 군중과 악수 교환 시 한 여자가 권총으로 위해를 가하려다 근접경호관에 의해 제지 되어 현장에서 체포되었다. 당시 경호관은 "전열 인파속에서 손이 하나 삐져나오는 것을 보고 나도 모르게 낚아채는 순간 손안에 권총이 쥐어 있는 것을 발견하였다"라고 말하고 있다. 반면 실패한 사례로 1901년 멕켄리 전직 미국대통령이 환영 군중과 악수를 할 때 범인이 오른손에다 권총을 숨기고 수건으로 감아 부상당한 것으로 위장하고 악수대열에 끼어 차례를 기다리다가 차례가 되자 대통령 앞으로 다가서며 왼손으로 악수를 청하는 척하며 오른손에 은닉하였던 권총으로 대통령을 쏜 사건으로, 당시 경호관들은 순진하게 생긴 범인의 인상과 손의 부상으로 안심을 놓았고 그의 뒤에 있던 털보와 거구의 흑인만 감시하였다고 한다. 멕켄리 대통령의 사건 이래로 주위를 경계할 때 사람의 인상과 눈 보다는 손에 초점을 두게 되었다(이상철, 2006: 131-132).

104) 오른손잡이는 손이나 발 모두 오른쪽 근육이 더 발달하여 달리기를 할 때에도 오른쪽 다리가 더 멀리 나간다. 운동장을 돌 때 바깥쪽 다리가 더 넓고 힘 있게 뛰어야 하기 때문에 오른손잡이들은 왼쪽으로 도는 것이 편안하게 느낀다. 눈을 가리고 앞으로 걸어가게 하면 오른손잡이는 왼쪽으로 치우치고, 왼손잡이는 오른쪽으로 치우치게 된다. 즉 오른손잡이는 왼쪽으로 기울어지기 때문에 시계반대의 방향으로 도는 것이 자연스럽고 기록도 더욱 좋게 나타난다(육상교실, "육상경기, 운동장을 왜 왼쪽으로 돌까요?", http//blog.naver.com/2011 daequ/).

능하며, 예비 동작이 없는 평소 신체적 습관과 반대 방향의 신속한 방향전환[105]은 상해의 원인[106]이 될 수 있기 때문이다. 단독 수행경호시 오른손잡이의 경호원인 경우 경호대상자의 오른쪽 후방에 위치하여 비상 상황발생시 왼손으로 경호대상자를 보호하고 오른손으로 총기를 다룰 수 있어야 한다.

현장무빙기법은 업어치기, 돌아꺾기 등이 아닌 '가장 짧은 시간에, 가장 적은 힘으로, 가장 작은 동작'의 운동역학적[107] 기술로 연구되어 있으며, 후방의 경호대상자를 보호하기 위한 전(前) 방향의 반탄력을 활용한 일수이출(一手二出) 복수 이상의 동작 기술로 이루어져 있다.

---

105) 우발상황 대피 방향전환은 엄청난 회전력을 만들어 내고 회전력은 척추에서 이루어진다. 척추는 24개의 가 동성 척추(경추7, 흉추12, 요추5)와 다수의 고정성 척수(5개의 척추와 몇 개의 미골)로 되어 있다. 척추는 신체를 지탱하고 척수를 보호할 정도로 단단하고 넓은 범위의 움직임을 허용할 수 있도록 유연하기도 하다. 이러한 유연성은 모든 가동성 척추 사이의 추간판(첫째, 둘째 경추는 제외)과 척추의 여러 부위에서의 관절면의 관절각에 많이 기인한다. 척추의 각 부위(즉 경추, 흉추와 요추 부위)는 각자의 특성을 갖고 있다. 특히 우발상황 대피시 상해와 관련되어 있는 경추와 요추의 신체적 기능을 숙지함으로써 상해의 예방과 신속한 대피가 가능하다. 경추상해는 대부분 목이 힘을 받아서 과굴곡으로 발생하며, 혹은 드물게 과신전이나 회전에 의해 생기고, 요추의 경우 부정확한 기법으로 무거운 것을 들어 올릴 때와 같이 매우 갑작스런 동작에서 발생된다. 이러한 과사용 등 상해는 남자보다는 여성에서 더 빈번히 발생하는 것으로 생각되나 통계적으로 확실하지는 않다(오재근·이명종, 스포츠의학, 2000: 231-259).

106) 심리학적 관점에서 본다면 예비동작은 준비운동이라 할 수 있다. 준비운동은 운동선수들의 운동행위를 도와 줄뿐 아니라 상해를 예방하는 것임을 알 수 있다. 또한 준비운동의 강도와 기간은 경기(종목)와 선수의 숙련도에 의해 결정된다고 한다. 선수의 숙련도란 평소 신체적 습관의 연장선이라고 할 수 있다. 예비동작 없는 갑작스런 운동행위일 경우 상해를 입을 수 있다는 것이다. 우발상황 대피를 위한 갑작스런 동작의 경우 경호대상자의 평소 신체적 습관에 맞는 수행 대피기법이 상해 예방에 도움이 됨을 알 수 있다(오재근·이명종, 스포츠의학, 2000: 37).

107) 운동역학은 인체운동을 수행하면서 힘을 발휘할 때, 수반되는 원리들을 효과적으로 응용하여 신체동작이나 스포츠의 수행능력에 최적의 이득을 위한 원인분석과 힘의 원리를 적용하게 하는 학문이다.

『일수이출(一手二出)이상의 동작으로 허수(虛數)를 보완하고 재공격이 불능케 하라』

※ 수기관절 동작의 총화체(숙달식 : 복수이상 연속동작)

① 직선류 1 : 반직선 2 : 완전직선

② 곡선류 3 : 반곡선 4 : 완전곡선

– 1식 (타진, 탐색 : 두드려서 상대방의 헛점을 찾는다)

전반부 : 11·22·22·11 후반부 : 33·44·44·33

– 2식 (돌파 : 뚫는다)

전반부 : 12·34·34·12 후반부 : 21·43·43·21

– 3식 (근접 : 가까이 있는 상대의 효과적 공격)

전반부 : 13·24·24·13 후반부 : 31·42·42·31

– 4식 (장악 : 상대방의 진로와 진행방향을 막는다)

전반부 : 14·23·23·14 후반부 : 41·32·32·41

① Deception(잘못된 정보를 알게 하는 연구기법(실험심리학)/속임수: 공격·방어시 순간 정반대의 시선을 유도 후 허수를 만들어 반대의 방어·공격을 하는 기법)

② Holding & Guide(역이용: 의복을 함께 붙잡아서 시작점에서 차단하거나, 공격의 끝지점에서 가장 적은 힘으로, 가장 작은 동작으로 상대의 힘과 동작을 역이용하는 기법)

③ Inside Parry & Hit(Hit & Inside Parry)

④ Outside Parry & Hit(Hit & Outside Parry)

③·④ 상황에 따라 안·밖 공격과 방어, 밖·안 방어와 공격을 전환(Switch)하는 기법

⑤ Slap & Hit(손바닥: 공격시야의 차단과 얼굴 급소 부위의 공격이 용이한 기법)

⑥ Cut(치기: 신체의 회전 반경과 최대의 힘을 전달할 수 있는 기법)

⑦ Scoop & Hit(받들기: 상대의 중심을 흩트리며, 약한 신체 부위를 최대화 하는 기법)

4. 경호위해요인 관찰기법(분석기법)

경호위해자의 심리특성을 알아보는 일련의 통합적 과정이다.

『우리가 보는 모두가 머릿속에 입력되지는 않는다.
우리가 보는 것 중에 주목한 것만 머릿속에 입력된다.
주목[108]하여 본 것을 '관찰'이라고 한다[109]』

108) 주목(Attention)은 정신능력을 한 곳에 모으는 것, 혹은 어떤 감각이나 생각에 대해 정신의 방향을 정하거나 사용하는 것을 의미한다(위니프레드 갤러거, 2011: 9).

109) 로버트 루트번스타인 외, 2007: 62.

1) 이상행동 징후[110] 관찰기준

경호원의 자질에 있어 고도의 주의력·관찰력·판단력과 관련이 깊다.

경청이 언어적 표현을 이해하는데 중요하다면, 주의 깊은 관찰은 비언어(신체)적 표현을 이해하는 데 중요하다. 관찰은 근육과 같아서 사용하면 강해지고 사용하지 않으면 퇴화된다.

인간은 비언어적 행동 중에 부정적이거나 위협적인 경험을 진정시키는 행동이 뒤따라온다. 흔히 '적응자(Adapters)'로 불리는 이런 행동은 뭔가 불쾌하거나 귀찮은 것을 경험한 뒤에 우리를 진정시키는데 도움을 준다. 이는 뇌가 우리를 정상상태로 복구하려 시도하는 것이다. 즉 편안하게 해주려고 진정시키려 할 때는 몸의 협조를 얻는데 이것은 즉각 읽을 수 있는 외적인 신호이므로 상황을 통해 관찰하고 해석할 수 있는 그 몸의 행동이 거짓말이나 감춰진 정보를 적발하는 신호가 된다(조 내버로 외, 2010: 55).

110) 관찰기준의 모든 조건이 충족되었다는 정보만으로 상대가 거짓말을 한다고 확실히 결론 지울 수 없는 심리적 학문의 한계를 인정 '증거'가 아닌 '징후'란 용어를 사용하고 있다. 또한 징후는 양면의 정상·비정상 반응을 포함하고 있다. 하지만 오해해서는 안 된다. 이 징후들은 경호위해요인을 사전에 예방하는 아주 중요한 정보를 제공해 주기 때문이다(거짓말의 심리학, 2014: 47).

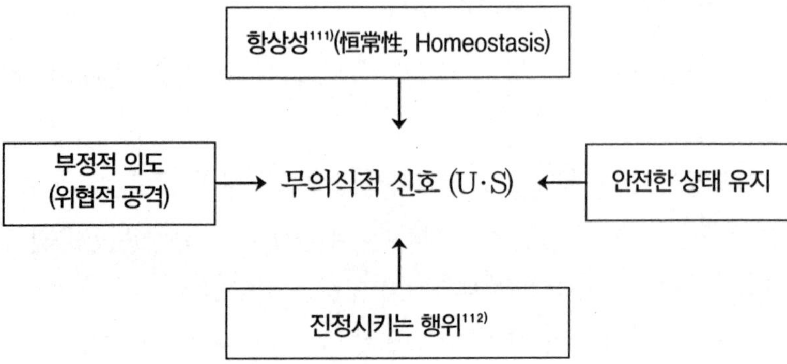

〈그림 6-6〉 이상행동 징후 관찰 도식

『거짓을 입증하려 애쓰기보다,
진정시키는 신호를 발견하는데 주목하라』

① Check Point

타이밍(Timing)

– 최초의 거짓행동이 자극받고 5초 이내 발생하는 행동을 보고 듣는다.

---

111) 항상성은 생명의 특성 중 하나로 대부분의 생명현상들은 이를 유지하기 위해 일어나며, 일정한 정상 범위를 유지하는 것으로 원래대로 돌아가려는 원리 즉 인체에서는 체온이 올라가는 것을 막기 위해 땀을 배출하는 것, 목을 만지고 쓰다듬는 것은 스트레스 반응할 때 가장 자주 나타는 진정시키는 행동으로 이는 거짓말을 하거나 중요한 정보를 숨길 때 탐지되는 중요한 행동단서이다(조 네버로 외, 2010: 56).

112) 이마에 땀이 맺히고, 입안이 말라 침을 삼키거나 헛기침을 하며, 심장 박동과 호흡이 빨라지고, 코끝이 붉거지는 등 이는 주어진 상황이 만족스럽지 못할 때, 못마땅한 것이 보이거나 들릴 때, 숨기고 싶은 것을 털어놓으라고 강요받을 때 불편함을 느낀다. 이 경우 변연계 뇌의 각성 때문에 먼저 생리학상으로 불편함이 드러난다. 비록 뇌가 거짓말을 하도록 할지라도 정직한 감정의 뇌, 즉 변연계는 그 책략에 말려들지 않는다(조 내버로 외, 2010: 242, 257).
목을 만지거나 쓰다듬는 것은 스트레스에 반응할 때 가장 자주 나타나는 진정시키는 행동으로 이는 거짓말을 하거나 중요한 정보를 숨길 때 탐지되는 중요한 행동단서다(조 내버로 외, 2010: 50).

클러스터(Cluster)

– 언어적 형태나 비언어적 형태 혹은 언어적·비언어적 형태의 둘 이상의 이상행동을 동시에 보고 듣는다.

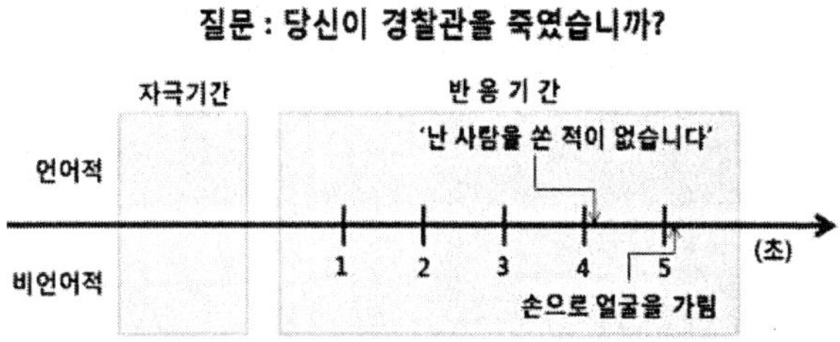

〈그림 6-7〉 언어적·비언어적 형태의 클러스트[113)]

『행동을 보지 말고, 패턴을 관찰하라』

② 언어, 준언어적 이상행동 징후

(반응지연, 지체)

– 질문을 받는 후 아무런 반응이 없다가 잠시 후 대답하기 시작한다.

– 대답이 너무 늦거나 질문한 내용을 다시 묻는 등의 '대답 지체'는 거짓말 징후다.

– 답변시 어~ 아~ 음~ 등 반응지체현상이 자주 나타나는 것은 당황의 증거이다.

– 말의 속도가 떨어지면 답변에 대해 심사숙고 중이며, 정보를

113) 립 휴스턴 외, 2014: 45.

가공·편집하는 것이다.

- 대답하기 전에 헛기침을 하거나 침을 삼킨다면 질문이 생리적인 불안감을 증폭시켜 입이나 목이 건조해지거나 불편함을 느끼고 있다는 것이다.

  답변 직후 목소리가 커지거나 웃음, 기침은 자기대답을 지우기 위한 무의식적 행동으로 의심의 요소가 크다.

(말과 행동의 불일치)

- 말과 행동이 서로 어긋나는 경우 이는 잠재적 거짓 징후다.
- 답변을 조작하려는 의도가 있는 경우 질문의 주제를 바꾸어 대답한다.

※ 언어와 비언어의 얼굴메시지가 일치하지 않으면 항상 둘 중에서 부정적 정서를 더 정직한 것으로 받아드려라. 예를 들면 굳은 턱을 하고 '당신을 만나 아주 기쁩니다'라고 할 경우 그 말은 거짓말이다. 예의상 만족스런 표정으로 처음 못 마땅한 표정을 가릴 수도 있지만 그것은 이미 진짜 감정을 드러낸 다음의 일이다. 그 이유는 못 마땅한 상황에 대한 인간의 신체적 반응이 가장 정확하기 때문이다(조 내버로 외, 2010: 110).

(성량(聲量)의 불안)

- 목소리는 통제하기가 쉽지만, 긴장하면 톤이 올라가고 목소리가 커진다.

(입이나 눈 가리기)

- 대답하는 동안 입이나 눈을 가린다. 특히 대답을 하면서 괜스레 눈을 감는다면 이때는 거짓 징후로 판단해도 좋다.
- 대답하면서 입술을 깨물거나 혀로 훔치기도 하고 입술이나 귀를 잡아당기거나, 두 손을 맞잡아 비비거나 쥐어짠다.

③ 비언어적 이상행동 징후

(고정점(Anchor-Point)[114] 이동)

- 질문에 대한 반응으로 팔짱을 끼거나 다리를 꼬는 등 고정점이 이동한다면 얼마나 많은 이동이 있었던 간에 이를 하나의 징후로 받아들여야 한다.
- 머리를 똑바로 세우거나, 턱을 치켜드는 행위는 적대감의 표현이다
- 근무자로부터 몸, 얼굴, 머리를 돌리거나 한쪽으로 몸을 기울이는 자세는 도주의 심리상태다
- 장시간 주먹을 쥔 채 팔짱을 끼거나, 뒷짐을 진 채 주변을 살핀다.

(손을 얼굴 주위로 가져가는 행동)

- 코, 귀와 물건을 계속적으로 만지작거리는 등 손·발을 가만두지 못한다.
- 손·물건 등으로 얼굴이나 눈을 가리는 행위가 많다.

---

114) 고정점이란 사람을 어떤 위치나 자세로 움직이지 않게 해주는 부분을 말한다. 예를 들면 서 있을 경우 발, 손을 주머니에 넣고 있다면 손, 앉아 있을 경우 엉덩이, 등, 발이 된다.

- 목의 땀을 자주 닦아내거나 상의 목덜미 부분을 잡아당기는 행동을 한다.

(미세표정의 움직임)

- 눈썹이 가운데로 모이면서 아래로 향하고 눈이 커지면서 노려본다. 화를 참을 경우에는 입술을 다물면서 얇아진다. 이와 같은 화남을 나타내는 미세표정은 공격적인 모습으로 나타날 수 있으므로 유의해야 한다.
- 위쪽 눈꺼풀이 위로 올라가고 가운데로 몰리며 아래 눈꺼풀에 힘이 들어가고 입술이 귀를 향해 일직선이 되면서 팽팽해진다는 것은 두려움의 미세표정으로 방어 또는 도주의 행동을 할 수 있으므로 유의해야 한다.

※ 근육 패턴[115)]

- 쉽게 통제되는 근육(가짜 미소를 쓸 때 사용하는 근육) : 눈썹, 입꼬리, 아래 뺨을 조작하는 근육
- 쉽게 통제되지 않는 근육(신뢰할 수 있는 근육) : 눈을 둘러싼 근육으로 안륜근(눈꺼풀을 가늘게 하고 바깥쪽 눈가에 잔주름을 형성)은 의식적인 통제가 불가능하다.

2) 경호위해요인 관찰기법(분석기법)

경호위해자의 심리 특성의 분석에 따른 행동관찰(정신분석적 기법, 뇌와 신경언어학적 기법, 얼굴(표정)심리학적 기법, 행동심리

115) 파멜라 마이어(Pamela Meyer), 2011

학적 기법, 범죄(자)프로파일링적 기법) + MD(Metal Detector, 금속탐지기) + Scanner(휴대용 금속탐지기) 및 촉수검색 + 탐색질문기법(관계성, 응수, 명료화, 유도) + 전문지식(정신의학, 심리학 등) + 기타자료(현장 경험, 정보 분석, 육감 등)가 망라(網羅)된 일련의 통합적 분석과정이다.

경호위해요인 관찰기법은 경호위해 분석 대상자의 전체적인 인상을 평가한다.

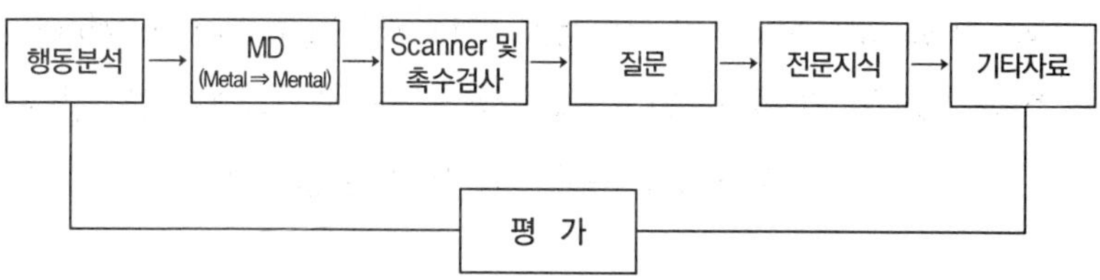

〈그림 6-8〉 관찰기법 모형

『경호위해 분석 대상자의 진실이나 기만을 한두 가지의 관찰(분석)만으로 추론을 뒷받침하는 것은 위험하다』

5. 관찰훈련기법(OTT: Observation Training Technique)

우리 몸에는 오감 즉 눈으로 외부자극을 인식하는 시각과 소리로 인식하는 청각, 맛으로 인식하는 미각, 냄새로 인지하는 후각, 접촉으로 인지하는 촉각이 있다. 경호프로파일링 경호위해요인 관찰 훈련기법에서는 경호위해요인 탐색과 직접 관련되고 훈련을 통해 감각을 촉진시킬 수 있는 시·지각, 청·지각, 촉·지각의 관찰 훈련기법을 제시[116]하였다.

1) 시·지각 관찰훈련기법(Visual·Perception Observation Training Technique)

『모든 지식은 관찰에서부터 시작되고, 내가 익숙한 것[117]들을 어떻게 보는 지를 '보는' 지점에서 시작된다. 관찰의 기술은 빠르고 예리한 시각적 식별력[118]에 있다. 그것은 책 전체에 단 한번 나오는 단어를 찾기 위해 책장을 휙휙 넘기는 일과 같다[119]』

시·지각 관찰훈련기법이란 베르트하이머(Wertheimer)에 의해 1912년 프랑크푸르트대학 '운동시의 실험연구'에서 발표된 게슈탈트 형태심리학(Gestalt Psychology)은 지각심리학 영역에서 근접, 유동, 페

---

116) 경호현장에서는 오감(五感)관찰이 중요시 되고 있으나, 훈련에는 간과(看過) 또는 당연시되는 능력으로 오인(誤認)되고 있는 측면이 있다.

117) 인간의 자기중심적 사고방식의 특성에서 나타나는 양상들 가운데 시각적 관점이 존재하며, 이는 경호위해요인을 탐색해야 하는 임무에서 착각(illusion)의 요인으로 작용할 수 있으므로 경호위해자 관점의 조건적 훈련을 하지 않으면 자신도 모르게 자기가 보고 싶은 부분에서 경호위해요인을 탐색하게 된다.

118) '5층에서 떨어지는 사람이 바닥에 완전히 닿기 전까지 그를 그려내지 못하면 걸작을 남길 수 없다(앙리 마티스(Henri Matisse))', '현장탐사작업을 하려면 먼저 자신이 느낀 빠르고 작은 움직임이 새의 움직임인지 나뭇잎의 움직임인지 분간하는 능력을 익혀야 한다(저레드 다이아몬드(Jared Diamond))'등

119) 로버트 루트번스타인 외, 생각의 탄생, 2013: 59-64.

합, 좋은 연속, 좋은 모양의 법칙 등의 중요한 법칙으로 인간의 시·각적 인식이 어떻게 작용하는지에 대한 구체적 근거를 제시하고 있다.

인간은 유아기 때부터 망막의 패턴들이 서로 결합해 하나의 현상을 형성하고, 그 현상 주변의 모든 것은 일종의 배경이나 바탕으로 구성되어 추출함으로써 망막의 표면을 능숙하게 다루게 된다.

전체를 우위에 놓고 이것은 일정한 시간, 공간적 장(場)에서 개별화시키고 한정시킨 유기적 통일로써 포착하며 각 부분의 상호 역학적 관계 속에서 심리현상을 설명하려고 하는 입장의 현상학적 관찰(現象學的 觀察), 특히 시·지각 영역으로 설명되고 있는 통합, 군화(群化)의 법칙을 경호활동의 관찰기법에 활용, 시각적 자극을 빠르게 연속적으로 제시할 때 생기는 일종의 착시현상을 예방하고, 정확히 목표를 지각 선별해 내는 능력을 키우는 관찰기법이다.

① **방향전환(Switch)** : 움직이는 물체의 방향 전환시점을 순간 포착하는 '공간 표상 능력'과 '시각의 예민성'을 높이는 훈련

② **유선형 목표물 선별(Ring Search)**[120] : 연속된 원의 빠른 관찰과 동시에 개별 원을 뚜렷이 선별 관찰하는 '시각 민첩성'을 높이는 훈련

③ **집중력(Concentration)** : 목표물에 집중하여 숨겨진 물체를

120) 주목훈련과 병행하면 효과적이다. 주목훈련의 핵심은 정신적인 경험이 아니라 집중력이나 감정의 평형을 유지하는 능력(혹은 둘 다)을 강화하는 것으로 첫 번째 신호를 흘려보내고 신속하게 두 번째 신호에 집중하는 능력을 기르는 것으로 첫 번째 목표물에 강력하게 주목하면 두 번째 목표물은 다소 희미해지고, 나머지 대상들은 완전히 무시당하게 된다는 집중무시(Attention blink) 실험을 근거로 설명하고 있다(위니프레드 갤러거, 2011: 121-122).

발견하는 '시·지각 구성능력'과 '주의집중력'을 높이는 훈련

④ **목표물 분리 선별**(Search Move) : 물체의 정지와 움직임을 유도, 목표물을 분리 선별하는 '시각운동 협응(분리) 능력'을 높이는 훈련

⑤ **목표물 분석**(Target Analysis) : 여러 목표의 변화를 동시에 포착하는 '전체 상황에 대한 이해와 유사성 파악능력'을 높이는 훈련

아래 〈그림 6-9〉은 게슈탈트(Gestalt) 군화(群化)의 법칙을 관찰기법에 응용해 본 그림이다. 원과 사각형의 도형이 동일한 간격, 반복적, 독립적으로 배열되어 있는 그림으로 사물을 관찰할 때 1번은 각각의 도형을 독립적으로 시간적 여유가 있고 소수(少數)의 도형을 관찰할 때 효율적이며, 2번은 각각의 도형에 임의의 구획선을 만들어 묶음으로 인식 비교적 다수의 도형을 관찰할 때 효율적이며, 3번은 각각의 도형에 임의의 연결선을 이용 연속된 통합으로 시간적 여유가 없고 다수의 도형을 관찰할 때 효율적이다.

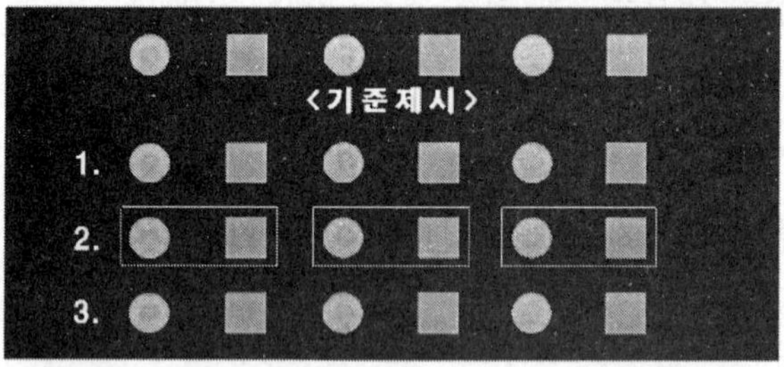

〈그림 6-9〉 게슈탈트 군화(群化)의 법칙 재구성[121]

---

121) '디자인 불변의 법칙 100가지, 고려문화사', http://blog.naver.com/sisilians

※ **빈치(Vinci)의 집중하는 법(빈치 관찰훈련법)**[122]

먼저 눈을 감고 눈을 위로 당겨서 전두엽을 바라본다.

눈을 상·하·좌·우로 당길 때 눈에 힘이 들어가게 되며, 시신경은 대뇌와 연결되어 있어 시신경이 활성화 되고, 특히 집중력과 창의력을 관장하는 뇌의 앞부분의 전두엽이 함께 자극을 받아 더 활성화 되면서 집중력을 순간적으로 강화시키는 효과가 있다.

집중하겠다는 마음가짐은 집중력을 향상시키며, 관찰기법은 무엇보다 집중력을 극대화하는 것이 핵심이라 할 수 있다. 또한 관찰해야 할 것이 두개인 경우 고개를 움직이는 것보다 눈을 움직이는 것이 좋다. 고개를 움직이면 머리가 움직이고, 머리가 움직이면 뇌를 흔들게 되어 집중력이 떨어지고 산만해진다. 결론적으로 집중하겠다는 마음으로 눈에 힘을 주면, 뇌가 활성화되어 집중력이 향상된다는 것이다.

『과학자는 미술을 공부하고, 화가는 해부학을 공부하고, 의사는 드로잉을 공부해야 한다[123]**』**

122) 'MBC 우리아이 뇌를 깨우는 비밀 중', http://blog.naver.com/vinci22c.

123) 로버트 루트번스타인 외, 생각의 탄생, 2013: 76.

2) 촉·지각 관찰훈련기법(Tactile·Perception Observation Training Technique)

디자인은 '감각기관을 통하여 다른 사람들이 보거나, 느끼지 못하는 것을 보고, 그것을 사람들로 보거나 느낄 수 있도록 형상화하는 일이다'라고 한다(이정아, 2004). 경호위해요인 탐색과정의 촉수검색과 관련된 일치된 부분이며 놓쳐서는 안 되는 부분이다.

촉각은 무의식속에 작용하는 가장 원초적인 감각이며, 피부에 존재하는 마이너스 소체(Meissner Corpuscle)를 통해 뇌에 전달된다. 마이너스 소체는 촉각소체(Tactile Corpuscle)라고도 하며 감각신경의 말단에 있으며 접촉, 감각, 수용기라고 여겨지는 타원형의 껍질로 둘러싸여 있다. 마이너스 소체는 털이나지 않은 손바닥 같은 피부에서 볼 수 있으며 19~20세기 독일의 생리학자 게오르그 마이너스(Georg Meissner)가 최초 발견하여 붙인 이름이다. 이외에도 우리 피부에는 압력감각을 느끼는 파치니 소체와 온도감각을 느끼는 루피니 소체가 있다. 다른 소체들은 지속적인 자극에 대해 무뎌지는 반면 촉각을 느끼는 마이너스 소체는 항상 예민하게 촉각을 느낀다고 한다.[124] 이는 촉·지각 관찰훈련기법의 필요성과 감각을 촉진시키는 근거가 된다.

촉·지각 관찰은 눈으로 볼 수 없는 부분을 손으로 보는 것으로 경호원의 손바닥과 손끝의 촉각을 활용한 촉수검색을 통해 경호위해자가 소지한 행사방해 플래카드나 세라믹 등 금속탐지기의 탐지

124) 두산백과 '촉각' 네이버 검색.

가 불가능한 비금속 위해 물품을 찾아내는 기법이다.

이는 공감각과는 구별되어야 한다. 공감각(共感覺, Synaesthesia)은 '하나의 감각이 다른 영역의 감각을 불러일으키는 현상'으로 촉각이 시각을 자극시켜 이미지를 구상하는 것이 아니기 때문이다. 경호프로파일링의 경호위해요인 관찰기법에 있어서는 철저히 사실(Fact)만을 본다는 것으로 촉각의 이미지화로 물품의 형상을 상상하는 것이 아니라 경호위해물품일 가능성에 집중해야 한다는 것이다.

촉·지각 관찰훈련기법은 아래와 같다.

① 눈을 감고 손끝의 촉각으로 물건 알아맞히기

② 눈을 감은 상태에서 손바닥 위의 글씨 알아맞히기

③ 양팔을 옆으로 벌렸다 모으며 인지손가락의 양끝 부딪치기 (눈을 감았다 떴다 번갈아 실시)

③ 옷 속에 은닉한 위해 물품 찾아내기

3) 청·지각 관찰훈련기법(Auditory·Perception Observation — Training Technique)

경호위해요인 음향(音響) 선별과 관련된 유의미한 음향의 방향을 식별하고, 주변 소음과 유의미한 음향을 구분해내는 음향식별 능력 부분으로 비상상황시 폭발성·총성의 방향으로 신체를 확장을 해야 하는 자기희생의 원칙으로 고도의 집중력이 요구되는 경호원의 역량과 직결된다고 할 수 있다.

인간의 귀는 둥근 얼굴의 곡선을 사이로 약 23cm의 간격으로 2개가 양편에 대칭을 이루고 있으며 각각 들려오는 음파의 미묘한

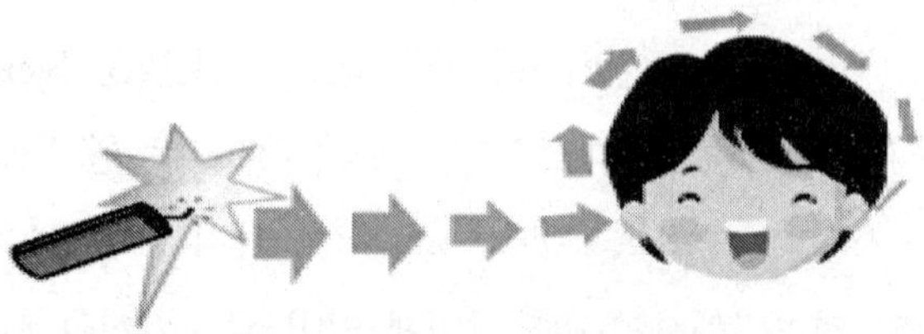

〈그림 6-10〉 청·지각의 원리

「양쪽 귀에 도달하는 시간의 차이(ITD, Interaural time difference)와 소리의 강도의 차이(IID, Interaural Intensity Difference)로 소리의 방향을 결정한다.」

시간차를 인식하여 소리의 방향과 원근(遠近)을 파악하게 된다.

특히 방어반사적 신체확장의 방향을 결정하는 순간적으로 소리가 나는 방향을 인식할 때 우리는 양쪽 귀에서 들리는 소리의 시간 차이를 이용하게 된다. 이때 두 귀에 들려오는 소리의 시간차는 0.001초 이내이다. 서로 다른 근원지에서 0.001초보다 짧은 간격으로 소리가 나면 우리 뇌는 두 근원지의 중간지점에서 소리가 난 것으로 인식하고, 두 음이 0.002초에서 0.01초, 길게는 0.02초까지의 간격으로 들린다면 두 번째 음은 첫 번째 음에 합해져서 첫 번째 음 하나로 들린다.[125] 즉 두 번째 음의 방향성은 무시되고, 첫 번째 소리가 더 커지는 효과를 나타낸다. 만약 우리의 뇌에 이런 장치가 없다면 수 많은 반향음이 들리는 실내에서는 소리가 어디서 나는지 방향을 알 수 없을 것이다. 그리고 0.01초에서 0.5초의 간격을 두고 들리는 두 음은 서로 합해지지는 않지만 두 번째 음이 약하게 들린다. 이러한 청각의 특성 때문에 사람이 들을 수 있는 음은 시간적

125) 선행음 효과(Hass Effect)는 최초의 방향에서 소리를 들으면 다른 방향에서 ms만큼 지연되어 들리는 소리도 최초의 방향에서 온 소리와 같이 느껴지는 음향심리 효과이다(백은선 등, 2011: 102).

으로 제한되어 있고 사람은 1초에 30개 이상의 음을 들을 수 없는 것이다.[126)]

가장 먼저 들리는 소리는 자신에게 곧장 오는 소리며, 그 다음에는 천장과 벽에서 반사되는 반향 음이 들리고, 이후에는 점점 소리가 줄어들면서 사라지는 잔향이 들리게 된다. 또한 소리나는 방향을 추척하는데 결정적인 요소는 소리의 강도와 위상의 차이이다. 음원이 한쪽 측면에 위치할 경우 소리는 음원에 가까운 쪽의 귀에는 먼쪽의 귀보다 약 0.8mm Sec 빨리 도착한다. 따라서 양쪽 귀에 들리는 소리는 위상차가 생기며, 이로써 1500Hz 이하의 소리에 대한 음원의 위치를 알아낼 수 있다.

인간이 들을 수 있는 주파수의 범위는 20Hz에서 20.000Hz인데 소리의 강도는 데시벨(dB) 단위로 측정한다. 데시벨은 절대적인 소리의 크기가 아니라 백분율처럼 일정 크기가 없는 단위로 두 소리 크기의 비율을 나타낸다. 데시벨 0은 귀가 감지할 수 있는 가장 희미한 소리를 나타내며 10은 그 세기에서 열배 증가한 것을 말한다. 보통 대화의 소리는 60dB이고, 제트 여객기가 이륙하는 소리는 120dB이다. 인간이 들을 수 있는 한계는 150dB이고 그 이상에서는 고막이 손상[127)]된다. 음원이 전·후방에 있을 때 위상 차이에 의한 식별이 곤란하며, 고개를 좌·우로 돌리게 되면 소리나는 방향을

---

126) 지식백과 '소리의 4요소' 네이버 검색.

127) 순간 폭발음이 90dB을 초과하거나 가연성의 불꽃을 내는 것은 모의총포로 규정하고 있다(총포·도검·화약류 단속법 시행령 제13조 별표 5의2).

좀 더 정확하게 알 수 있다.[128] 실내 상황이라면 전구 파열음 등 폭음(爆音) 청취시 정전상황[129]을 동시 대비해야 한다.

청·지각 관찰훈련기법은 아래와 같다.

① 폭발음의 방향으로 신체 확장하기(눈을 감았다 떴다 번갈아 실시)

② 다양한 소리를 청취, 주변 소음과 유의미한 음향 구분하기

③ 생활의 소리를 청취, 물건 알아 맞추기

『관찰은 근육과 같아서 사용하면 강해지고,
사용하지 않으면 퇴화된다』

128) 지식백과 '소리의 방향식별' 네이버 검색.

129) 정전 상황시, S.C.E(Sound Off(경고), Cover(방호), Evacuate(대피)) 즉각조치 원칙에 따라 정전 상황인지 상황전파 및 방어적 원형대형(Defensive Circle Formation) 형성과 동시에 현 위치의 변화를 주어야 하며, 상황판단에 따라 음원의 반대방향으로 신속히 현장을 이탈한다. 폭발성 및 총성 청취 상황시, 상황인지 상황전파 및 함몰형 대형(Cave-in Formation) 후 밀착 방호대형 형성, 폭발성 및 총성의 반대방향으로 신속히 대피한다.

Ⅶ 경호심리 에티켓

지구촌 글로벌 시대를 살아가고 있는 우리는 동·서양을 막론하고 인간사회 보편적인 예절에서 국가별 특수한 문화에 이르기까지 폭넓게 이해하는 능력을 갖추어야 한다. 이는 경호원의 의식과 문화수준에 따라 경호대상자의 위상도 높아지기 때문이다. 또한 시민의 불편을 최소화하는 제한적이면서도 효율적인 유연한 업무수행으로 경호안전을 실현해야 하는 친화(親和)지향적 경호맞춤형 대화능력[130]을 향상시켜야 한다. 실질적으로 경호에티켓 중 많은 부분이 경호대상자를 보호하는 중요한 경호기법이 된다.

130) '시민의 관점적 대화' 즉 건널목 통제시, '잠깐 기다려주십시오'라는 표현보다 '위험합니다. 안전이 확인되면 건널 수 있게 해드리겠습니다.' 검색에 불만을 나타내는 경우, '경호대상자의 안전을 위해서 협조를 부탁드립니다.'라는 표현보다 '모두의 안전을 위해서 협조를 부탁드립니다.'라는 시민의 관점적 대화능력을 말한다. 또한 시민의 현장 정서를 살펴 즉시성이 요구되면 경호원이 함께 건널목을 동행하는 유연한 현장 조치를 염두에 두고 마음을 전달하는 진정성을 담아야 한다.

『마음을 전달하는 진정성을 담아야 한다』

※ 에티켓(Etiquette)과 매너(Manner)의 의미[131]

에티켓은 프랑스어로 그 유래는 프랑스 베르사이유 궁전 내에서 지켜야 할 유의사항, 예의범절 등이 적힌 입장권(Ticket)을 에티켓이란 말의 기원이라고도 하고, 프랑스 베르사이유 궁전 파티에 참석한 사람들이 용변을 보기 위해 정원에 들어 가 꽃을 밟는 것을 막기 위해 정원사가 정원 주변에 출입금지라는 뜻의 말뚝을 박았는데 그 말이 에티켓이었다고 한다.

지금은 화원출입금지라는 뜻뿐만 아니라 상대방의 '마음의 화원을 헤치지 않는다'라는 뜻으로 넓게 해석되어 예절이란 의미로 사용하게 된 것이다. 에티켓은 즉 타인을 배려하는 마음을 형식화 한 것이다.

매너는 에티켓과 같이 예의라는 의미로 쓰고 있으나, 에티켓은 '있다, 없다'로 예의의 유무를 말할 때 사용하고, 매너는 '좋다, 나쁘다'로 예의를 질적으로 평가할 때 사용하는 말이다.

1. 용모복장

모델은 옷을 멋있게 보이게 위해 옷을 입지만 경호원은 경호대상자를 돋보이게 하기 위하여 옷을 입는다. 경호원의 복장은 기본적으로 시선을 끌지 않는 단정한 복장을 착용한다.

---

131) 차석빈 외, 2013: 75-76.

행사장의 성격에 맞는 복장의 착용은 필수적인 요소로서 경호원은 적어도 2개 이상의 넥타이를 소지하여 급한 상황에 대비하여야 한다.

2. 경호워킹

(긴급 상황에 대한 심리적 대비는 경호 워킹으로 알 수 있다)

일반적인 워킹은 건강을 위하거나, 장소의 이동을 위한 자신을 위한 목적으로 워킹을 하지만 경호원은 경호대상자의 안전을 위해 워킹을 한다. 경호원의 워킹은 움직이면서 긴급 상황발생시 전·후·좌·우 전(全)방향에 대한 가장 신속한 대처 움직임이 가능해야 한다.

생물학적으로 순간 반응속도를 가장 높일 수 있는 준비 동작은 기본적인 11자 걸음이며, 발끝이 자연스럽게 앞을 향하고, 하체는 기위가 걸어가는 듯한 모양으로 무릎의 탄력을 가볍게 유지함으로써 갑작스런 동작에도 민첩하게 대응할 수 있도록 발끝보다 무릎이 나가고, 상시 잠재적인 운동성과 기동성을 보지(保持)하여 순간 지면의 마찰을 최대로 하여 신속한 회전 등 반응 속도를 높이는 워킹을 하여야 한다.

정지간 발가락은 가볍게 움직여주고, 상체는 가슴을 크게 벌리고, 배 전체를 당겨 넣으면서 가슴과 어깨를 최대한 펴고, 이동간 상반신은 무릎이 나간만큼 나가도록 하고, 등은 곱게 펴서, 언제나 몸의 중심을 유지하여야 한다.

팔자걸음, 안짱걸음, 모델걸음, 현란한 걸음을 피하고 세련된 걸음이 될 수 있도록 모델보다 더 많은 훈련과 끊임없는 노력이 요구된다.

1) 좌·우 보강 걷기

상반신 어깨를 경계방향으로 15° 틀은 상태에서 그대로 이동한다.

2) 후방 보강 걷기

앞발은 전면 방향 유지상태에서 뒷발의 앞축을 중심으로 틀며, 상반신과 시선을 돌려 신속히 확인 후 전면 방향으로 이동한다.

3) 뒷걸음 필요시(Never Take Backward Step)

후방 사선으로 뒷발의 뒤축을 중심으로 앞발을 뒤로 움직여 신속히 회전하여 전면 방향을 만들어 이동한다.

※ 도보경호대형 이동시에는 가능하면 평상시보다 신속하게 움직임으로써 노출시간을 단축하고, 빠른 속도를 유지할 때 공격자도 서두르게 되어 공격의 기회를 놓치게 되기 때문이다. 이동속도는 경호대상자의 신장, 보폭 등을 고려하여 결정해야 하며, 경호대상자가 갑자기 멈추었을 때, 경호대상자와 부딪히거나 뒤꿈치를 밟지 않도록 해야 한다. 또한 경호원이 경호대상자와 함께 대형을 유지하면서 이동할 때는 위험요소의 사전감지를 위한 시선 처리 즉 스캐닝(Scanning : 훑어보기)이 필요하다. 사람의 시야는 머리를 움직이지 않고 정면을 바라 볼 경우 180° 이내의 사물을 볼 수 있고 머리를

조금만 좌우로 움직인다면 좌, 우배면 10° 정도는 더 시야에 들어올 것이다. 물론 180° 이내의 사물을 한 눈에 보는 것은 명확하지 않겠지만 그래도 일정한 상을 형성할 수는 있고, 스캐닝 훈련을 통해 270° 이내에 스캐닝이 가능하다. 스캐닝 훈련은 의자에 바로 앉아서 약 5m 전방을 주시하면서 천천히 머리를 좌우로 움직여 머리가 좌우 양쪽 끝에 위치했을 때 잠깐 정지한 상태에서 눈동자를 움직여 180° 시계를 확보하는 훈련을 반복해서 실시, 이와 같은 훈련을 통해 머리, 눈 움직이기, 스캐닝 등이 숙달되면 실제 보행 중 종합적으로 훈련을 실시한다.[132]

3. 행사 참석자별 특성

행사 참석자별 특성을 분석하여 고려함으로써 경호업무의 효율성을 기할 수 있다.

1) 어린이

(어린이는 손으로 만지면서 인식하고 지각하고 창조한다. 상상력이 풍부해서 현실과 허구를 교차시키면서 동화 같은 창작물을 만든다. 심리적인 거짓말로 남을 놀라게 해 주고 싶은 욕구에 의한 거짓말을 한다. 어린이는 도덕적 의식 수준이 낮아서 자기가 한 일에

132) 이상철, 2006: 127-129.

대해 잘하는 것인지, 못하는 것인지 잘 모르고 주위 사람들의 태도에 의해 알게 된다. 어린이는 행동을 할 뿐이지 자신의 행동을 판단하지 못한다(성옥련, 1992)).

- 검색 후 물건을 챙겨가지 않는다.
- 호기심이 많아 질문을 많이 한다.
- 순수한 의도로 장난감 총, 칼, 서신 등 소지 가능성이 농후하다.
- 동행한 부모들이 검색에 예민하게 반응한다.
- 검색에 대한 이해력 부족하다.
- 비표 미패용인 경우가 많다.
- 친구와 무리지어 입장하는 경향이 있다.

2) 여성

(여성은 특정 공간에서 자신의 위치나 물건을 더 잘 기억한다. 언어능력이 남성보다 우세하다 특히, 소통 능력과 관련하여 비언어적 단서의 의미 파악에 유능하여(Hall, 1984) 여성은 다양한 얼굴 표정을 지어 미소, 웃음, 상대방에 대한 응시 등을 더 많이 나타낸다. 따라서 여성은 남성보다 얼굴 표정을 읽는데 뛰어난 자질을 보인다(김태련 외, 1996: 180)).

- 남성에 비해 화장실 이용이 빈번하다.
- 여성들은 반입금지물품(양산, 음식물, 보온병 등)을 소지하는 경우가 많다.

- 검색시 사생활 노출에 대한 불쾌감을 표시한다.
- 남성에 비해 검색에 대해 민감하게 반응한다.

3) 장애인

(개인적인 매력의 상실감, 자존심의 손상, 정신적 충격과 고통, 타인의 시선에 부담감을 갖고 있다(은보경, 1998). 신체의 손상 등으로 부정적 자아개념에서 우울증과 고립감을 갖고, 그로 인해 우울증, 부정적 자아개념, 자기존중감 결여, 부정적 대인관계, 심한 의존성은 소극적인 직업관의 문제를 보일 수 있다(Dunham & Dunham, 1978). 또한 행동의 제한, 신체의 결함으로 인간관계의 긴장, 불안감, 열등감, 욕구불만 등을 가지고 자신의 능력에 대하여 비관하는 경향이 있다(정무성 외, 2006)).

- 일반참석자에 비해 자존심이 강하고 불만표출이 심하다.
- 침석객 뿐만 아니라 소지품 자체에도 검색요인이 많다(휠체어 수리장비 및 소변주머니 등).
- 보호자 동행이 필요하다.
- 말과 사소한 행동, 표정에 민감하다.
- 검색에 대한 거부감이 강하고 이해력 부족하다.

4) 노인

(노년기 성격의 변화는 신체적 능력의 약화, 문제해결 능력의 감퇴, 직업에서의 은퇴 등 노인의 생산성과 활동성의 위축에서 나타날 수 있다. 일반적으로 내향성의 증가로 자신의 내면세계에 더

많은 관심을 가지고 주위환경과의 관계에서 소극적이며 새로운 변화를 수용하지 못하고 자신의 사고방식과 태도를 고집하는 경직성이 증가한다. 감각기관의 퇴화와 함께 일상생활에서의 실수와 좌절을 경험하면서 조심성이 증가하고, 제2의 유년기라 할 만큼 자기중심성이 증가하고 타인에 대한 의존성이 증가하여 가족구성원 간의 감정적 유대관계를 중요시할 뿐만 아니라 의지할 사람을 찾게 되지만 의존적 욕구가 충족되지 않거나 자존심이 손상될 경우 예민해지는 경향이 있다(권석만, 2004)).

- 물건에 대한 침착이 강하다.
- 소지품을 검색대에 놓고 가는 경우가 많다.
- 몸이 불편하여 MD(검색대)를 잡고 통과하려는 경우가 있어 기계가 넘어질 수 있다.
- 서신 및 플래카드를 소지할 가능성이 크다.
- 다수가 청력이 저하되어 의사소통이 어려워 검색이 지연된다.
- 약병과 다량의 사탕, 물병, 지팡이를 소지한 경우가 많다.

5) 행사 방해 의심자(시위전력자, 노숙자, 정신이상자 등)

(부정적 정동(情動) 경험하는 사람은 심한 죄의식을 느끼며, 한시도 긴장상태에서 벗어나지 못한다. 이러한 행동은 정신건강의 문제로 정신질환자나 알코올 중독자의 비율이 높고, 심리사회적 외상에 의해 사회적 기능수행 수준이 낮아졌기 때문이다(남기철, 2009). 피해의식, 말 꼬투리를 잡으려 하는 경향이 심하다).

- 사회 불만이 많아 행사 방해물품 소지 가능성이 농후하다.

- 특정한 목적을 언론을 통해 피력하려는 경향이 있다.
- 목소리가 크며 사소한 것에도 화를 내는 경향이 있다.
- 노숙자의 경우 개인물품이 많고 주류를 반입하거나 음주 상태인 경우가 있다.
- 검색에 대한 절차를 거부하려는 경향이 있다.

6) 높은 직급

(자기과시형, 자기만족형 권력자는 권력의 맛에 취하며, 편법을 잘 안다. 산전수전형 권력자에게 정직함은 최대의 약점이다(안세영, 2010)).

- 고위급 수행원들도 검색을 받지 않으려 하며 불만 표출하는 경향이 있다.
- 참석대상자가 아닌 보좌관이 동행하는 경우가 많다.
- 차별화된 대우를 받기 원한다.
- 행사시간 임박하여 도착한다.
- 서류 검색에 민감하게 반응한다.

『정직함은 최대의 약점이다』

4. 행사 반입 물품의 검색요령

행사장에 참석하는 사람들의 휴대품 등을 말한다. 이러한 물품 속에는 공격용 무기류의 반입은 쉽게 생각할 수 있으므로 물품의 반입에 대한 세밀한 검색이 이루어져야 한다. 특히 행사장내 반입이 가능한 행사장 참석 인원의 휴대품은 아주 위험할 수 있으므로 검색을 더욱 철저히 해야 한다.

1) **반입 규제 대상 품목**

- 총기, 도검류, 폭약류, 원격 조종기, 주류, 목각, 철주 등 흉기로 이용 가능한 물품
- 폭발시 인명피해가 가능한 가스통 및 화공 약품, 위해 물질
- 불순 구호 및 선정 유인물
- 톱, 칼 등 편의용 장비가 내장된 지팡이 기타 불순물

2) **검색대상 품목[133](다음의 물품은 반드시 확인 검색해 본다).**

※ 모든 대상 품목은 소지품 소지인의 협조를 얻어 소지인으로 하여금 확인케 하여 고가의 피해품의 망실을 예방하고, 무엇보다 소지품 작동 동작을 면밀히 관찰하여 행동의 순간 머뭇거림이나 미세한 떨림을 놓치지 않도록 주의하여야 한다. 만약 이상한 행동이 포착되면 즉시 격리하여 재검색 확인을 하여야 하며, 확인이 어려운 경우 대상 품목을 임의 제출받아 행사 이후 찾아가도록 조치하고 검색을 마친 다음에는 검색에 협조해 주어서 감사하다는 뜻의 인사를 한다.

---

133) 이상철, 2006: 61.

『개봉의 중요함보다 그 행동을 살펴야 한다』

- 만년필은 본인으로 하여금 뚜껑을 열고 글씨를 써 보게 한다.
- 라이터는 본인으로 하여금 불을 켜 보게 한다.
- 두꺼운 책은 본인으로 하여금 내용을 펴 보게 한다.
- 담뱃갑은 본인으로 하여금 담배를 몇 개 꺼내게 하여 뒷부분까지 확인한다.
- 귀금속 상자는 본인으로 하여금 뚜껑을 열어보게 하고, 귀금속 받침대를 들춰 본다.
- 카메라는 셔터를 본인으로 하여금 눌러보게 하고 그리고 필름을 한 번 감아 본다.
- 헤어프레스류 등은 본인으로 하여금 공중에 뿌려보게 하고 냄새를 맡아 본다.
- 여자의 화장품 종류는 본인으로 하여금 뚜껑을 열어보게 하고 냄새를 맡아 본다.
- 우산은 본인으로 하여금 펼쳐보게 하고 내부 및 손잡이를 확인한다(그러나 우산의 경우 그 자체로도 어느 정도 무기화가 가능하므로 보관하였다가 행사 이후 찾아가도록 조치하는 것이 좋다).
- 지팡이는 최근 편의성 톱이나 칼이 내부에 부착되어 있는 경우가 많으므로 본인으로 하여금 손잡이 및 각 분리대를 분리시켜 보도록 하고, 분리 후 톱이나 칼이 부착된 편의성 지팡이는 행사 이후 찾아가도록 조치한다.
- 가방은 이중 가방 여부와 외부 주머니, 가방의 하단이 있는가의

여부를 확인하기 위해 외부의 높이와 내부의 높이를 비교한다.

5. 보디 존(Body Zone)에 따른 대인관계의 친밀도

보디 존이란 다른 사람의 침입을 저지하는 몸을 둘러싸고 있는 보이지 않는 공간으로 '자신의 연장'이라고 할 수 있다. 즉 자신이 언제나 가지고 다니는 '세력 공간'인 것이다.

이 법칙을 이용하면 상대방과 자신의 친밀도를 파악하고, 상대방이 자신에 대해 품고 있는 감정과 사회적 관계를 파악할 수 있으며, 이에 따라 대응전략을 세울 수 있다.

『대인(對人) 간의 거리에서 숨은 심리를 읽어라』

일방적으로 설정되어 있는 심리적 거리를 무시하는 것은 상대방을 위협하는 의도이거나, 지금까지의 서먹한 관계를 깨고 상대의 친근감을 이끌어내기 위한 것이다. 이러한 거리는 나라와 민족마다 차이가 있으며, 이러한 심리를 잘 알고서 개인의 적정한 공간을 확보하여 침착해 질 수 있도록 하고 충동적 행동이 발생치 않도록 해야 한다. 또한 상대방과의 거리 조절이 대인관계의 설득력을 높이는 좋은 방법으로 활용될 수도 있다.

문화인류학자인 에드워드 홀(Edward T. Hall)은 친밀도에 따른 대인거리를 네 가지로 분류하였다.

1) 친밀한 거리(Lntimate Distance) : 46cm 이하

가족이나 연인처럼 친밀한 유대관계가 전제되어야 한다. 상대방의 표정도 잘 알 수 있으며 냄새, 감각 자극과 신체접촉이 가능한 포옹이나 싸움의 거리이기도 하기 때문이다.

2) 개인적인 거리(Personal Distance) : 46cm~122cm

어느 정도 친밀함이 전제되어야 한다. 일상적인 대화에서 가장 무난하게 사용할 수 있는 거리라는 점에서 볼 때, 격식과 비격식의 경계지점으로 보는 것이 무난하다.

3) 사회적 거리(Social Distance) : 122cm~366cm

사무적 대화가 많이 이루어지며, 대화내용 및 행동에 보다 정중한 격식 및 예의가 요구된다. 이 정도 거리에서 이루어지는 대화는 별다른 제약 없이 제3자의 개입을 허용한다. 따라서 대화 도중에 대화의 참여 및 이탈이 자유로운 편으로 업무처리나 사교에 필요한 거리. 비즈니스 공간이라고도 한다.

4) 공식적 거리(Public Distance) : 366cm~762cm

연설이나 강의와 같은 특수한 경우에 한정된다. 강사의 입장에서는 청중 모두를 한눈에 파악하기 위해 이정도의 거리가 필요하고 청중의 입장에서도 강사에게 무례한 행동을 노출시키지 않으면서 편안히 강의를 들을 수 있는 거리이다.

6. 세계 각국의 사회·문화적 특성[134)]

외국인을 만나거나 외국여행을 할 때는 그 나라의 사회·문화적 특성에 맞게 의식적으로 몸짓 언어의 횟수나 범위를 조절해야 한다.

『문화를 모르면 갈등이 생긴다[135)]』

1) 국가별 몸짓 언어 유형

국가별	유 형
스웨덴, 핀란드, 노르웨이, 덴마크	전통적으로 몸짓언어를 거의 쓰지 않는다
영국, 독일, 네덜란드, 벨리에, 러시아	특정한 경우에 한해 제한적으로 몸짓 사용 – 흥분하거나, 멀어 의사소통이 잘 안 될 때 – 욕하거나 위협할 때
이탈리아, 그리스, 프랑스, 스페인, 지중해권 국가	폭넓은 몸짓 언어 사용 – 대화 도중에 늘 손과 팔을 자주 움직임

134) 차석빈·허윤정(2013). '펼치는 매너 보이는 매너' 참조.

135) 빌 게이츠 악수 논란? 빌 게이츠 마이크로소프트(MS) 공동창업자이자, 〈테레파워〉 회장이 22일 박근혜 대통령을 접견한 자리에서 한손을 주머니에 넣고 악수를 한 모습이 논란이 되고 있다(New Daily 2013.4.23). 빌 리처드슨 전 뉴멕시코 주지사가 1995년 사담 후세인 당시 이라크 대통령과 협상하러 갔다가 다리를 꼬고 앉아 발끝을 후세인의 얼굴 쪽으로 향하게 하는 바람에 후세인이 협상장을 박차고 나간사례, 빌 클린턴 미국 대통령도 2004년 동남아시아 쓰나미 피해 이후 타이를 방문해 어린 아이들의 머리를 쓰다듬었다가 논란을 일으켰다. 머리는 성스러워서 함부로 만지면 안 되는 타이의 습관을 건드렸기 때문이다(아메리칸대학교 다문화연구소의 게리 위버 교수, 한겨레 2013.4.24).

(1) 얼굴을 사용하는 몸짓 언어(고개짓)

국가별	긍정(찬성) 표시	부정(반대) 표시
한국, 아시아, 미국, 유럽 대부분의 국가	고개를 끄덕임	고개를 가로저음
그리스, 터키, 이탈리아	고개를 앞으로 숙임	고개를 뒤로 젖힘
불가리아, 그리스	고개를 목 운동하듯 좌우로 돌림	고개를 뒤로 젖힘
인도	고개를 뒤로 젖힘	

(2) 손을 사용하는 몸짓 언어(Hand Gesture)

『손은 말을 한다』

① 손짓: 사람을 부를 때

대부분의 유럽국가	손바닥을 위로 하고, 부채질 하듯 손가락들을 모아서 까딱거림(이탈리아인에게는 '잘 가시오'의 의미)
이탈리아, 스페인, 그리스, 터키	손바닥을 아래로 향하고, 마치 노를 젓듯이 손이나 팔을 위아래로 움직임

② 작별시 손을 좌우로 흔드는 것

대부분의 유럽국가	대부분의 국가에서 작별인사(bye-bye)의 의미
남부 아시아	'이리와 바'의 의미

③ V 사인(검지와 중지를 V자 모양으로 세우는 사인: 처칠이 개발)

대부분의 유럽국가	손바닥을 바깥쪽으로 향하게 한다
영국	손바닥이 앞을 향하며 승리의 사인, 자기를 향하면 가장 심한 욕
그리스	손바닥이 자신을 향해야 승리 사인, 상대를 향하면 커다란 모욕 (적개심 표시, 욕), 두 손을 다 쓰면 '최대한의 모욕'

④ 링 사인(엄지와 검지를 링처럼 둥글게 말아 쥐고 나머지 손가락들을 세우는 것)

대부분의 유럽국가	긍정, 승인의 의미
한국	돈
미국, 서유럽	OK 사인
프랑스 남부	아무것도 없다는 부정적인 뜻(손가락 모양이 0(제로)을 닮음)
그리스, 터키, 중동, 아프리카 일부	항문이나 여자의 성기
독일, 브라질, 그리스, 러시아	항문, 여자의 성기, 때로는 동성애 상징

⑤ 엄지 치켜세우기

대부분의 국가	최고를 의미하는 긍정적 제스처
호주	무례함, 명백한 거절
그리스	상대에 대한 모욕적 제스처로 받아들임
나이지리아, 중동지역	음란한 신호
독일	숫자 1을 의미
일본	숫자 5를 의미
러시아	'나는 동성애자입니다'라는 의미

⑥ 손으로 머리 옆에 동그라미 그림

– 대부분의 나라는 미쳤다는 뜻이나 네덜란드는 전화 받고 있다는 의미

(3) 몸짓에 따른 국가별 의미[136)]

몸 짓	국가별	의 미
포옹이나 신체접촉	서양	악수와 가벼운 포옹 입맞춤 등이 거의 문제가 되지 않는다
	대부분의 아시아 국가	이성과 동성 사이에서도 악수 이외는 별다른 신체접촉을 하지 않는다
	중동	머리카락이건 손가락이건 여성에게 손을 대는 것은 절대 금물이다
머리에 손대기	서양	어른들끼리도 머리에 곧잘 손을 댐
	동남아	머리에 영혼이 들어 있다고 생각하기 때문에 아이들의 머리를 쓰다듬는 것은 피해야 하며 특히 외부인이 아이의 머리에 손을 대는 것은 부모에게는 최악의 실례가 된다
손깍지 끼기	과테말라와 일부, 중남미 국가	손깍지를 끼는 것은 죽음을 의미하므로 절대 금물이다
집게손가락 구부리기	대부분의 국가	집게손가락으로 사람을 부르는 것은 실례
	유고, 말레이시아	동물을 부를 때 사용
	베트남	하인이나 아랫사람에게만 사용
	호주, 일본	매춘하러 오라는 뜻이 되므로 여성 앞에서는 절대 금기
	일본	외설적 의미

136) 차석빈·허윤정, 2013: 41-43. 한국관광공사와 외교통상부가 함께하는 글로벌 에티켓 실천 캠페인 재구성

윙크	유럽, 미국	내가 단지 농담으로 한 말이니 곧이곧대로 믿지 말라
	인도	모욕적인 것으로 이해
	대만인	매우 무례한 행동으로 여겨짐
	호주	모욕을 주는 것으로 이해 여성에게 윙크를 하는 것은 불량배들이 하는 저속한 행동
	나이지리아	아이들은 방에서 나가라
턱 쓰다듬기	한국	우리는 생각에 잠겼을 때 무심코 턱을 쓰다듬는 경우가 많다.
	프랑스	지루하다는 메시지
	브라질, 파라콰이 등 남미 국가	잘 모르겠다는 의미
	이탈리아	흥미 없다 또는 당장 꺼져 버려 라는 뜻
귀 잡기	인도	후회, 실수에 대한 사고를 의미
	브라질	이해한다, 잘 먹었다는 의미
검지로 코 때리기	영국	비밀을 의미
	이탈리아	우정의 충고라는 의미
손으로 입술 당겨 휘파람 불기	유럽	조롱의 의미
	미국	찬사의 의미
허리에 손 올리기	인도네시아	화가 났다는 의미

2) 국가별 독특한 인사법

유럽	스페인	'브아레스 디아스'하며 서로 끌어안아 한바퀴 돈다
	터키	양손으로 가슴을 비비면서 머리를 숙여 절, 때로는 키스로 인사를 대신
	프랑스	- 악수: 그냥 우리들처럼 가볍게 악수를 하는 것 - 비주(Bisou): 친근감이나 호감 또는 친절함의 표시로 하는 인사 - 서로 상대방의 뺨을 양쪽으로 두 번 대는 것 - 교수와 학생 또는 엄격한 상하의 구분이 있는 인간관계를 제외하고는 대체로 비주가 곧잘 통용되는 인사 방법 - 남녀노소를 막론하고 모든 사람이 누구에게나 할 수 있는 인사

	이탈리아, 스페인, 지중해 연안 국가	주로 양쪽 뺨에 키스를 한다. 하지만 연인 사이가 아니라면 소리만 내고 실제 키스는 하지 않음
	벨기에	평소 악수를 자주하는 편
	러시아	가벼운 키스를 하고 포옹을 주로 함
아시아	중국	'쎄쎄 니하오마'하며 자기의 두팔을 들어서 팔목을 잡고 허리를 굽혀 정중히 인사
	티벳	혀를 내민다. 또는 자신의 귀를 잡아 당시며 상대방을 향해 혀를 길게 내밀어 친밀감을 표현한다
	몽골	서로를 껴안고 내 앞에 있는 상대방의 몸 냄새를 맡는다
	인도네시아	서로 악수를 한 다음 가슴에 손을 얹는다
	태국	합장(와이, Wai)은 두 손을 모으고 팔과 팔꿈치를 몸에 붙인 채 '와이' 라고 말하면서 고개를 숙임 합장한 손이 위로 올라갈수록 공경의 정도가 커짐 생활 최고의 규범이자 존경 또는 고마움의 표시
	인도	– 일반적인 인사로는 손에 입을 대었다 떼면서 '살라모아!' – 아버지가 아이들에게 두 손을 펴서 가슴 높이에서 모으고고개를 다소 숙이며 'Namaste(나마스테, 안녕하세요?)'라고 말하라고 가르침 – 사찰에서 하는 인사법과 유사한 이 행동은 '신께서 당신과 함께 하기를 기원한다' 또는 '감사합니다', '미안합니다'등 다양한 의미를 내포함
중앙아시아	사우디아라비아	악수를 한 후 양쪽 뺨에 키스
	이스라엘	'샬롬 샬롬'하며 서로 상대방의 어깨를 주물러 준다
	중동 국가	오른손으로 가슴과 이마를 순서대로 만진 후 손을 더 높이 바깥쪽을 향해 올리고 머리를 살짝 숙이며 인사를 함과 동시에 'Salaam Alaykum(살람 알라이쿰: 평화가 함께 하기를)'이라고 말한다
	아랍 국가	서로 껴안고 뺨을 비빈다. 또 왼손을 상대방 가슴에 대기도 하는데 상대방도 같은 방법으로 인사를 한다
미국	미국	자기이름을 대면서 악수, 허리를 굽히지 않음 손은 힘 있게 쥐고 흔들며, 손위 사람일 경우 아랫사람의 이깨를 격려의 의미로 두드리기도 함
	미국 하와이	'알로하 알로하'하며 서로 끌어안고 양쪽 볼을 대며 인사한다
	미국 알라스카	'브덴니 음음'하며 두 주먹을 코에 붙여 서로 끝을 비빈다
	아메리카 대륙의 토착민	서부개척시대의 인디언의 인사법으로 손바닥을 들어올리며 '하우(How)라고 인사

남아메리카	콜롬비아, 아르헨티나 등 중남미	서로 껴안고 상대의 등을 문지른다. '아브라조(Abrazo)라는 인사' 얼굴을 좌우로 교차하며 포옹을 하며 입 맞추기도 하며 상대의 등을 여러 번 때린다
	파나마	친한 친구끼리의 가장 일반적인 인사방법은 가볍게 고개를 끄덕이거나 껴안는 것이고 사업상 만날 때에는 보통 악수를 나눈다
	중남미 국가	여성과 악수할 때 손등에 입 맞추는 경우가 적지 않다
아프리카 등	아프리카 마사이족	반가움의 표시로 상대의 얼굴에 침을 뱉는다
	아프리카 동부의 일부 부족	상대의 발에 침을 뱉는 것으로 친근함을 나타낸다
	뉴질랜드 마오리족	코를 비벼대는 인사를 하고 때로는 티벳 사람들처럼 혀를 내밀기고 한다. 마오리 전통 인사법인 '홍이'는 먼저 악수를 하고 손을 잡은 채 '키오라!' 하면서 서로 마주보며 코를 2번 부딪친다. 3번 부딪치면 청혼하자는 의미이므로 주의

3) 국가별 관광지 예절

(1) 네팔

- 사원의 출입은 시계방향으로 들어가고 나와야 한다.
- 힌두사원은 힌두교도만 출입한다.
- 불교사원 내부는 가죽신을 신을 수 없다.
- 우측통행
- 어린이의 머리를 쓰다듬는 것이 금지 된다.
- 왼손으로 밥을 먹거나, 물건을 가리키지 말아야 한다.

(2) 대만

- 거리에서 담배공초를 버리거나 침을 뱉으면 벌금이 부과된다.
- 반공 국시(反共 國是)
- 항구, 해안선, 공항, 교량, 터널, 군사시설 등에서 사진 촬영 피해야 한다.

(3) 말레이시아

- 이슬람 국가
- 집게손가락으로 사람을 가리키지 말아야 한다.
- 이슬람교도와 식사할 때 돼지고기와 주류를 먹지 않는다.
- 사원에 들어 갈 때는 신을 벗고, 긴팔 옷, 스커트 입고 들어 간다.
- 왼손을 부정하게 생각하므로, 악수하거나 물건 받을 때는 오른손을 사용한다.
- 일부다처제가 많으므로 가족관계에 대한 화제는 피한다.
- 머리를 신성하게 여기므로 어린이의 머리를 쓰다듬거나 만지지 않는다.

(4) 싱가포르

- 청결함과 안전함 유지를 위한 법이 엄격하다.
- 공공장소 금연, 거리에서 침을 뱉거나 공공 교통수단에서 음식물 섭취는 벌금이 부과된다.

(5) 인도

- '나마스테' 라고 말하면서 인사한다.
- 결혼을 신성시해서 미혼남녀는 엄격히 관리된다.
- 부모결정에 의한 정략결혼이 많아 인도에서의 이성과의 교제는 조심해야 한다.
- 악수나 선물 주고받을 때 오른손 사용한다.
- 힌두사회에서 쇠고기, 쇠고기통조림 금물, 음주, 도박, 마약, 싸움을 부정시 한다.

- 이슬람교도 돼지고기 먹지 않는다.
- 차량 통행 한국과 반대(좌측통행)
- 사원입구에서 신을 벗는다.
- 찢어진 지폐나 찢어졌던 흔적이 있는 돈의 통용이 안 된다.

⑹ 인도네시아

- 왼손은 부정한 것이므로 악수, 선물 주고받을 때 오른손 사용을 한다.
- 일본에 대한 감정이 좋지 않으므로 외모가 비슷한 오해를 받기 쉽다.
- 85% 이슬람교로 머리에 손을 대서는 안 된다. 악수나 선물 주고받을 때 오른손 사용하고 대화중에 허리에 손을 얹으면 성난 포즈라 여긴다.

⑺ 중국

- 무시하거나 손가락질 하는 행동 삼가 한다.
- 중국교포에는 북한 출신이 많다.
- 만주지역 여행 시 고대역사에 관한 토론이나 주장을 자제한다.

⑻ 태국

- 머리에 손대는 것을 금기하고, 발로 물건 가리키는 것도 삼가 한다.
- 국왕을 모시는 국가로 왕, 왕비 사진을 손가락으로 가리키는 행위 삼가 한다.

4) 장례식, 죽음, 불길함의 의미

중국	괘종시계
프랑스	카네이션
미국	백합

5) 국가별 선물에티켓

중국	– 선물 받기 전에 세 번 정도 거절하는 것이 예의 – 축의금은 짝수 금액 – 부의금은 홀수 금액
독일	– 포장 꽃다발 좋아하지 않음 – 홀수로 선물
브라질, 아르헨티나	– 칼을 선물하는 것은 인간관계의 단절 의미

6) 국가별 교통문화

이집트	'말라시'라는 뜻은 '알라신의 보호로 이정도로 그쳤으니 다행이다'라는 의미를 가짐. 교통사고가 발생하더리도 이 또한 알라신의 뜻이라 굳게 믿는 종교문화가 교통문화에 반영
캐나다	차보다 사람을 우선으로 배려하는 문화 아무데서나 좌회전이 가능 고속도로에서 오토바이를 운전
독일	교통선진국으로 교통규칙 위반 처벌 엄격, 신고정신 투철
스위스	친환경 에코 드라이빙 실천의 교통문화

※ 외국인과 처음 만나서 대화할 때 삼가야 할 다섯 가지 질문137)

처음 만난 상대에게 나이, 결혼, 몸무게, 급여, 종교 등의 사적인 질문을 하거나 지나친 관심을 보이는 것을 피하는 것이 좋다. 개인적인 질문이나 대답하기 곤란한 질문들은 상대방으로 하여금 강한 거부감과 불쾌감을 준다.

1. How old are you ?
2. Are you married ?
3. How much do you weigh ?
4. How much do you get paid ?
5. What's your religion ?

『어느 나라나 인간의 기본적인 감정은 같다.
그러나 감정의 표현도 같을 것이라 단정 짓지 마라』

137) 글로벌 에티켓((재)한국방송위원회, 2014)

Ⅷ 이화방어기제검사로 본 한국인의 문제해결방식

1. 도입 취지

지금까지 경호현장에서 발생하는 경호위해자의 위해 행위를 예견할 수 있도록 만들어진 검사는 없었다. 무엇보다 경호위해요인의 사전 차단·격리, 예방이 목적인 경호현장의 특성으로 볼 때 경호위해자를 예견해서 검사를 한다는 것은 불가능했기 때문이기도 하다. 그러나 정신분석 치료자의 역할에서 가능성을 찾을 수 있고, 1991년 국내에서 독자적으로 개발한 이화방어기제 검사를 대안으로 제시 할 수 있다. 정신분석 치료자의 역할은 '환자 자료의 전체적 표면 이면에 숨은 잠재적이거나, 무의식적인 의미를 이해하려는 것이다' 바꾸어 말하면 치료자 스스로가 환자가 되어 봄으로써 더욱 깊이 환자를 이해 할 수 있다는 것으로 치료자는 자신을 기록하고, 탐색하는 도구로 사용해야 한다는 것이다.

『치료자 스스로가 환자가 되어 보라』

인간은 타인으로부터 위협 당하고, 통제받게 될 것이라는 위험을 느끼게 되면 자아방어기제[138]가 사용된다. 여기서 경호위해요인의 단서도 자기애적·미성숙한 자아방어기제의 연속선에 존재하기 때문이다. '경호원 자신의 자아방어기제 이해가 왜 중요한가'는 경호원 자신의 자아방어기제에 관해 이해한 만큼 경호위해자의 자아방어기제 즉 투사(Projection), 부정(Denial), 왜곡(Distortuon) 등 자기애적 자아방어기제와, 행동화(Acting Out), 수동-공격적 행동(Passive-Aggressive Behavior), 전치(Displacement) 등 미성숙한 자아방어기제를 이해할 수 있으며 경호위해자의 사전 행동에서 일어나는 위해 반응이 무엇인지 예측해 볼 수 있기 때문이다.

이화방어기제검사는 1991년 국내에서 독자적으로 개발된 정신과 영역에서의 최초의 표준검사이다. 연구자[139]들은 우리가 일상적

---

138) 자아방어기제란, 불안을 조정하거나 완화가기 위해서 또는 내적 요구와 환경 요구 간 갈등을 조정하기 위해서 자아가 사용하는 정신내적 과정이다(이근후 외(1991), 이화방어기제검사 실시요강).

139) (개발 당시/1991년 약력)
김재은 박사 : 서울대학교 사범대학, 서울대학교 대학원, 미국 휴스턴 대학원 연구위원, 이화대학 사범대학 교육심리학과 교수
이근후 박사 : 경북대학교 의과대학, 경희대학교 대학원(의학박사), 이화여자대학교 의과대학 교수, 이화대학병원 신경정신과 과장
김정규 박사 : 고려대학교 문학사, 서독Bonn대학교 심리학과(문학석사), 서독Bonn대학교 심리학과(문학박사), 성신여자대학교 교수, 한국심리학회 임상심리전문가
박영숙 박사 : 이화여자대학교 문과대학 사회학과, 이화여자대학교 대학원(문학석사), 고려대학교 문과대학 심리학과(문학박사), 이화여자대학교 의과대학 교수

으로 당면하는 실제적 상황에서 자기를 어떻게 지각하며, 문제 상황을 어떻게 지각하여, 그 문제 상황을 어떻게 대처해 가는지를 우리나라의 속담을 통해서 진단해보려고 하였다. 속담 속에는 전통적으로 오랜 세월동안 전해 내려오고 사용되어왔던 한국인의 문제해결방식, 적응양식 특히 자신을 방어하는 방식이나 장치가 매우 많이 담겨져 있다. 물론 지금까지 일상적으로 사용되는 것도 있으나 지금은 거의 사용되지 않는 속담도 많고 연령층에 따라서 속담을 모르는 계층도 있다. 그래서 속담을 그대로 원용하지 않고 그 속담내용을 현재적 상황으로 다시 번안해서 문제 상황이 설정되어 있다.

상당히 많은 속담 속에 우리의 자아방어기제가 담겨있어서 자신을 방어하는데 어떤 매카니즘을 사용하는지를 진단하기에 적절한 문항의 원천들이 많다.

처음 접근하기가 어려운 학문적 분야임을 감안하여 보다 효율적으로 이해를 돕는 방식으로 우리나라에서 처음으로 제작된 자아방어 진단을 위한 검사이다. 이 검사는 정신과 환자의 병리진단과정에서 자아방어양식이나 적응양식을 진단하는데 사용될 수 있고, 자신도 모르는 잘못 습관화된 자아방어기제를 살펴볼 수 있고, 또한 현실을 억압하거나 왜곡하려고 할 때 작용하는 것으로 사람은 불안을 느끼게 되면 의식적, 무의식적 어떤 형태로든 통제·관리를 하게 되어 있다. 이 통제·관리 또한 자아방어기제라 할 수 있다. 범죄를 은폐하는 과정에서도 적용되며, 위해를 계획하고 경호행사에 참석하는 사람에게 질문을 던지게 되면 이상반응을 하게 되어있다는 것이다. 일반적으로 노출을 억제하려 회피, 부정, 투사, 반동 형성 등의 행동을 하거나 신체화 증상을 보일 수도 있다는 것을 경호원은 염두에 둘 필요가 있고, 미성숙한 자아방어기제가 행동패턴으로 굳어지게 되면서 자신도 모르게 자기성장을 방해하는 장애로 나타날 수 있다는 것을 발견할 수도 있기 때문에 경호원의 임무와 관계되어 있지 않아도 자신의 자아방어기제를 알아 둘 필요가 있다.

20개영역에 걸친 광범위한 영역을 다루게 되어있어서 경호원을 포함 일반인의 적응방식을 진단하는데 활용될 수 있도록 되어 있어 기술적(記述的) 측면과 진단적 측면을 겸용할 수 있다. 또한 이 검사는 기술적 목적과 진단적 목적 이외에도 연구용으로도 널리 활용될 수 있을 것이다. 다른 심리검사나 정신과 영역의 진단검사와의 병용을 통해서 기술 진단의 효율성을 더욱 높일 수 있을 뿐 아니라, 심리학과 정신과 영역의 연구 도구로서도 활용가치가 있다.

이화방어기제검사와 관련된 일체의 실시 요강을 본 책자에 수록할 수 있도록 승낙 해 주신 김재은·이근후·김정규·박영숙 박사님들께 깊은 감사드리며 국위선양에 우뚝서는 경호원으로서 보답드릴 것을 다짐합니다. 자아방어기제 관련 전문용어의 이해는 이화방어기제 검사의 개요에서 자세히 설명되어 있다. 다만 해석의 과정, 검사의 표준화 과정, 검사의 통계적 특징, 규준표는 반드시 전문가의 해석이 필요한 부분으로 필요시 저자 또는 하나의학사에 요청을 하면 안내받을 수 있고, 개인 또는 단체도 본 검사를 받을 수 있는 과정이 마련되어 있다.

끝으로 본 검사가 경호위해자의 위해요인 분석과 경호원의 정신 건강에 널리 유익하게 쓰여질 수 있기를 기대한다.

2. 이화방어기제검사의 개요

자아방어기제(Ego Defense Mechanisms)는 신경증적 증상 형성의 결정적 요인으로 주목된 이래(Freud, 1894), 정신역동적 입장에서 인간의 행동을 이해함에 있어서 주요한 개념으로 받아들여지고 있다(Brenner, 1976). 또한 성격의 갈등론에서도 자아방어기제는 성격을 이해하는데 있어서 주요 개념으로 인식되고 있다(Maddi, 1980), 현재 실험적 방법으로 자아방어기제의 실체에 충분히 접근하였다고 볼 수는 없지만, 일부 실험연구들은 자아방어지제의 실제를 지지해주고 있고 자아방어기제의 본질을 규명해 주고 있다.

이화방어기제검사(EDMT: Ewha Defense Mechanisms Test)는 정신역동론과 성격 갈등론에서 기본 개념으로 제시되고 있는 자아방어기제가 개인의 성격과 정신장애, 적응 및 부적응 행동을 이해함에 있어서 주요한 기본 요소임을 전제로 하면서 개인의 자아방어기제를 객관적으로 평가하고자 한다.

본 검사를 소개하기에 앞서 이화방어기제의 개념 형성과 실험적 연구 결과를 살펴보기로 하겠다.

1) 임상연구와 실험연구 결과

'히스테리의 연구(Studies of Hysteria. Breuer & Freud, 1895)'에서

'망각하고자 하는 소망'으로 '억압(Repression)'을 주목 한 이후, 프로이드(Freud, 1894)는 '신경정신병의 방어(Neuropsychoses of Defence)'에서 '방어(Defence)'라는 용어를 처음으로 사용하였고, '억압, 증상과 불안(Inhibition, Symptoms, and Anxiety. Freud, 1926)'에서 다음과 같이 정의하였다. 자아방어기제란 신경증을 유도하는 갈등 상황에서 자아가 사용하는 모든 방법에 대한 일반적인 명칭이다. 이어서 라이히(Reich, 1933)는 그의 성격연구에서 방어적인 성격 측면을 예시하면서 개인마다 일정한 방식의 방어를 지속적으로 사용하기 때문에 일관된 반응양식이 유지된다고 강조하였다.

그 후 안나 프로이드(Anna Freud, 1936)는 '자아와 방어기제(The Ego and the Mechanims of Defence)'에서 10가지 서로 다른 자아방어기제를 제시하면서 각각의 자아방어기제와 특정한 신경증과의 연관성을 제시하였다. 그리고 자아방어기제를 발달단계별로 분류할 수 있는 가능성을 시사 하였다. 한편 하트만(Hartmann, 1939)은 자아방어기제의 적응적인 측면을 강조하면서 갈등에 연루되지 않는 자아(Conflict-Free Ego)기능으로서의 자아방어기제를 부각시켰다. 페니첼(Fenichel, 1945)은 '신경증의 정신분석이론(The Psychoanalytic Theory of Neurose)'에서 불안, 죄의식, 수치심과 같은 감정에 대한 방어기제들을 하나씩 자세하게 기술하면서 자아방어가 성공적이면 방어과정이 중단되며, 성공적이지 못하면 방어과정이 반복된다고 하였다.

이와 같은 임상 경험을 바탕으로 한 자아방어기제를 실험적으로 입증하려는 시도가 있었다(Bruner & Postman, 1947; Postman, et al., 1948). 부르너(Bruner, 1947)는 단어연상 실험에서 불안이 연관되어 있음을 암시하는 단어들을 감각순간노출기(Tachistocope)에서 피검사자가 지각하는데 시간이 오래 걸리는 현상을 주목하면서, 이를 지각의 억압, 즉 지각의 방어현상으로 해석하였다. 또한 맥진스(McGinnies, 1949)는 사회적 금기단어와 중립단어를 감각순간노출기에 제시하면서 금기단어에 대한 피험자들의 피부전기반응(GSR)이 높음을 지적하고, 이러한 현상은 금기단어에 대한 지각적 억압과 불안 때문이라고 보았다. 그러나 이러한 연구 결과는 무의식적인 지각의 억압 때문이 아니라 의식수준에서 피험자가 금기단어를 말하기를 망설이기 때문이며(Howes & Solomon, 1950), 금기단어와 비금기단어의 사용 빈도의 차이 때문에 초래된 것이라는 비판을 받았다(Thorndike & Lorge, 1944). 후자의 비판은에릭슨(Erikson, 1963)이 단어 사용 빈도가 최극단인 경우를 제외하고는 사용 빈도에 따른 인지의 차이가 없음을 제시함으로써 반박되었다. 전자의 비판 역시 반증되었는데(McCleary & Laxarus(1949)는 무의미철지를 사용하여 불안과 연합된 무의미철자 역시 감각순간노출기 반응시간이 증가한다는 사실을 밝혔다. 또한 코웬(Cowen, 1955)은 피험자가 금기단어를 말하는 대신 갈등단어를 찾아내는데 걸리는 시간, 갈등 그림을 재인하는데 걸리는 시간을 종속변인으로 하여 반응 시간을 측정한 결과, 이러한 조건에서도 지각적 방어가 나타남을 증명하였다. 이와 같은 반증 연구를 통하여 불안 자극에 대해서 지각적인 억압이 일어난다는 부르너(Bruner, 1947)와 맥진스(McCinnies, 1949)의 실험 결과는 그 타당성이 인정될 수 있었다. 그리고 이러한 억압방어를 기억과정에서도 발견할 수 있었다(Zeller, 1950; 1951; Flavell, 1955; Mackinnon & Dukes, 1962; Pen, 1964).

한편 트루악스(Truax, 1957)는 과거 선행연구들을 종합하면서 불안자극에 대해서 지각적 억압뿐만 아니라 또 다른 종류의 지각적 방어, 즉 지각의 예민화 역시 나타난다는 사실을 부각시켜 주었다. 선행연구들 가운데 에릭슨(Erikson)과 그의 동료들은 MMPI(다면적 인성검사)를 사용하여 억압집단과 예민집단을 구별해 본 결과 억압집단은 히스테리성장애와 예민화집단은 강박적 불안과 높은 상관관계가 있음을 발견할 수 있었다(Erikson, 1954; Erikson & Brown, 1956). 또한 라자루스와 에릭슨(Lazarus & Erikson, 1951)은 문장완성검사를 사용하여 억압이 높은 집단과 억압이 낮은 집단으로 구별하고 억압집단은 위협자극에 대해 회상율이 저하되고 재학습 속도가 느린 반면 예민화집단은 위협자극을 더 많이 회상하고 재학습 속도가 빠름을 재확인하였다. 이러한 실험 결과들을 정리해 보면 실험상황에서 유도된 불안 자극이나 갈등 자극에 대해서 지각과 기억과정에서 방어반응이 일어나며, 이러한 방어 반응은 억압(지각과 기억의 둔화)과 예민화(지각과 기억의 강화) 두 가지 형태를 취한다고 말할 수 있다.

한편 자아방어기제의 실재와 본질을 객관적인 심리측정방법으로 규명해 보려는 시도가 있어왔다(Rosenzweig, 1950; Blacky, 1955; Byrne, 1963, Gleser, 1969; Semrad, 1963; Bond, 1983). 그러나 이들 검사는 신뢰도, 타당도, 검증이 빈약하거나 검사의 임상적 가치가 의문시되었다. 그 가운데 글래저(Gleser)의 방어기제검사는 검사의 신뢰도, 타당도가 충분하다는 연구 결과들이 보고되고 있지만, 일부 척도의 유용성 문제가 제기되고 있다(Cramer, 1988). 또한 본드(Bond)의 방어유형 질문지(Defense Style Questionnaire)는 개별적인 방어기제가 아닌 대략적인 방어유형만을 알려준다는 점에서 한계점을 지니고 있다.

이러한 연구 결과들은 아직 신뢰로운 방어기제 검사가 갖추어지지 못하고 있음을 보여주고 있으나 자아방어기제의 본질을 밝히는데 도움을 주고 있다. 특히 주목할 점은 자아방어기제의 성숙단계(Ego Defense Mechanism Hierarchy)에 관한 것이다. 베일런트(Vaillant, 1986)는 자아방어기제의 성숙단계를 검토했던 여러 연구자들(Haan, 1977; Vaillant, 1977; Battista, 1982; Vaillant, 1982; Bond, 1983)의 연구들을 종합하면서 자아방어기제의 성숙 3단계를 제시하였고, 카플란(Kaplan, 1989)은 이를 보완하여 자아방어기제의 성숙 4단계를 제안하였다. 이러한 자아방어기제의 성숙 4단계안은 어느 정도 경험적 연구를 바탕으로 한 타당성 있는 제안이라고 보어지며 아울러 이러한 4단계 안에 포함된 방어기제들이 표준방어기제 분류로서 이용될 수 있을 것으로 사려 된다. 이외에도 주니(Juni, 1983)은 자아방어기제가 상태적인 것인지 특성적인 것인지에 대한 의문을 제기한 후 방어기제 종류에 따라 상태적인 방어기제도 있고 특성적인 방어기제도 있다고 시사하였다.

이러한 연구결과는 자아방어기제가 개인에 따라 일정한 방식으로 유지됨으로써(Vaillant, 1985; 1986) 개인의 성격과 연관될 수 있다는 초기의 임상 연구자들(Abraham, 1925; Arlow, 1949)의 견해를 지지해 주고 있다. 이와 동시에 자아방어는 정신장애의 증상과도 상관관계가 있음을 암시해 주고 있다. 그러나 현재로써는 자아방어기제가 성격 특성과 같이 고정적인 것인지, 아니면 일시적 상태적인 것인지에 대한 결론을 내리기에는 축적된 연구결과가 불충분하므로 계속적인 연구가 요구된다.

지금까지 검토된 자아방어기제에 관한 임상연구, 실험연구, 심리측정연구를 종합해 볼 때 자아방어기제는 불안이나 갈등 상황에서 일어나며, 그 기능은 개인의 적응을 돕기 위한 수단이라고 볼 수 있으며, 자아방어기제는 일종의 성숙단계 별로 분류될 수 있음을 정리해 볼 수 있겠다.

이러한 자아방어기제가 정신 내적인 과정으로서 측정될 수 있는가에 대한 의문이 제기될 수 있다. 본드(Bond, 1983)은 이러한 자아방어기제가 갈등이나 스트레스에 처리하는 개인의 행동으로 나타난다고 판단하여 개인의 의식이나 전의식 수준에서의 행동에 관해 피검사자에게 질문함으로써 방어기제를 측정해 보려고 시도하였고 그러한 시도의 타당성과 임상적인 유용성을 제시하였다. 본드(Bond)의 결과를 근거로 할 때, 질문지법이 개인의 의식수준이나 전의식수준에 떠오를 수 있는 자아방어기제만을 측정한다는 한계는 있겠지만 무의식적인 정신과정의 파생물로 나타나는 의식, 전의식수준의 행동에 관한 질문을 통하여 개인의 자아방어기제를 평가해 보려는 시도는 충분한 타당성이 있다고 사려 된다. 이러한 선행 연구들을 바탕으로 하여 본 검사는 개인의 방어기제를 객관적으로 평가해 보고자 표준화검사를 제작하였다. 선행연구들에서 방어기제의 정의가 아직 확고하게는 확립되지 못한 상태이므로(Bond, 1983), 본 검사에서는 방어기제를 표준화하기 위한 기초 작업으로 방어기제의 개념을 다음과 같이 정의내리고, 이에 따라 검사 문항을 만들었다.

시겔(Siegel, 1969)은 개인이 원하지 않는 충동방출을 억제하고 변형하고 조정하는데 기여하는 사고, 정서, 행동을 방어기제라고 정의하였고, 본드(Bond, 1983)은 방어기제란 내적인 욕구와 외적인 요구를 조정하려는 무의식적인 정신 내적과정 뿐만 아니라 그러한 목적을 지닌 의식적, 무의식적 행동까지도 포함된다고 정의 내렸다. 본 검사에서는 개인이 내적으로나 외적으로 부딪치는 갈등상황에서 이를 해결하기 위한 목적으로 전의식적, 무의식 수준에서 특정한 방식으로 사용하는 개인의 사고, 정서, 행동 및 태도를 자아방어기제라고 정의 내렸다. 그런데 이러한 사고나 정서과정을 직접적으로 측정하는 것이 어렵기 때문에 본 검사에서는 방어기제를 측정하기 위해 어떤 갈등상황에 대해 개인이 어떻게 행동하는지를 질문하는 방법을 택하였다. 그 이유는 특정한 갈등상황에서 취하는 개개인의 행동이 나오기까지에는 그 갈등상황을 해결하기 위한 각자의 고유한 무의식적 방어기제가 작용했다고 볼 수 있기 때문이다.

2) 이화방어기제검사의 개발 배경 및 목적

이화방어기제검사(EDMT: Ewha Defense Mechanisms Test)는 개인의 방어기제들을 평가해 보고자 하는 목적으로 개발된 객관적인 목록식 검사이다. 이 검사를 필요로 했던 배경을 보면 다음과 같다.

(1) 정상적이거나 비정상적인 개인의 행동을 이해하고 보다 건강한 적응방식을 탐색하고 이를 바탕으로 하여 개인의 적응상태를 개선시켜야 할 필요성이 절실한 상담이나 임상장면에서 정상적이거나 비정상적인 개인의 행동방식을 평가해 줄 심리검사가 아직 충분하지 못하다. 특히 보다 쉽게 접할 수 있는 대부분의 심리검사는 외국판 검사의 문항을 기초로 하고 있기 때문에 한국인 특유의 행동방식이 잘 드러나지 않을 가능성이 있다.

(2) 정신장애에 대한 정신역동론적 입장에서 볼 때 자아방어기제는 주요한 진단적 요소로서 개인의 정신역동과 치료과정에 대한 판단에 있어서 이에 대한 평가가 매우 중요하다. 그러나 자아방어기제를 객관적으로 평가해 줄 심리검사는 국내적으로나 국외적으로 절대적으로 부족한 상태에 있다.

(3) 자아방어기제는 앞서 지적된 바와 같이 상담이나 임상장면에서 실질적으로 매우 중요한 진단 항목으로 인정되고 있으나 아직 이에 대한 경험적 연구가 활발하지 못하여 자아방어기제에 대한 보다 충분한 이론 전개가 어려운 상황이다.

(4) 이화방어검사는 예비문항 수집과정에서 속담을 바탕으로 하여 문항을 고안하였다. 이는 가능한 한 검사 문항이 한국인의 근원적인 행동과 사고, 감정을 표현할 수 있도록 하기 위함이었다. 이러한 검사 제작 결과 한국인의 독특한 사고, 감정, 행동을 평가할 수 있는 검사가 만들어진다면 이러한 검사가 한국인의 특유의 심리적 특성을 발견하는 도구로 사

용될 수 있을 것이다.

본 검사를 통하여 평가해 보고자 하는 자아방어기제 내용을 세부적으로 검토해 보면 다음과 같다.

(1) 내적 갈등이나 외적상황의 다양성에도 불구하고 개인이 비교적 지속적으로 사용하고 있는 주요방어기제(Major Defense Mechanisms)들을 측정해 보려고 한다.
(2) 본 검사를 통하여 측정된 개인의 주요 방어기제들이 전체적으로 어떤 성질을 띠고 있는지를 검토함으로써 개인의 일관된 적응행동의 특징을 규명해 보고 이러한 적응행동이 개인의 정신건강에 어떤 영향을 미칠 수 있는지를 예견해 보려고 한다.
(3) 정신과 환자에게 본 검사를 사용할 경우, 개개 환자의 특징적인 정신장애적 표현양상을 밝히고, 개개 환자가 사용하고 있는 부적응적 행동방식을 이해함으로써, 치료적인 방안을 모색하는데 도움을 주고자 한다.
(4) 또한 증상적인 행동이 완화된 다음 재검사를 통하여 부적응적이고 퇴행적인 방어기제와 원래의 방어기제를 비교함으로써 장기적인 정신건강 회복을 위한 접근방안을 모색하는데 도움을 주고자 한다.
(5) 정신과 환자가 사용하는 부적응적 자아방어기제의 진단을 통하여 치료과정에 영향을 미칠 저항과 방어적 작용을 예견

하고 검토해 봄으로써 치료과정을 개선시킬 수 있을 것이다.

(6) 본 검사는 자아방어기제 연구를 통하여 현재 제기되고 있는 자아방어기제와 관련된 여러 의문점들을 해결하고 자아방어기제의 실체에 보다 접근할 수 있도록 함으로써 궁극적으로는 정신건강의 예방, 치료, 재활영역에 유용한 지식과 접근방안을 제시하고자 한다.

3) 이화방어기제검사의 구성과 특징

이화방어기제검사는 질문지형 검사로써 20개 방어기제 척도가 있고 각 척도마다 10개 문항, 전체 200개 문항으로 구성되어 있다.

본 검사의 20개 척도는 다음과 같다.

허세척도(Show-off Scale)	예견척도(Anticipation Scale)
반동형성척도(Reaction formation Scale)	합리화척도(Rationalization Scale)
동일시척도(Identification Scale)	해리척도(Dissociation Scale)
수동–공격적척도(Passive-aggressive Scale)	신체화척도(Somatization Scale)
투사척도(Projective Scale)	승화척도(Sublimation Scale)
전치척도(Displacement Scale)	행동화척도(Acting out Scale)
부정척도(Denial Scale)	이타주의척도(Altruism Scale)
통제척도(Controlling Scale)	퇴행척도(Reggression Scale)
억제척도(Suppression Scale)	유우머척도(Humor Scale)
왜곡척도(Distortion Scale)	회피척도(Avoidance Scale)

본 검사는 우리나라 전래의 속담을 기초로 하여 제작되었다는 특징을 지니고 있다. 속담을 문항 제작의 기초로 삼은 이유는 전래의 속담은 오랜 세월동안 민중의 생활 속에서 발생하고 구전되어 오면서 한국인의 특성과 정신을 담고 있으므로(송재선, 1983) 한국인의 적응행동과 방어행동을 평가하는 내용으로 적합할 것이라고 여겨졌기 때문이었다.

본 검사의 다른 특징은 속담 내용을 기초로 하였으나 속담을 일상적인 평이한 말로 바꾸고 가능한 한 문항이 구체적인 행동을 나타냄으로써 일반인들이 보다 쉽게 질문에 응답할 수 있도록 만들었다는 점이다. 이에 따라 문항의 의미가 분명하고 구체적인 행동을 나타내고 이해하기 쉬운 내용으로 꾸미고자 노력하였다.

본 검사의 또 다른 특징은 검사 문항에 대한 피검사자의 응답을 통하여 방어기제를 평가하는 질문지형 검사라는 점이다. 질문지형 검사의 가장 중요한 단점은 자칫하면 검사결과와 피검사자의 실제 행동이 다를 수 있다는 것이다. 다시 말하면 검사결과가 개인의 일상 행동과 일치되지 않아서 개인을 이해하는데 검사결과가 도움 되지 않을 수 있다는 것이다. 이에 따라 본 검사는 이런 단점을 극복하기 위하여 문항내용이 가치중립적이 되도록 만듦으로써 문항의 사회 바람직성(Social Desirability)이 경감될 수 있게 하였다. 그리고 피검사자 자신의 방어기제에 속하지만 이를 직접적으로 표현했을 때 받아들이기 곤란한 행동 특징들의 경우에는 제 삼자의 행동 특징인 것처럼 표현하거나 객관적인 사리판단인 것처럼 표현함으로써 우회적으로 피검사자의 방어기제를 파악하는 소위 '투사적 기법'을 함께 병용했다.

보 기
①전혀 아니다 ②아니다 ③중간이다 ④그렇다 ⑤아주 그렇다

4) 이화방어기제 검사의 척도 내용

(1) 허세척도(Show-off: Show-off Scale)

속담에 나타난 한국인의 자아방어기제를 분석한 결과 허세는 한국인 특유의 적응방식으로 제시되었다(이근후 등, 1990). 이에 따라 기존의 자아방어기제 분류에는 허세가 포함되어 있지 않지만 본 검사에서는 허세가 한국인 특유의 방어기제라고 인정하여서 허세척도 문항을 새롭게 고안하여 자아방어기제 척도로써 제시하고 있다.

허세를 나타내는 속담내용을 보면, 남 앞에서나 겉으로 과시하는 행동이나 태도에 관한 것이다. 예를 들면 부자인 체, 유식한 체, 잘난 체 행동하면서 실제의 자신보다 더 우월한 자아상을 겉으로 표현한다는 것이다. 또한 실속보다 겉치레, 외양을 중요하게 여긴다는 내용이 있다.

본 검사의 문항들을 실속보다도 겉꾸밈을 보다 중요하게 여기고 분수에 넘치더라도 기왕이면 최고급의 의식주를 추구하며, 자신의 능력에 비해 허세를 부리는 것이 필요하다는 내용으로 구성되어 있다.

스텐점수가 8점 이상으로 나타나는 개인은 허세행동이 강한 수준에 있다고 해석될 수 있다. 이러한 개인은 위에서 지적된 허세행동을 보다 강하게 나타낼 것이며, 화려한 외양이나 겉으로 드러나는 형식에 치중하는 반면, 실속이나 내용을 보다 중요하게 여기는 행동이나 태도를 취할 것이다. 즉 자신의 능력에 비해서 과분한 행동 목표를 결정하고 이를 과시하고 특히 자신의 행동이 타인에게 어떻게 평가받을지에 대해 상당히 민감한 타인지향적 성향을 지니고 있을 것이다.

낮은 점수의 해석에 대해서는 앞으로 언급할 19개 척도에 대해서도 동일하게 적용되는 점으로써 다음의 사항을 주의해서 해석해야 한다. 즉 본 검사는 원래 높은 점수(스텐점수로 8점이상)에 대해서만 주 관심을 두고 제작되었으나 특정한 척도에 대해서는 낮은 점수(스텐점수 3점 이하)도 임상적으로 유의미한 해석이 요구된다. 한편 척도들의 낮은 점수의 해석에 대해서는 연구가 아직 부족한 실정이므로 이 요강에서는 특히 문제가 될 만한 척도에 대해서만 낮은 점수의 의미를 따라 첨가할 것이다.

(2) 반동형성척도(Reaction Formation: Reac Scale)

반동형성의 방어기제는 용납될 수 없는 충동을 억압하고 그러한 충동과는 반대되는 감정이나 행동을 겉으로 표현하도록 만든다. 반동형성에 의해 나타나는 감정표현이나 행동은 매우 과장되어 있고 상황에 어울리지 않고 부자연스럽다는 점이 특징적이다. 그 예로서는 적개심이 겉으로는 지나치게 복종적이거나 상냥하거나 정중한 태도로 표현되는 경우를 들 수 있겠다.

속담에는 겉과 속이 다르게, 겉으로는 웃는 낯을 보이고, 순결하고 자비스럽고 욕심이 없는 태도를 나타낸다는 내용이 있었다.

본 검사의 문항들은 다음과 같은 내용들로 구성되어 있다.

- 배척이나 혐오, 적개심의 부정적 감정을 관심이나 상냥함, 애정 등의 호의적인 감정으로 표현하는 경우
- 이와 반대로 긍정적인 감정을 부정적인 태도로서 감추는 경우
- 내적인 열등감이나 우월감을 겉으로는 반대로 나타내는 경우
- 성에 대한 관심을 무관심으로 위장하는 경우 등을 포함하고 있다.

스텐점수가 8점 이상으로 나타나는 개인은 반동형성기제를 강하게 사용한다고 볼 수 있겠다. 다시 말하면, 상냥함이나 호의적인 애정표현을 겉으로 하거나, 반대로 부정적 적대적인 표현을 하거나, 성적으로 지나치게 순결하게 보이려고 하거나 자기 비하나 자기 과시를 하는데, 이러한 행동들이 지나치게 과장되고 상황에 부적절한 경향이 있을 것이다. 스텐점수가 10점 이상으로 높은 경우는 이와 같은 방어기제가 장기적으로 사용되어 성격으로 고착되어 있는지, 또는 강박적인 신경증적 증상이 있는지를 검토해 볼 수 있다.

(3) 동일시척도(Identification: Iden Scale)

동일시는 방어기제에 속하느냐의 논란이 있고 동일시, 합입(Incorporation), 내사화(Introjection)라는 개념이 서로 중복되어 사용되고 있다. 브레너(Brenner, 1973)는 동일시, 내사화, 합입을 동의어로 사용한 반면 페렌찌(Ferenzi, 1912), 아브라함(Abraham, 1925)은 내사화를 주로 사용하면서 동일시와 내사화 개념을 구별

하고 있다. 하트먼(Hartman, 1939), 세이퍼(Schafer, 1968), 실버만(Silverman, 1986)은 내사화와 동일시를 구별하면서 동일시는 보다 선택적인 것이고, 내사화에 비해 에디푸스기 이후의 자아의 기본틀이 유지되는 상태에서 대상과의 동일시가 일어난다고 하였다.

동일시가 방어기제로 사용되는 경우를 보면 다음과 같다.

- 존경하는 대상의 힘을 내면화하기 위해 그 대상의 특징, 행동, 가치관을 모방하고
- 대상과의 이별상황에서 대상을 내면화함으로써 이별의 현실을 방어하고
- 공격자와의 동일시를 통하여 공격적 정서가 자신의 통제 하에 있도록 함으로써 두려움을 방어할 수 있게 된다. 속담에서는 타인의 행동을 따라한다, 주위 인물의 행동을 배운다, 동류의 공감을 한다, 권위자와 동일시를 한다는 내용이 있었다.

본 검사의 척도로는 남의 행동을 모방하거나 따라서 한다, 존경하는 인물의 행동을 모방한다, 대상이 마치 나의 분신인 것 같은 일체감을 느낀다는 내용으로 구성되어 있다.

스텐점수가 8점 이상인 경우, 동일시 방어기제가 높다고 볼 수 있다. 이러한 개인은 동일 방어기제를 통하여 대상관계에서 느껴지는 갈등이나 불안을 방어하는 경향성이 강하며, 이러한 방어기제를 사용함으로써 대상의 행동에 따라 강하게 영향을 받고 대상과의 관계가 보다 밀착되어 있을 것이다. 기본적으로는 의존적이고 수동

적인 성향을 지니고 있을 가능성이 있다.

스텐점수가 10점인 경우, 의존적 인격장애(Dependent — Personality Disorder) 또는 경계선 인격장애(Borderline Personality Disorder)를 검토해 볼 수 있다.

스텐점수가 3점 이하로 낮은 경우, 동일시를 통한 대상관계 형성이 매우 낮은 상태로서 외부 현실로부터 철수되어 있는 상태를 의심해 볼 수 있다.

(4) 수동–공격적 행동척도(Passive-aggressive Behavior: Pass—Scale)

다른 사람에 대한 공격적인 감정을 직접적으로 표현하지 않고 간접적으로 수동적 저항을 표현함으로써 공격적인 감정을 처리한다. 이러한 행동으로는 실수, 꾸물거리는 행동, 저항적인 묵묵부답이 포함될 수 있다. 이러한 행동은 어느 시기까지는 개인 자신보다 상대방에게 자극을 주게 되지만 나중에는 개인 자신에게 해롭고 파괴적인 결과를 초래하게 된다.

속담에서는 주로 심술궂은 행동을 뒷전에서 하거나 상대방에게 어긋나는 행동을 한다는 내용으로 나타났다.

본 검사 척도 내용은 상대방에게 화가 날 경우 직접 화를 내는 대신, 뒷전에서 일을 훼방 놓거나 골탕 먹이는 심술궂은 행동을 하거나, 소극적으로 저항하거나 고집을 세우고, 비협조적인 태도를 취하거나 묵묵부답으로 침묵하고 늑장을 부리는 행동 등을 포함하고 있다.

스텐점수가 8점 이상인 경우 수동–공격적 방어기제가 높다고 볼 수 있다. 이러한 개인들은 직장에서나 가정에서 상대방에게 화가 나는 경우 직접적으로 분노의 감정을 표현하는 대신 간접적으로 상대방을 곤경에 빠뜨리는 행동을 취하게 된다. 이러한 행동이 지속될 경우, 의도적으로 비능률적인 태도를 취하고 고집을 세우거나 빈둥거리거나 꾸물거리는 태도를 취할 것이다. 이러한 방어기제는 약속이나 지시를 쉽게 잊어버리는 행동에서도 나타날 수 있다. 장기적으로 이런 수동–공격적 행동은 개인에게 불리한 결과를 초래하게 되겠지만, 당장에는 이런 행동은 상대방으로 하여금 분노감을 느끼고 좌절감을 느끼게 함으로써 단기적으로는 개인의 공격적인 정서를 간접적으로 충족시켜 줄 것이다. 스텐점수가 10점인 경우 수동–공격적 인격장애가 검토될 수 있다.

(5) 투사척도(Projection: Proj Scale)

인정하고 싶지 않은 개인감정이나 소망, 태도, 성격 특징이 자신에게 속한 것이 아닌, 다른 사람에게 속한 것이라고 지각하게 된다. 즉 자신의 감정이나 소망이 견디기 어려운 고통스런 감정을 불러일으키는 경우 이러한 감정이나 소망이 자아 밖에 존재하는 것으로 생각한다. 따라서 비난하거나 경멸할만한 특징을 정작 개인 자신이 소유하고 있음을 깨닫지 못하게 된다. 이러한 투사기제를 사용하는 경우, 다른 사람의 무의식에 지나치게 민감하게 되고 편견, 부당한 의심이나 경계, 오해 그리고 남에게로의 책임전가, 현실왜곡이 나타나게 된다. 이와 같이 투사는 정신증적 상태에서 특히 망상증후군에서 발견되며 또한 정상상태에서도 널리 사용되는 기제이다.

속담에서도 주로 남의 탓을 하는 책임전가, 개인 자신이 동일한 결점을 지니고 있음에도 불구하고 남의 흉을 보는 투사적 지각의 내용이 있었다.

본 검사의 투사척도는 타인의 반응이나 비난에 대한 지나친 관심이나 염려감, 개인 자신의 불행의 원인이 전적으로 타인의 잘못 탓이라는 책임전가, 타인에 대한 이유없는 혐오 및 마음에 거슬림, 편견, 지나친 의심이나 경계, 망상적인 경향성의 내용으로 구성되어 있다.

스텐점수가 8점 이상일 때 투사방어기제가 높다고 볼 수 있다. 이런 경우는 투사방어기제 사용으로 인해 자신에 대한 통찰력이나 내성적인 태도보다는 우선 먼저 타인의 잘못이나 타인의 행동을 문제의 결정요인이라고 비난하는 경향성이 높을 것이다. 대인관계 내에서 상대방의 태도를 매우 민감하게 지각하고 상대방의 행동을 오해하거나 왜곡 판단하는 경향성이 높을 것이다. 또한 개인이 용납할 수 없는 자신의 성격이나 행동을 타인의 성격이나 행동 가운데서 예민하게 지각하고 이에 대한 불쾌한 감정을 느끼게 될 것이다.

스텐점수 10점이면 망상적 성격(Paranoid Personality)이나 정신증적인 망상증이 있는지 검토해 볼 수 있다.

(6) 전치척도(Displacement: Disp Scale)

원래의 대상에게 느끼는 감정을 그 대상과 유사점이 있는,

그러나 보다 덜 중요하고 덜 위협적인 다른 대상에게로 옮긴다. 이때 원래의 대상에게 느끼는 감정이나 욕구의 성질이 변화되지 않은 채 대리 대상에게로 옮겨진다. 이와 같이 원래의 대상 대신 대리 대상에게로 감정이 옮겨지고 있다는 사실을 개인이 자각할 수도 있고 자각하지 못할 수도 있다. 특히 분노감이나 성적 욕구가 대리 대상에게 전치되기 쉽다. 전치의 특수한 경우로서 감정의 지연반응이 일어나는데 이런 경우는 원래의 상황에서 느꼈던 분노나 슬픔 이에 동반되는 두려움, 수치감, 죄의식이 시간이 지연된 다음에야 다른 상황에서 느껴지게 된다. 정신치료의 전이, 공포증과 강박증도 전치의 결과로 나타난다.

속담에서는 분노를 느끼는 대상이나 상황에 대해 분노감을 직접 표현하지 못하고 원래의 대상이나 상황보다 덜 위협적이거나 보다 약한 대상이나 상황에게 분노감을 전이시키는 내용이 나타나 있다.

본 검사의 전치척도는 다음과 같다.

- 원래의 대상이나 상황에 대한 분노 감정을 다른 대상이나 상황에게로 전이
- 원래의 대상에게로 향하는 애정을 대리 대상이나 사물에게로 전이
- 감정반응의 지연
- 개인 자신에게로 향하는 감정을 다른 사람에게로 전이
- 공포증상, 강박증상의 내용으로 구성되어 있다.

스텐점수가 8점 이상인 경우, 전치방어기제 사용이 높다고 해석할 수 있다. 이러한 경우는 어떤 대상이나 상황에 대해서 느끼는 분노나 애정 또는 공포나 불안 등의 감정을 원래의 대상이나 상황에 대해 표현하지 못하고 대상을 바꾸거나 시간이 지난 후 다른 상황에서 그러한 감정을 표출하게 되므로 상황에 적절치 못한 감정 방출을 하게 될 것이다. 이와 같이 상황에 적합하지 못한 감정 발산은 부적응적 결과를 초래하고 개인을 좌절에 빠뜨릴 수 있다.

스텐점수가 10점일 경우, 전치방어기제를 지나치게 사용한 결과 강박증, 공포증과 같은 신경증적 증상이 나타날 가능성을 검토해 볼 수 있다. 또한 매우 극단적인 경우에는 정신증적인 판단력 장애를 의심해 볼 수 있고 따라서 정신증 여부를 검토해 볼 필요가 있다.

(7) 부정척도(Denial: Deni Scale)

이 방어기제는 현실의 고통스런 측면을 인정하는 것을 회피하고자 사용된다. 억압(Repression)과 다르게 이 기제는 외부현실의 지각과정에 영향을 미친다. 사건 자체에 대한 그리고 사건이나 경험과 관련된 감정에 대한 부정이 있다. 보고 들은 것을 인정하기를 거부하거나 경험을 부인하는 것이 부정의 한 예이다. 정상이나 정신증적 상태에서 사용될 수 있는데 자아발달에 따라 현실 판단력이 강화되면서 정상 성인의 경우는 아동과 다르게 부정을 사용하는 경향성이 줄게 되고, 부정을 사용하더라도 고통스런 현실을 자각하는 동시에 일시적으로 그리고 중요하지 않은 정도에서 부정을 사용한다. 신경증적 상태에서는 현실을 지각하고는 있으나 마치 그런 현실이 존재하지 않는 것처럼 행동한다.

속담에서는 현실에 대한 반의식적인 지각 회피, 고통스런 과거나 개인의 고통스런 현실에 대한 무의식적, 의식적 부정이 표현되고 있다.

본 검사의 척도로서는 질병이나 실패, 불행한 사건을 현실로 인정하지 않으려는 내용과 개인의 부정적인 현실 측면을 인정하지 않으려는 내용으로 이루어지고 있다.

스텐점수 8점 이상인 경우, 불쾌한 현실을 인정하지 않으려는 방어 경향성이 강하고, 불쾌한 현실 대신 공상을 통하여 기분 좋은 현실을 일시적으로나마 대체시켜 보려고 시도할 것이다. 따라서 현실로부터의 도피 경향성이 강하고 현실과 직면하면서 문제를 해결하려는 경향성은 낮을 것이다. 이로 인하여 문제해결 능력이나 통찰력은 낮은 대신, 정서적으로는 상당한 안정상태에 있을 수 있다.

스텐점수가 10점과 같이 매우 높은 경우는 신경증적 상태를 넘어선 정신증적 상태, 망상을 검토함으로써 현실검증력 장애 여부에 유의하여야 할 것이다.

(8) 통제척도(Controlling: Cont Scale)

개인이 자신의 불안을 줄이고 내적 갈등을 해결하기 위한 수단으로 주변 환경에 있는 대상이나 사건을 조정하고 이용하려는 과도한 시도를 한다. 예를 들면 부모가 자신의 개인적 성취에 대한 갈등이 있을 경우, 자신이 원하는 방향으로 자녀를 조정함으로써 자신의 갈등을 완화하고 대리 성취하려는 경우가 있다. 속담의 내용으로는 남의 일에 개입하여 조정하려 한다는 것이다.

본 검사의 통제척도 내용은 주변 일에 대한 지나친 간섭과 개입, 다른 사람들에 대한 행동 조정이나 선도 등이 있다.

스텐점수 8점 이상인 경우는 주변 사람들과의 관계에서 자기주장이 강하고, 주도권을 행사하면서 자신의 뜻대로 주변 사람들을 조정하는 경향성이 강할 것이다. 더 나아가서는 타인을 간섭하는 경향성도 강할 것이다. 이러한 개인들은 대인관계에서 능동적이고 솔선수범하는 측면이 있는 반면, 타인에게 지시적이고 자신의 뜻대로 타인을 조정하고 상황을 유도하려는 측면이 있기 때문에 주변 사람들에게 긍정적이거나 부정적인 영향력을 보다 강하게 행사하게 될 것이다. 또한, 타인의 지시나 강요에는 강하게 저항하고 반발하고 집단을 자신이 원하는 방향으로 몰고 가려는 직·간접적인 행동을 취하게 될 것이다. 스텐점수가 3점 이하일 경우, 지나치게 소극적이고 무조건적으로 타인에게 순응하고 수용적일 가능성이 검토될 필요가 있겠다.

(9) 억제척도(Suppression: Supp Scale)

현재 어떤 갈등이나 욕구가 적절하게 다루어질 수 없는 상황일 경우, 이러한 감정이 적절하게 다루어질 때까지 일단 이에 대한 관심을 보류하고 문제해결을 지연시킨다. 이는 의식적이거나 반의식적인 결정으로써 회피나 뚜렷한 동기 없는 나태한 태도와는 구별된다. 예를 들면 보다 긴급하게 해결해야 할 문제가 있을 때, 그 외의 감정이나 행동을 일단 보류시키고 긴급한 문제를 해결하고 난 다음 적절한 시기가 오면 억제하고 있던 갈등이나 욕구를 다룬다. 이러한 과정에서는 갈등을 감수하면서 행동이나 감정을 보류시킨다.

속담에서는 보다 큰 목표를 위해 또는 미래의 문제해결을 위해서 인내하면서 기다리는 태도를 주로 언급하고 있다. 즉, 상황을 관망하면서 대기하는 자세가 언급되고 있다.

본 검사의 척도 내용은 인내하는 태도, 즉각적인 행동으로 대처하지 않고 적절한 기회가 올 때까지 관망하면서 대기하는 태도를 중심으로 꾸며져 있다.

스텐점수 8점 이상인 경우, 문제 상황에 대해 즉각 대처하고 직접 해결하려는 태도보다는 상황판단을 보류하거나 문제해결을 지연하면서 적절한 기회를 기다리는 태도가 강할 것이다. 따라서 이러한 억제는 의식적인 결정이고 보다 장기적으로 문제해결을 기대하면서 관망하는 태도라는 의미에서는 보다 능동적인 대처일 수 있으나 한편으로는 현실을 소극적으로 대응하고 때로는 적절한 문제해결의 가능성을 놓치는 결과를 초래할 수도 있을 것이다.

특히, 스텐점수가 10점일 경우, 이러한 태도가 매우 강하여 현실 회피적인 자세를 취하게 될 것이다. 그러므로 스텐점수가 매우 높은 경우는 실제로 이와 같은 현실 회피적 행동이나 태도가 부정적인 결과를 초래할 가능성도 유의해야 할 것이다. 스텐점수가 3점 이하인 경우는 어느 정도 의식수준에서 갈등이나 문제를 견디면서 관망하는 경향성이 매우 낮은 상태를 의미할 수 있다. 예를 들면 지나친 충동성이나 퇴행 가능성을 검토해 보아야 할 것이다.

(10) 왜곡척도(Distortion: Dist Scale)

왜곡 방어기제를 사용하는 경우, 내적인 욕구를 충족시키기 위해 외부 현실을 왜곡시킨다. 예를 들면 환각, 망상 특히 과대망상적 신념, 우월감과 연관되는 망상이 여기에 속한다. 왜곡은 종교적 신념에서와 같이 매우 적응적일 수 있다. 속담내용은 개인의 감정에 따른 지각의 왜곡 특히 가족에 대한 지나치게 감정적인 지각 그리고 자기비하적이고 과대평가적인 타인 지각과 연관되는 것이었다.

본 척도에서는 다른 척도와는 다르게 속담내용 보다는 원래의 방어기제의 의미에 따라서 문항을 구성하였다. 즉, 과대망상적인 자아지각의 왜곡, 가족에 대한 지각의 왜곡(지나치게 긍정적으로 지각하는 경향성)의 내용으로 문항을 구성하였다.

스텐점수가 8점 이상인 경우, 자아이미지를 과장되게 긍정적으로 지각하는 경향성이 있다고 볼 수 있다. 과장된 자아이미지로 자아방어를 하는 경우 애인관계에서 자아이미지를 긍정적으로 전달함으로써 자아에게 유리하고 적응에 도움이 되는 결과를 가져올 수 있다. 따라서 왜곡 방어기제는 일반적으로 자아도취적이고 현실왜곡을 초래하는 것으로 인식되고 있지만 긍정적으로도 작용할 가능성도 검토되어야 한다. 스텐점수가 10점인 경우는 정신분열증이나 심한 현실 판단의 왜곡 여부를 검토할 필요가 있을 것이다.

(11) 예견척도(Anticipation: Anti Scale)

미래의 내적 불편함에 대해 현실적인 예견을 하고 계획을 세우는 방식이다. 다시 말하면, 실제적이거나 잠재적인 걱정스런 결과를 미리 생각해 보고 감정적 반응을 예견해 봄으로써 현실적인 여러 대안책들을 탐색해 본다.

속담 내용으로는 상황을 예견해 보고 미리 문제해결이나 성취를 위한 준비나 대비를 단단히 한다는 내용으로 매사에 지나칠 만큼 조심스럽게 대처한다는 내용이다.

본 검사의 척도는 다음과 같다.

– 미리 상황을 예견하고

– 매사 만반의 준비를 갖추고

– 장래에 대해 계획성 있게 대처한다는 내용으로 구성되어 있다.

스텐점수 8점 이상인 경우, 일상생활에서 신중한 판단을 내린 다음 일을 처리해 나가고 매사에 조심스럽게 대처하고 미리 예견해 보는 경향성이 강할 것이다. 이에 따라 매우 신중하고 합리적인 판단에 따라 결정을 내리고 이러한 결정을 바탕으로 하여 충동적인 결정에 따른 실수를 범하지 않게 될 것이다. 그러나 한편으로는 행동이 억제되는 경향성이 있고 지나치게 조심스런 태도 때문에 쉽게 현실에 접근하지 못하고 현실을 소극적으로 대응하고 회피해 가는 결과를 초래할 수도 있을 것이다. 그러므로 스텐점수가 8점 이상인 경우는 현실 회피적인 결과가 초래되고 있는지의 여부를 검토해 볼 필요가 있을 것이다. 스텐점수가 10점일 경우는 강박적인 성격이나 강박신경증을 유의해 볼 수 있다. 스텐점수가 3점 이하이면 미리 상황을 예상하고 대비하는 보다 신중한 대처행동이 매우 낮은 경우를 생각해 볼 수 있다. 따라서 사려성이 매우 낮거나 신중한 대비행동이 매우 낮은 경우, 또는 지나치게 경솔하고 충동적 무계획적인 경우도 검토해 볼 필요가 있다.

(12) 합리화척도(Rationalization: Rati Scale)

합리화기제는 용납하기 어려운 개인 자신의 태도, 신념, 또는 행동을 정당화하기 위한 노력으로써 합리적인 설명을 제공하는 방식이다. 실제로는 행동이 그런 정당한 동기에 의해서만 결정되는 것은 아니고 여러 동기에 의해 결정될 수 있는데 그 가운데서 용납될 수 있는 동기만을 선택하여 개인 자신의 행동이나 태도가 정당한 것인 냥 나타내고자 한다. 이런 방식에 의해 개인의 행동결정에 보다 큰 영향을 미칠 수 있는 자기중심적인 동기는 감추어지고 합리적이고 정당화 될 수 있는 동기만이 노출되고 의식화된다. 이에 따라 개인의 행동이나 태도가 정당한 것인 냥 느껴지게 된다. 속담에는 개인의 동기를 합리화하거나 변명하는 내용이 주를 이루었다. 본 검사의 척도에서는 여러 상황에서 개인이 자신의 행동을 정당화하거나 합리화하는 내용으로 이루어지고 있다.

스텐점수가 8점 이상인 경우, 합리화 방어기제 사용이 강한 편이라고 볼 수 있다. 이러한 개인은 자신의 행동을 정당화하고 합리화함으로써 상당한 정서적인 안정감을 얻게 될 것이다. 그러나 그 대신에 자신의 행동에 대해 깊은 통찰력이나 이를 바탕으로 한 행동의 변화를 갖기는 어려울 것이다. 합리화 방어기제는 이러한 부정적인 측면이 있음으로써 진정한 자아 모습을 직면하지 못하고 이를 회피한다는 대가를 치루지만 방어기제로서의 효과는 상당하기 때문에 스텐점수 10점으로 매우 강한 합리화 방어기제를 사용하는 개인은 심리적인 갈등을 거의 느끼지 않을 가능성이 높다.

(13) 해리척도(Dissociation: Diss Scale)

감정적인 고통을 피하기 위하여 개인의 인격이나 자아정체감은 일시적이지만 극적인 의식(Consciousness)의 변형이 일어난다. 다시 말하면, 감정적인 고통을 주는 인격 부분이 해리에 의해 제거되고 개인의 통제를 벗어나 정상적인 의식과 분리되어 독립적인 인격으로 기능한다. 여기에는 대부분의 히스테리성 전환반응, 개인의 행동이나 감정을 일시적으로 지각하지 못하는 경우들이 포함된다. 속담에서는 일시적으로 정신이 멍해지거나 의식이 흐려지고 정신없이 어떤 행동을 하게 된다는 내용이 나타나고 있다. 본 검사의 척도는 스트레스를 받거나 감정적인 어려움이 있을 때 정신이 멍청해지거나 개인 자신이 다른 사람인냥 느껴지거나 자신이 어떤 행동을 하고 있는지 지각하지 못하는 경우가 있다는 내용으로 구성되어 있다.

스텐점수 8점 이상인 경우, 해리 방어기제가 강한 편이라고 볼 수 있다. 해리 방어기제를 사용하는 경우, 개인이 통제력을 벗어나서 억압되어 있던 감정이나 인격의 일부 요소가 일시적인 행동화 과정을 통하여 밖으로 표출된다고 볼 수 있다. 스텐점수 10점과 같이 심한 해리 방어기제를 사용하는 경우는 히스테리성 인격의 경향성 또는 히스테리성 인격장애, 해리성장애 여부를 검토해 볼 필요가 있다.

(14) 신체화척도(Somatization: Soma Scale)

이 기제는 심리적인 갈등이 신체적인 증상으로 전환됨으로써 신체적인 반응을 보이는 경우와 연관된다. 이러한 경향성이 있는 개인은 해결하기 어려운 갈등에 처하면 반복하여 신체적인 증상을 나타내면서 심리적인 갈등은 회피하는 반응을 보인다. 속담은 심리적인 갈등이 있을 때 신체적인 증상이 나타난다는 내용이었다.

본 검사척도는 스트레스나 갈등이 있을 때 신체증상이 나타나거나 평상시 신체증상이 비번하게 나타난다는 내용으로 구성되어 있다. 스텐점수 8점 이상인 경우는 신체화 방어기제의 사용이 강한 편이라고 볼 수 있다. 이러한 방어기제를 사용하는 개인은 갈등장면에서 회피하면서 극적인 방법으로 자신을 과시하는 행동을 취한다. 그리고 즉각적인 충족을 원하지만 목표 달성이나 갈등 해결을 위한 노력은 피한다. 대인 관계에서는 의존적이고 동정과 관심을 끌고자 자기과시적인 행동을 한다. 이러한 의미에서 신체화 방어기제는 개인이 갈등장면에서 타인에게 도움을 요청하는 과장된 호소로서 일종의 소극적인 행동화라고도 볼 수 있을 것 같다. 스텐점수 10점으로 신체화 방어기제가 매우 높은 경우는 신체화장애, 전환성장애가 있는지를 검토하고 히스테리성 인격특징이 있는지를 검토해 보는 것이 필요하다.

(15) 승화척도(Sublimation: Subl Scale)

원초적이며 용납될 수 없는 충동을 억제하는데 사용되던 에너지가 사회적으로 용납될 수 있는 방향으로 방출된다. 이러한 과정에서 욕구는 억제되지 않고 방출되고 충족되지만, 욕구의 대상과 목적은 사회적으로 바람직한 방향으로 바뀌게 된다. 예를 들면 개인의 원초적인 욕구가 예술, 문학, 종교, 과학 등 직업 활동으로 표현되거나 공격성의 경우는 오락이나 운동, 취미로 표현된다. 심리적 갈등과 깊은 관계가 있는 승화 반응이 나타나는 경우에만 이 방어기제를 사용하고 있다고 평가되어야 한다. 속담에서는 어려운 환경을 극복하고 성공한다는 내용이 주를 이루었다.

본 검사 척도는 생활 속에서 스트레스나 갈등을 운동이나 예술, 생산적인 작업, 종교 등으로 해소하는 경향성을 주제로 하고 있다. 스텐점수가 8점 이상인 경우, 승화 방어기제가 사용이 강한 편이라고 볼 수 있다. 이 범주에 속하는 개인은 사회적으로 바람직한 목표나 대상에게로 향한 생산적인 작업을 통하여 내적인 요구나 갈등을 해결하고자 시도하고, 이에 따라 갈등 해결이나 욕구 충족이 보다 생산적이고 적응적인 방향에서 간접적으로 성취될 수 있게 된다. 따라서 이러한 자아방어기제를 적극적으로 사용하는 개인은 보다 능동적이고 자아를 보다 확대시키고 강화시키는 경향이 있을 것이다. 이러한 의미에서 승화 방어기제는 성숙한 수준의 방어기제로 알려져 있다. 본 검사의 문항 내용은 장기적인 직업 성취나 생산적인 활동보다는 단기적인 갈등 해결책이 제시되고 있기 때문에 보다 단기적으로 승화의 방향으로 문제를 해결하는 경향성이 보다 잘 드러날 것으로 예상된다. 승화척도에서 스텐점수가 3점보다 낮으면, 적극적인 갈등을 승화하는 경향성이 낮은 경우이거나 또는 이러한 승화능력이 매우 제한된 경우인지를 검토해 볼 수 있다.

(16) 행동화척도(Acting out: Acti Scale)

행동화 이후에 나타날 부정적 결과를 고려하지 않고 무의식적 욕구나 소망을 즉각적인 행동으로 충족시킨다. 이때 행동은 개인의 통제를 벗어난 충동적인 수준에서 일어난다. 행동화는 욕구충족의 지연에 뒤따르는 긴장을 피하게 해주는 대신, 부정적인 결과가 뒤따르게 된다. 예를 들면 비행, 충동적인 욕구 발산, 긴장완화를 위한 상습적 약물복용, 자해적인 행위, 지나친 과식 등이 있다. 속담에서는 분노의 즉각적인 행동화가 표현되고 있다.

본 검사 척도에서는 분노를 통제하지 못하고 즉각적인 행동화하는 경향성을 중심으로 충동적인 감정표현, 가출이나 자해적인 행동이 주 내용을 이루고 있다. 스텐점수가 8점이나 9점인 경우는 행동화 방어기제를 어느 정도 강하게 사용한다고 볼 수 있다. 이런 경우 감정을 통제하고 견디는데 따른 긴장을 이기지 못하여 즉각적으로 행동을 통하여 감정을 발산한다. 본 검사 문항 내용이 주로 분노 감정의 행동화를 다루고 있으므로 스텐점수가 10점인 경우는 보다 장기적인 행동화 경향성, 반사회적인 인격장애, 비행의 가능성이 검토될 필요가 있을 것이다.

행동화 척도에서 스텐점수가 3점 이하이면 행동화 경향성이 지나치게 낮은 경우로서 심리적으로 위축되어 있거나 지나치게 무기력한 상태가 아닌지를 검토해 볼 필요가 있는 것이다.

(17) 이타주의척도(Altruim: Altr Scale)

이 방어기제에 의하여 개인은 다른 사람에 대한 건설적인 봉사를 통하여 개인적인 만족감을 얻고 충족적인 경험을 간접적으로 체험하게 된다. 이러한 방어기제가 사용되고 있다고 평가되자면 이타적인 행동을 통하여 대리적인 충족감을 느끼고 있다는 확실한 증거가 있어야 한다. 이 기제를 통하여 개인은 다른 사람의 반응을 통해서나 또는 스스로에 의해서 감정적인 충족을 느끼게 된다. 이 때 개인은 자신의 욕구를 알고 있거나 자신의 행동 기저의 감정을 알고 있다. 속담은 남에게 베풀어 주고 이에 만족한다는 내용이었다.

본 검사 척도는 주위 어려운 사람을 돕고, 이로 인해서 느끼는 감정적 충족감의 내용으로 구성되어 있다. 스텐점수가 8점이나 9점인 경우, 이타주의 방어기제를 높게 사용한다고 볼 수 있다. 즉 타인을 돕는 희생적이고 이타적인 행동을 통하여 직접적인 욕구충족이 아닌 대리적인 충족을 느끼는 경향성이 높을 것이다. 스텐점수가 10점인 경우, 이러한 이타적인 방어기제가 매우 높은 수준에 있다고 해석해 볼 수 있을 것이다. 그러나 이타주의 척도는 이떤 다른 척도보다 사회적으로 바람직한 행동으로 꾸며져 있기 때문에 때로는 방어적인 태도나 남에게 모범적으로 보이고자 하는 무의식적인 동기에 의해 이 척도 점수가 높아질 가능성이 있다. 따라서 스텐점수가 다소 높거나 매우 높은 경우는 이와 같은 방어적 태도가 개입되었을 가능성에 유의해야 할 것이다.

스텐점수가 3점 이하인 경우, 이타주의적인 태도나 행동이 매우 낮은 경우를 검토해 볼 수 있다.

(18) 퇴행척도(Regression: Regr Scale)

퇴행이란 개인이 직면하고 있는 갈등이나 좌절을 현재의 연령 수준에 알맞은 방식으로 해결하기 보다는 나이 어린시기에 의존하였던 방식으로 되돌아가서 미성숙한 적응행동을 취하는 방식이다. 정상적인 퇴행과 비정상적인 퇴행이 모두 가능한데 긴장이완, 수면, 성적 극치에서의 퇴행은 정상적인 것이며 이는 신체적, 정서적 안정에 매우 중요한 요소이며 또한 퇴행은 창조적 과정에 따르는 부수적 현상일 수 있다. 비정상적인 퇴행은 쉽게 회복되기 어려운 심한 퇴행으로 자아 자체가 퇴행됨으로써 심하게 붕괴된다.

속담에서는 미성숙하고 유치한 적응방식이 제시되고 있다.

본 검사의 퇴행척도에서는 좌절이나 갈등상황에서 무기력해지고 공상에 탐닉하거나 누구에게 의존적으로 매달리거나 적극적으로 해결방법을 포기하고 미성숙한 방식으로 대처하는 방식이 문항 내용으로 제시되고 있다.

스텐점수 8점이나 9점인 경우, 갈등에 직면하여 퇴행 기제를 강하게 사용하는 경향성이 있다고 볼 수 있다. 따라서 개인의 연령 수준에 알맞은 성숙한 방식보다는 미성숙하게 무기력한 방식으로 갈등에 대처하는 경향성을 나타낼 것이다. 그러나 이러한 퇴행이 보다 강한 수준에 있다 하더라도 퇴행 상태로부터 원래의 성숙 수준으로의 복귀 정도가 매우 중요하므로 퇴행척도에서 높은 스텐점수를 보일 경우, 퇴행 후의 적응 여부를 검토하는 것이 요구된다. 만약 빈번하고 강한 퇴행에도 불구하고 원래의 심리적 성숙 수준으로 보다 쉽게 되돌아 갈 수 있다면 퇴행으로 인한 부정적인 결과는 크지 않을 수 있다.

스텐점수가 10점인 경우 정신분열증이나 보다 심한 정신증적 상태인지를 검토해 볼 수 있다. 스텐점수가 3점 이하인 경우, 지나치게 퇴행이 어려운 경우 즉, 정상적인 일시적 퇴행조차도 어려운 지나친 완벽주의나 성격적인 엄격성, 완고성 등을 검토해 볼 수 있겠다.

(19) 유우머척도(Humor: Humo Scale)

이 방어기제는 다른 사람에게 불쾌한 자극을 주지 않고 개인에게도 불편감을 주지 않으면서 해결해야 할 갈등에 관한 개인의 감정이나 생각을 사실대로 말할 수 있도록 해 준다. 이런 방식으로 개인이 직면하기 고통스런 문제를 직면할 수 있게 되고 이를 타인에게도 전달해 준다. 이러한 유우머는 어느 정도의 '관찰적인 자아요소' 없이는 사용되기 어렵다. 속담에는 보다 낙천적이고 여유있는 문제해결 방식이 제시되어 있다.

본 검사의 유우머척도에서는 유우머스러운 감각이나 행동으로 갈등이나 좌절을 대처하고 문제를 직면하고 해결하는 방식이 포함되어 있다.

스텐점수가 8점 이상일 경우, 유우머기제를 강하게 사용한다고 말할 수 있다. 즉 갈등이나 불안, 고통의 상황에서 유우머를 통하여 이런 상황을 견디는 힘을 얻게 된다는 것이다. 유우머 방어기제는 일반적으로 성숙한 방어기제에 속한다고 알려지고 있고 앞서 지적된 바와 같이 상당한 정도의 자아 관찰력과 자아 강도가 요구되므로 유우머척도에서 강한 점수를 보이는 개인은 강한 자아 강도를 지니고 있을 가능성이 높다. 스텐점수가 3점 이하인 경우, 유우머기제가 매우 낮거나 그러한 방어기제 사용 능력이 매우 제한된 성격적 미성숙성을 검토해 볼 필요가 있다.

(20) 회피척도(Evasion: Evasion Scale)

회피척도는 부정이나 억제방어와 구별된다고 사려됨으로써 새로운 방어기제로 추가되었다. 앞서 지적된 바와 같이 부정 방어기제를 사용하는 경우 사건이나 사건과 관련된 감정을 부인하는 반면, 억제 방어기제는 거의 의식적인 결정으로써 합리적인 해결을 위한 임시적인 반응지연 단계라고 볼 수 있다. 회피는 비교적 의식적인 반응 철수라는 점에서는 억제와 유사하지만 억제와 같은 인내심 있는 합리적인 판단에 따라서가 아니라 도피하고자 하는 소극적인 동기에 따른다는 점이 특징적이다.

본 검사의 회피척도는 갈등상황이나 문제상황을 무조건 도피하고자 하는 동기가 강하고 이러한 동기에 따라 문제상황을 도피하고 외적인 상황에 순응하고 문제해결을 체념하는 행동방식을 나타낸다.

스텐점수가 8점이나 9점인 경우, 갈등이나 문제상황을 회피하고자 하는 경향성이 강하다고 볼 수 있다. 이러한 경우 문제상황에 대해 매우 수동적으로 도피하는 경향성이 강하기 때문에 갈등 직면과 문제해결에 따른 불안은 줄어들겠지만 장기적으로는 문제해결이 방치되고 누적되어 이로 인하여 문제해결이 더욱 어려워지고 자신감이 상실되는 악순환이 일어나게 될 것이다. 스텐점수가 10점인 경우, 회피성 인격장애, 정신분열성 인격장애를 검토해 볼 수 있다.

본 검사의 척도내용을 마치기 전에 지적해 둘 점이 있다. 앞서 제시된 해석에서 스텐점수 8점 이상의 높은 점수에 대해서만 해석을 내렸다. 그러나 스텐점수 3점 이하인 경우도 평균 수준에서 의미 있게 낮은 점수를 보이고 있는 것이다. 그러므로 이 경우에 대해서도 그 의미를 해석해 주어야 한다. 스텐점수가 낮은 경우 일차적으로는 응답자의 방어적 태도를 의심해 볼 수 있다. 그 보다 더 중요한 경우는 방어의 결과가 아니라 실제로 낮은 점수를 보이는 경우가 있는데 이런 경우 그 의미를 각 척도마다 해석해 주어야 한다. 그 의미는 각 척도마다 차이가 있는데 일부 척도는 해당 방어기제의 사용 정도가 강하지 않다는 단순한 해석이 아닌 새로운 해석이 요구될 것이다. 예를 들면 만약 행동화척도의 스텐점수가 1점이라면 이는 행동화가 극단적으로 낮다는 단순한 해석보다는 감정적인 행동 표현이 심하게 억제되어 있는 심한 위축상태를 의심해 보아야 할 것이다. 이와 같이 점수가 낮은 경우에 대한 해석은 본 검사에 대한 연구가 계속 진행되어 보다 정확한 하위척도의 의미가 탐색됨으로써 가능해지리라 기대한다.

또 다른 유의할 점은 억압(Repression) 방어기제가 현재 본 검사에서 보류되었다는 것이다. 이와 같이 본 검사 척도에서 현재 억압척도를 만들지 않고 보류하고 있는 이유는 억압이 가장 흔한 방어기제로서 매우 중요하지만 억압은 무의식적 과정에서 자동적으로 일어나는 부정이나 거부이므로(Fenichel, 1945) 의식수준의 행동을 통하여 방어기제를 측정하고 있는 본 검사는 억압을 다루는데 무리가 있을 것으로 사려되었기 때문이다. 그 대신 다른 방어기제 척도 점수를 통하여 간접적으로 억압 정도를 유추해 보고자 한다. 본 검사의 척도 내용으로 볼 때 그리고 임상 연구결과를 기초로 할 때 부정과 회피척도를 통하여 억압 정도를 유추해 볼 수 있고 반동형성, 투사, 억제 역시 억압을 간접적으로 유추해 보는데 도움이 될 것으로 기대된다. 억압척도는 신중한 검토 작업을 통하여 재표준화 과정에서 본 검사 척도로 포함시킬 예정이다.

3. 검사의 실시와 채점

1) 검사 실시

모든 다른 심리검사와 마찬가지로 본 검사도 검사의 실시과정이 매우 중요하다. 왜냐하면 검사가 실시되는 여러 상황적 조건과 피검사자의 동기가 검사 결과에 영향을 미칠 수 있기 때문이다. 더욱이 본 검사는 개인의 자아방어기제를 평가하는 검사이므로 만약 개인이 솔직하지 않은 태도로 방어적인 응답을 한다면 검사결과는 매우 제한적인 가치만을 지니게 될 것이다. 때로는 상당히 왜곡된 결과가 나올 수도 있을 것이다. 따라서 본 검사를 실시하는 검사자는 일반적으로 심리검사 실시에서 요구되는 검사자와 피검사자의 협력관계

이상으로 피검사자와의 관계형성에 주의를 기울여야 한다. 또한 검사자는 다음에 제시되는 검사 실시과정에서 반드시 지키고 고려해야 할 사항들을 익혀서 올바르게 검사를 실시해야 한다.

(1) 일반적인 유의사항

이화방어기제 검사는 검사내용, 실시방법 및 조건, 채점과정을 표준화한 검사이다. 따라서 검사를 실시하고 채점하는데 있어서 표준화 과정에서 사용한 방법과 차이가 있게 된다면 표준화 과정에서 계산해 낸 규준에 비추어 검사결과를 해석하는 것이 가능하지 않게 된다. 따라서 검사자는 일반적인 검사 유의사항 뿐만 아니라 본 검사의 실시방법 및 유의사항을 익혀서 검사 실시의 표준 절차에 따라야 한다.

본 검사를 실시하기 전에 고려해야 할 사항은 피검사자의 상태이다.

첫째, 앞서 지적된 바와 같이 본 검사는 개인의 자아방어기세를 평가하는 검사이므로 가능한 한 피검사자의 검사동기, 검사태도에 주의 깊게 관심을 기울여야 한다. 검사 실시에 앞서 검사자는 피검사자의 동기를 북돋아 주고 올바른 검사 태도를 갖도록 격려해 주어야 한다. 이러한 목적을 위해서는 심리검사 실시가 개인을 보다 잘 알 수 있게 해 준다는 설명이 도움이 된다. 또한 본 검사가 일상적인 개인의 행동방식을 알려줌으로써 개인의 생활 적응을 도울 수 있음을 강조해 준다.

둘째, 피검사자의 독해력 역시 검사결과에 매우 중요한 영향을 미친다. 본 검사내용이 비교적 쉬운 문항으로 구성되어 있으므로 초등학교 이상의 정규 교육을 받은 피검사자라면 별 어려움 없이 검사를 시행할 수 있다. 만약 피검사자가 한글을 읽지 못한다면 피검사자의 지능수준이 IQ 70이하의 정신지체에 속하지 않는 경우에는 검사자가 직접 문항을 읽어 주면서 검사를 실시할 수 있다.

셋째, 피검사자의 연령이 15세 이상인 경우에 한하여 이 검사를 실시하는 것을 원칙으로 한다. 왜냐하면 20~29세 규준에 15~19세 집단이 포함되어 있으므로 15세 이하인 경우는 이 검사에 규준이 제시되고 있지 않기 때문이다. 피검사자의 나이가 많은 경우는 피검사자의 독해력이 충분하다면 연령 제한 없이 실시할 수 있다. 피검사자의 지능은 본 검사가 비교적 쉬운 문항으로 만들어져 있기 때문에 정신지체 수준의 지능장애만 없다면 지능수준은 크게 문제가 되지 않는다.

넷째, 본 검사 소요시간은 보통 20~30분이 걸린다. 피검사자가 심리적으로 안정되어 있고 편안한 상태에 있는지를 살펴야 한다. 정신적으로 심하게 불안정한 환자에게 검사를 실시하는 경우라면 검사자가 직접 검사문항을 읽어주고 응답을 기록해 주는 방법이 가능하다. 만약 검사 도중에 피검사자가 집중이 어렵다거나 계속 응답하기 곤란하다고 말한다면 잠시 쉬었다가 검사를 다시 시작하는 것이 좋다.

다섯째, 검사자는 검사 실시방법, 검사내용을 익히 알고 있어야 하며, 검사를 진지하게 수행해야 한다. 객관적인 검사라 할지라도 검사자의 태도, 행동이 피검사자의 응답 태도에 상당한 영향을 미칠 수 있음을 명심해야 한다.

여섯째, 검사 실시는 가능한 한 조용하고 검사에 집중할 수 있는 장소에서 실시해야 한다. 그리고 본 검사는 개별적으로 실시하는 것을 원칙으로 한다. 일단 검사가 시작되면 피검사자가 방해받지 않고 편안하게 응답할 수 있도록 도와주어야 한다.

(2) 이화방어기제 검사 실시 방법

검사가 표준화된 방식에 따라 동일하게 실시되게 하기 위해서 검사의 실시 방법이 구체적으로 제시되고 있다. 검사 실시는 검사자가 말로 전달하지 말고 기록된 내용을 그대로 읽어주어야 한다.

검사가 실시되는 과정은 다음과 같다.

❶ 검사지를 피검사자에게 제시하기 전에 검사자는 검사의 목적, 예상되는 검사실시 효과, 결과의 비밀보장에 대해 설명해 주면서 피검사자를 격려해 주고 안심시켜 준다.
❷ 이런 준비과정이 어느 정도 마무리되면 검사지를 주면서 다음과 같이 말한다. '자 그럼 지금부터 이 검사를 실시하겠습니다. 이 검사를 실시하는 방법이 다음 장에 있는데 읽어보기로 하겠습니다. 그럼 표지를 넘기고 다음 장을 보십시오.'
❸ 피검사자로 하여금 지시문을 소리 내어 읽게 한다. 검사 지시문을 피검사자가 읽고 난 다음 '그럼 이제부터 검사를 시작하십시오'라고 검사자가 말한다. 이때 검사자는 피검사자

가 응답 요령을 제대로 이해했는지 확인해 보기 위해 피검사자가 응답하는 행동을 관찰해 본다. 이해를 못했을 경우에는 다시 한 번 설명해 주도록 한다. 일단 응답요령을 이해하고 대답하는데 별 어려움이 없다고 판단되면 나머지는 피검사자가 혼자서 응답하도록 한다(앞서 지적된 예외적인 경우, 피검사자가 한글을 읽지 못하는 경우나 심한 불안을 보일 경우에 한해서 검사자가 검사내용을 읽어준다). 그리고 응답이 다 끝난 다음에는 빠진 곳이 있는지를 살펴보고 빠진 곳이 있으면 다시 한 번 빠진 곳을 채워 넣도록 요구한다.

검사 실시과정에서 검사자가 주의할 점은 검사자의 지시나 행동이 피검사자의 응답 방향에 영향을 미쳐서는 안 된다는 것이다. 이를 위해서 검사자는 가능한 한 검사 실시방법에 정확하게 따르는 것이 바람직하다.

검사 도중에 흔히 '애매하다', '대답하기 곤란하다'는 반응이 나올 수 있는데 이런 경우는 그 문항을 남겨두고 다른 문항부터 대답했다가 빠진 부분은 나중에 대답하도록 지시한다. 지나치게 시간을 끌면서 결정을 못 내리는 피검사자에게는 맨 먼저 머리에 떠오르는 대로 대답하도록 격려한다.

2) 채점

채점의 첫 번째 단계에서는 전체적으로 답안지를 점검해 본다. 무응답이 얼마나 있는지, 이중으로 응답하거나 번호 중간에 애매하게 표시한 경우가 있는지를 알아본다. 또한 응답이 전체적으로 어느 한 편으로 몰려 있지 않는지를 본다. 이러한 과정에서 잘못된 응답은 정정하고 지나치게 무응답이 많거나 불성실한 응답이 분명한 경우는 재검사를 실시할 수 있다. 그러나 이런 경우는 재검사 역시 응답의 왜곡이 있을 가능성을 유의하여야 한다.

두 번째 단계에서는 각 척도 별로 원점수를 계산한다. 각 척도의 원점수는 각 척도에 해당되는 10개 문항의 점수를 합산하면 된다. 각 문항 점수는 응답한 번호가 바로 원점수가 된다. 따라서 해당 척도의 각 문항마다 응답한 번호를 전부 더하면 그 척도가 원점수가 된다. 각 척도 별 문항 번호는 다음과 같다.

척 도	문 항 번 호								
허 세	1	21	41	61	81	101	121	141	161	181
반동형성	2	22	42	62	82	102	122	142	162	182
동 일 시	3	23	43	6	83	103	123	143	163	183
수동-공격적	4	24	44	364	84	104	124	144	164	184
투 사	5	25	45	65	85	105	125	145	165	185
전 치	6	26	46	66	86	106	126	146	166	186
부 정	7	27	47	67	87	107	127	147	167	187
통 제	8	28	48	68	88	108	128	148	168	188
억 제	9	29	49	69	89	109	129	149	169	189
왜 곡	10	30	50	70	90	110	130	150	170	190
예 견	11	31	51	71	91	111	131	151	171	191
합 리 화	12	32	52	72	92	112	132	152	172	192
해 리	13	33	53	73	93	113	133	153	173	193

신 체 화	14	34	54	74	94	114	134	154	174	194
승 화	15	35	55	75	95	115	135	155	175	195
행 동 화	16	36	56	76	96	116	136	156	176	196
이 타 주 의	17	37	57	77	97	117	137	157	177	197
퇴 행	18	38	58	78	98	118	138	158	178	198
유 우 머	19	39	59	79	99	119	139	159	179	199
회 피	20	40	60	80	100	120	140	160	180	200

cf: 181번은 내용이 반대로 된 문항이므로 점수를 계산할 때 거꾸로 채점한다. 즉 1에 답한 사람은 5점으로 2는 4점으로 3은 3점으로 4는 2점으로 5는 1점으로 바꾸어 채점한다.

허세 척도의 원점수를 계산하는 예를 들어 보겠다. 어느 피검사자가 1번 문항에서 4에, 21번에서 3에, 41번에서 5에, 61번에서 2에, 81번에서 4에, 101번에서 1에, 121번에서 3에, 141번에서 5에, 161번에서 2에, 181번에서 2*에 응답했다고 하면, 이 사람의 허세 척도는 원점수는 4+3+5+2+4+1+3+5+2+4+*=33점이 된다(181번 문항은 거꾸로 채점하므로 2에 응답한 점수는 4점이 된다). 다른 척도의 점수계산은 이와 동일하다. 다른 척도에는 거꾸로 된 문항이 없으므로 각 문항에 응답된 번호를 모두 더한 원점수가 바로 총점이 된다.

3) 규준 찾기

20개 척도의 원점수(Raw Score)를 계산한 다음에는 본 검사에서 사용하는 표준점수(Standard Score) 즉 '표준 10점(Standard Ten)'을 의미하는 'Stens'점수로 환산해야 한다. 이 스텐점수의 평균치는 5.5, 표준편차는 2이고 1점부터 10점으로 표시된다. 이 점수는 상당히 간편하게 사용될 수 있으며 Z점수처럼 스텐점수가 정상분포곡선을 이루기 때문에 각 스텐점수에 해당되는 사례의 백분위를 알 수 있고, 이에 따라 각 스텐점수를 보고 개인의 점수가 규준집단에 비해 상대적으로 어느 위치에 있는지를 평가해 볼 수 있다.

센타일 점수(Centile) 환산방식에 따른 각 스텐점수에 해당되는 백분위는 다음과 같다.

스텐점수	1	2	3	4	5	6	7	8	9	10
백 분 위	1.2	4.10	10.6	22.17	40.1	59.9	77.3	89.4	96.0	98.8

스텐점수 1인 경우, 정상집단 100명 가운데 1.2순위에 해당되는 사람들이 이 점수를 보이며, 스텐점수 8일 경우 정상집단 내에서 89.4순위 수준에서 높은 점수를 보인다. 다시 말하면 스텐점수 8점 이상인 개인은 전체 정상집단에서 10.6순위에 해당된다는 것이다.

본 검사에서 스텐점수 5점이나 6점은 평균점수, 4점과 7점은 평균에서 약간 이탈된 점수, 2점이나 3점 그리고 8점이나 9점은 평균에서 심하게 이탈된 점수, 1점이나 10점은 극단적으로 낮거나 높은 점수라고 해석할 수 있다. 따라서 평균 수준에서 의미 있게 점수가 벗어나 있는 스텐점수는 3점 이하, 8점 이상이라고 말할 수 있다. 개인이 얻은 원점수를 스텐점수로 환산하기 위해서는 규준표를 참고한다. 피검사자의 연령, 성에 해당되는 규준표를 보면 원점수에 따른 스텐점수가 나와 있다. 예를 들면 피검사자가 25세 남성이라면, 20~29세 남자 규준표를 보면 각 척도마다 원점수에 따른 스텐 점수가 나와 있다. 이 표준검사를 검사지 맨 위에 있는 프로파일 용지에 옮겨서 도표를 그려보면 전체적인 양상을 파악할 수 있다. 프로파일에서 지나치게 높거나 낮은 방어기제만을 부각시키기 위해서는 스텐점수가 4점에서 7점 사이에 있는 척도는 무시하고 3점 이하, 8점 이상인 척도만을 연결하여 도표를 그리는 것이 도움이 될 것이다. 이런 도표에서 보면 지나치게 점수가 높은 방어기제, 지나치게 점수가 낮은 방어기제가 쉽게 눈에 띌 것이다.

대학생·성인용

이화방어기제검사

검사지시문

이 검사는 우리가 일상적으로 당면하는 갈등상황에서 이와 같이 각자 나름대로 가지고 있는 사고방식과 방식이 어떤 것인지를 보려고 제작한 것입니다.

이 검사의 문항들을 읽어 보시고 문항내용이 당신의 생각이나 행동과 얼마나 일치하는지를 판단하여 응답해 주시기 바랍니다. 이 문항에는 옳거나 그른 답이 있는 것이 아니므로 당신의 생각과 행동을 있는 그대로 응답해 주시면 됩니다.

응답하는 방식은 아래와 같습니다

문항 예 : 문제가 생기면 나는 깊이 생각에 잠기는 편이다.

1	2	3	4	5
전혀 아니다	아니다	중간이다	그렇다	아주 그렇다

- 만약 당신이 매우 깊이 생각에 몰두하는 편이라면 ⑤에 까맣게 칠하십시오. (●)
- 만약 당신이 생각을 깊이 하는 경우도 있고 그렇지 않은 경우도 있는 중간 정도라면 ③에 까맣게 칠하십시오. (●)
- 만약 전혀 생각을 않는 편이라면 ①에 까맣게 칠하십시오. (●)
- ②와 ④는 각각 그 중간 정도 일 때 해당 번호에 까맣게 칠하십시오.

시간제한은 없으나 너무 심각하게 생각하지 마시고 될 수 있는 대로 빨리 읽고 빨리 답하십시오.

1. 일생에 한 번 뿐인 혼수 마련인데 남 못지않게 장만하고 싶다.
2. 손님이 제발 가 주었으면 하고 바라면서도 붙잡는 척 할 때가 있다.
3. 남의 좋은 행동을 보면 나도 그렇게 해보려고 한다.
4. 누가 나에게 일을 시키면 나는 바쁜 척 할 때가 있다.
5. 다른 사람이 나를 어떻게 생각하는지 늘 관심이 많다.
6. 밖에서 기분 나쁜 일이 있을 때 집에 와서 화풀이 하는 경우가 있다.
7. 모르는게 약이라고 골치 아픈 일은 깊이 생각 않는 게 낫다.
8. 나는 주변에서 일어나는 일에 대해 그냥 지나쳐 버리지 못하는 성격이다.
9. 한 순간을 참으면 백날이 편하다고 나는 주로 참는다.
10. 나는 사람을 보면 그들의 인간성을 꿰뚫어 보는 능력이 있다.

11. 누울 자리보고 발 뻗는다고 미리 상황을 예상해 보고 행동한다.
12. 내가 누구에게 싫은 소리를 한 것은 순전히 그 사람을 위해서였다.
13. 힘든 일에 부딪히면 정신이 멍해질 때가 있다.
14. 기분이 안 좋을 때 식사하면 체하거나 소화가 잘 안 된다.
15. 나는 화가 나면 운동으로 화를 풀곤 한다.
16. 홧김에 무슨 일을 저지르는 경향이 있다.
17. 나는 하나님을 섬기듯이 어려운 사람을 돕는다.
18. 늙은이가 아이 되듯 가끔 나 자신이 유치해지는 것을 느낀다.
19. 일이 잘 안되더라도 웃음으로 여유를 찾는다.
20. 나는 거절 당할까봐 사랑한다는 말을 하지 못한 적이 있다.

21. 집은 비록 서푼짜리일망정 겉모양은 그럴 듯하게 꾸민다.

22. 나는 화가 나더라도 웃는 낯으로 대하려고 애쓴다.
23. 친구 따라 강남 가듯 친구들의 행동을 따라 하는 편이다.
24. 화가 날 때는 뚱하니 말을 않는 편이다.
25. 가끔 이유 없이 어떤 사람이 몹시 미워질 때가 있다.
26. 누구를 야단치고 싶으나 막상 다른 사람을 야단치는 경우가 있다.
27. 나 자신이나 가족이 시험에 실패했을 때 사실로 받아들이기가 무척 힘들었다.
28. 일이 생기면 내가 앞장서서 사람들을 진두지휘한다.
29. 복잡한 일이 생기면 일단 머리를 식힌 다음 다시 생각해 본다.
30. 지금 내가 하고 있는 일은 역사적으로 대단히 중요한 일이다.

31. 무슨 일을 하기에 앞서 만반의 준비를 갖춘다.
32. 일이 잘못 되었을 때 어쩔 수 없었다고 생각되는 경우가 많다.
33. 가끔 내 자신이 변한 것처럼 느껴질 때가 있다.
34. 기분이 우울해지면 가슴이 답답해진다.
35. 기분이 울적할 때는 노래를 하면서 마음을 달랜다.
36. 일이 잘 안되면 다른 사람에게 신경질을 부리는 경우가 있다.
37. 어려운 사람을 돕는 것이 나의 기쁨 가운데 하나이다.
38. 스트레스를 받으면 음식을 지나치게 먹는 경향이 있다.
39. 불안한 일이 있을 때 농담으로 이를 해소하곤 한다.
40. 어려운 문제가 생기면 문제 해결을 피하는 편이다.

41. 때로는 유식한 체 하는 게 필요하다고 생각한다.

42. 나는 관심 있는 사람에게 오히려 냉정하게 대할 때가 있다.
43. 남들이 좋다는 것은 일단 해 보는 편이다.
44. 누가 일을 재촉하면 일부러 꾸물거릴 때가 있다.
45. 내가 불행하게 된 것은 배우자(부모)를 잘못 만난 때문이다.
46. 어렸을 때 밤낮으로 끼고 다니던 인형이나 장난감이 있었다.
47. 나는 누구의 도움도 필요로 하지 않는 사람이다.
48. 다른 사람들이 하는 일을 바로 잡아주고 싶은 경우가 자주 있다.
49. 고생 끝에 낙이 있다고 나는 늘 견디고 인내한다.
50. 나의 가족들은 특별하게 뛰어난 사람들이다.

51. 십리 길에 점심 싸들고 가듯이 나는 매사에 미리 대비한다.
52. 내가 거짓말을 했을 때는 그럴만한 이유가 있었기 때문이었다.
53. 고통스러운 일이 있으면 기절할 것처럼 정신이 몽롱해지곤 한다.
54. 괴로운 일이 생길 때마다 몸이 아팠던 것 같다.
55. 심심할 때는 연극이나 영화, 미술 감상 등을 한다.
56. 화가 나서 가족에게 폭언하거나 폭력을 쓰는 경우가 있다.
57. 내가 조금 희생되더라도 남을 돕는 일에 앞장 서는 편이다.
58. 나는 가만히 누워만 있고 남이 다 해주었으면 싶을 때가 있다.
59. 몸이 아파 고통스럽더라도 나는 유우머를 즐길 수 있다.
60. 만나서 할 일이 있더라도 피하고 싶은 사람이 있다.

61. 기왕이면 다홍치마라고 겉모양도 매우 중요하다.
62. 나는 성에 대해 관심이 있으면서도 겉으로는 안 그런 척 한다.

63. 내가 모시고 있는 윗사람이 유명해지면 내 자신도 유명해진 듯하다.

64. 화가 나면 상대방을 은근히 골탕 먹이는 경우가 있다.

65. 나와 비슷한 결점을 가진 사람을 보면 괜히 싫어진다.

66. 부모로부터 꾸중을 듣고 나서 동생에게 화풀이 한 적이 있다.

67. 만약 가족 중 누가 심한 병에 걸린다면 그 일이 현실처럼 믿기지 않을 것 같다.

68. 친구들의 행동을 좋은 방향으로 잡아주려고 한다.

69. 남과 다툴 일이 있더라도 일단 기다렸다가 적당한 기회에 이야기한다.

70. 내가 마음먹기만 한다면 이 세상을 바꾸어 놓을 수 있을 것 같다.

71. 앞으로 있을 곤란한 때를 대비하여 미리 저축하는 편이다.

72. 물건을 일단 사고 나면 항상 잘 샀다고 생각한다.

73. 스트레스를 받으면 머리가 혼란스러워진다.

74. 별다른 이유 없이 두통이나 편두통이 생겼다가 없어지곤 한다.

75. 괴로운 일이 있을 때 뭔가 일을 하면서 푼다.

76. 깊은 좌절감 때문에 나 자신에게 상처를 입히는 행동을 저지른 적이 있다.

77. 연말에 자선모금이나 불우이웃 돕기에 참가하곤 한다.

78. 가끔 내 자신이 어린애 모양 무기력해진다고 느낄 때가 있다.

79. 비열한 상대와 맞싸우지 않고 유우머로 넘길 수 있다.

80. 나는 거절 당할까봐 남에게 부탁을 잘 않는다.

81. 돈에 여유가 없더라도 옷을 살 때는 기왕이면 최고급의 옷을 사겠다.

82. 때로는 상대방을 좋아하면서도 싫어하는 척 할 때가 있다.
83. 남이 하는 대로 나도 덩달아 행동할 때가 있다.
84. 상대방에게 화가 나서 일을 일부러 엉망으로 만든 적이 있다.
85. 내 주변에는 이유 없이 나를 미워하는 사람이 있다.
86. 친구와 이별하고 나서 허전함을 달래기 위해 곧 다른 친구를 사귀는 편이다.
87. 나는 절대 병에 안 걸릴 것 같다.
88. 모임에 나가면 대화의 주도권을 내가 잡게 된다.
89. 지는 것이 이기는 것이라는 말대로 행동하려고 노력한다.
90. 이 사회에서 나는 없어서는 안 될 중요한 인물이다.

91. 시험에 대비하여 평소부터 차근차근 준비하는 편이다.
92. 이때까지 내가 한 일은 항상 최선의 선택이었다고 생각한다.
93. 가끔 내 자신이 어떤 행동을 하고 있는지 모르는 경우가 있다.
94. 기분이 좋으면 평소 여기저기 아프던 것이 말끔히 나아진다.
95. 좌절이 있을 때 이를 극복하기 위해 의미 있는 일을 찾아본다.
96. 간혹 화가 나서 물건을 깨뜨리거나 부수는 경우가 있다.
97. 나는 남의 문제를 해결하는데 시간을 아끼지 않는다.
98. 일이 잘 안될 때는 공상에 빠지곤 한다.
99. 상대방에게 거슬리는 점이 있으면 유우머스럽게 이를 지적해 준다.
100. 가족 사이에서 불화가 생기면 신경을 딴 데로 돌리려고 노력한다.

101. 집에 손님이 올 때를 생각해서라도 가구는 값비싼 것으로 마련하겠다.

102. 상대로부터 대접을 받고 싶어도 겉으로는 안 그런 척 할 때가 있다.

103. 내 주위의 존경하는 사람들의 행동을 닮게 되는 것 같다.

104. 누가 나의 행동을 저지하면 말없이 내 고집대로 한다.

105. 내 잘못인 줄 알면서도 남을 탓하는 경우가 있다.

106. 정작 화가 날 때는 가만히 있다가 나중에 엉뚱한 일로 화를 내게 된다.

107. 나는 성적인 욕구를 느껴 본 적이 없다.

108. 내 주변에는 답답한 사람들이 많아서 내가 도와주어야 한다.

109. 당장에는 뜻을 못 이루더라도 기회가 올 때까지 기다린다.

110. 가끔 자신이 신비한 능력을 발휘할 수 있을 것 같은 느낌이 든다.

111. 나는 수입에 맞추어 지출계획을 세우고 거기에 따라 돈을 쓴다.

112. 남과의 약속을 안 지킨 경우는 대개 그럴만한 이유가 있었다.

113. 복잡한 일이 있으면 정신이 혼란해져서 엉뚱한 행동을 할 때가 있다.

114. 스트레스를 받으면 머리가 어질어질하고 곧 쓰러질 것 같다.

115. 괴로운 일이 있으면 책을 읽으면서 마음을 달랜다.

116. 상대방에게 화가 날 때 참지 못하고 벌컥 화를 내는 경우가 많다.

117. 내 친구에게 어려운 문제가 생기면 어떻게든 도와주려고 애 쓰는 편이다.

118. 스트레스를 받으면 잠을 많이 자게 된다.

119. 나는 항상 농담을 잘 하는 편이다.

120. 장래의 문제는 되도록 생각 않는 편이다.

121. 남 앞에서 허세를 부려야 하는 경우가 있다.

122. 속으로는 자랑하고 싶지만 겉으로는 겸손하게 행동한다.
123. 나의 행동을 이끌어 줄 수 있는 강한 사람이 없으면 나는 불안해진다.
124. 상대방이 싫으면 그가 하는 일을 은근히 훼방 놓는다.
125. 남이 내 흉을 볼 것 같아 신경 쓰일 때가 있다.
126. 나는 더러운 것을 참지 못하여 계속 손을 씻는 습관이 있다.
127. 나는 다른 사람의 사랑을 필요로 하지 않는다.
128. 회의에서는 대체로 내가 원하는 방향으로 결정을 끌어내는 편이다.
129. 가족 중에 누가 애를 먹일 때 나는 참고 기다린다.
130. 나는 하나님으로부터 직접 계시를 받은 적이 있다.

131. 옷을 살 때 그 옷의 쓰임새를 따져 보고 나서야 옷을 산다.
132. 내가 일을 열심히 하는 것은 순전히 가족과 사회를 위해서이다.
133. 어려운 일에 부딪히면 갑자기 내 자신이 다른 사람처럼 느껴질 때가 있다.
134. 가끔 몸이 저리거나 근육이 마비될 때가 있다.
135. 종교에 의지하여 마음의 고통을 이겨낸 적이 있다.
136. 울컥하는 마음에서 충동적으로 감정을 터뜨리는 경우가 있다.
137. 만약 미아를 발견한다면 적극적으로 부모를 찾아주는 노력을 하겠다.
138. 나는 상대방이 내 부탁을 거절하면 마구 떼를 쓰는 경향이 있다.
139. 미운 사람이 있을 때 유우머스럽게 비꼬아 준다.
140. 오르지 못할 나무는 아예 쳐다보지 않는다.

141. 외식을 한다면 최고급의 식당에서 하고 싶다.

142. 상대방이 싫지만 겉으로는 위해 주는 척 할 때가 있다.
143. 마치 내 자신의 분신과도 같이 느껴지는 사람이 있다.
144. 화가 나면 이불을 뒤집어쓰고 밥을 먹지 않는다.
145. 이 사회는 악으로 가득 차 있다고 생각한다.
146. 내 자신이 미워져서 가까운 사람에게 짜증을 낼 때가 있다.
147. 나의 장래에 어떤 나쁜 일이 생길 수 있다고 생각하지 않는다.
148. 나는 남의 일이라도 무심하게 넘기지 않는 성격이다.
149. 참을 '인'자 셋이면 살인도 피한다는데 나는 항상 참는 편이다.
150. 내 가족이 하는 일은 좋은 쪽으로만 받아들이는 경향이 있다.

151. 아침마다 그날 할 일에 대해서 계획을 세워 본다.
152. 일단 행동한 다음에는 내 행동이 정당한 것이었다고 믿는다.
153. 가끔 꿈속인 양 정신이 몽롱해질 때가 있다.
154. 신경 쓰면 자주 설사를 하거나 변비가 되곤 한다.
155. 마음이 복잡할 때는 친구들을 만나 떠들고 이야기하면서 푼다.
156. 나는 억울한 일을 당하면 참지 못하고 폭발한다.
157. 수재민이나 이재민 돕기에 자주 참여한다.
158. 일이 잘 안 풀리면 누구에겐가 호소하면서 매달리고 싶어진다.
159. 대하기 거북한 상대에게는 농담을 던지면서 말을 건다.
160. 골치 아픈 일은 깊이 생각하지 않는다.

161. 자동차를 구입한다면 기왕이면 크고 멋있는 차를 사겠다.
162. 열등감을 느끼는 경우 오히려 당당하게 행동한다.

163. 가족 중 누가 기분이 상하면 나도 같이 우울해진다.

164. 화가 나면 일부러 늦장을 부리거나 내 고집을 내세운다.

165. 내가 실수하면 좋아할 사람이 있다.

166. 다른 사람을 들볶고 나서 생각해 보면 내 자신의 문제 때문인 적이 있다.

167. 나를 나쁘게 말할 사람은 아무도 없다.

168. 나는 남에게 일을 시킬 때 아주 사소한 점까지 직접 지시하는 편이다.

169. 나는 매사에 참을성이 많다.

170. 만약 나에게 정치를 맡겨만 준다면 사회문제를 자신 있게 해결할 것 같다.

171. 평소 건강을 생각하여 꾸준히 운동을 하는 편이다.

172. 나는 내 행동에 대해 절대 후회하지 않는다.

173. 나는 어떤 때는 전혀 다른 사람인 양 행동할 때가 있다.

174. 신경을 쓰면 가슴이 조여 오면서 답답해질 때가 있다.

175. 가끔 그림을 그리면서 시간을 보낸다.

176. 집에 있기가 싫어서 가출한 적이 있다.

177. 길에 쓰러진 사람을 발견하면 그 사람을 도와주고 가겠다.

178. 어려운 일에 부딪히면 다른 사람이 대신 해결해 주기를 바란다.

179. 바보스런 나의 실수를 얘기하면서 다른 사람과 함께 웃어넘길 수 있다.

180. 사람들이 많이 모이는 모임에는 가고 싶지 않다.

181. 나는 남에게 선물을 할 때 절대 내 분수에 넘치는 것은 하지 않는다.

182. 내가 좋아하는 사람에게 오히려 짓궂게 굴 때가 있다.

183. 영화를 보고 나서 영화 속의 주인공이 했던 것처럼 해보고 싶어진다.

184. 싫은 사람과 일을 같이 할 때는 뒷전에서 구경만 한다.

185. 일이 잘 안되면 남의 탓이라도 해야 마음이 편해질 때가 있다.

186. 특별한 이유 없이 엘리베이터나 어두움, 동물 등이 두려울 때가 있다.

187. 나는 이성에 대해 전혀 관심이 없다.

188. 친구들 사이에서 내가 없으면 일이 제대로 안 되는 경우가 많다.

189. 어떤 일이 처음에 잘 안 되더라도 느긋하게 대처한다.

190. 나는 사람들을 감화시켜서 올바른 사람으로 만든 적이 있다.

191. 집에 도둑이 들었을 때를 대비하여 대책을 세워두고 있다.

192. 부모님에게 잘 해 드리지 못한 경우는 대개 불가피한 사정 때문이었다.

193. 주변 사람들이 갑자기 낯설게 느껴질 때가 있다.

194. 항상 목구멍에 뭔가 걸려있는 느낌이 있다.

195. 마음이 울적할 때는 시를 읽는다.

196. 갑자기 화가 나서 주변사람들을 때린 적이 있다.

197. 길에서 어떤 사람이 깡패에게 맞고 있다면 어떻게든 돕겠다.

198. 다시 어린아이로 되돌아가고 싶을 때가 있다.

199. 친구들과 얘기하다 분위기가 어색해지면 농담으로 분위기를 바꾼다.

200. 나는 다른 사람과의 언쟁을 될 수 있으면 피한다.

이화방어기제검사 결과표

이　　름 :　　　　　　　　　　　　　　　성별(남·여) (기혼·미혼)

생년월일 :　　　　　　　　　　　　　　　학력 :　　종교 :

현 주 소 :　　　　　(전화)　　　　　　　직업 :

	척　도	원점수	스텐점수									
1	허　세											
2	반동형성											
3	동 일 시											
4	수동·공격											
5	투　사											
6	전　치											
7	부　정											
8	통　제											
9	억　제											
10	왜　곡											
11	예　견											
12	합 리 화											
13	해　리											
14	신 체 화											
15	승　화											
16	행 동 화											
17	이타주의											

18	퇴 행												
19	유 우 머												
20	회 피												

행동관찰 결과 :

IX 결 어

조선왕조를 건국한 이념적 토대를 유교라고 한다. 500년 유구한 역사 속에 조선왕조가 현재 우리에게 남긴 좋지 않은 유산 중 하나가 바로 뿌리 깊은 명망가 지배의 엘리티즘 전통이라고 한다.[140]

이와 같이 국민이 가지고 있는 엘리트 특권 성향과 일제강점기 권력에 대한 집단 무의식적 저항이 오늘날 국민 정서 형성에 많은 영향을 주었다는 전문가적 견해가 있다. 즉 경호원의 입장에서 아무리 친절해도 친절하게 느끼지 못할 수 있다는 것이다. 또한 경호행사 시작 전 이루어지는 검색절차 거부 등 특별대우를 바라는 특권의식은 경호행사를 준비하는 경호원에게는 현실적인 경호위해요인이며 그 만큼 우리나라 경호환경이 어려운 현실이라 할 수 있다.

더 나아가 경호 첨단장비의 개발은 경호 위해장비의 첨단을 유도하기에 경호 첨단장비의 보완수단으로써 경호위헤요인을 사전 탐지해 내는 경호프로파일링 기법의 중요성은 더욱 크다 할 것이다.

---

140) 도울(2012). '우리나라의 발전적 미래를 위한 유교의 역할' 내용 중 발췌

경호프로파일링 기법에는 무의식적 위해단서를 읽어내는 정신분석학, 뇌와 신경언어학, 이상심리학, 얼굴(표정)의 심리학, 행동의 심리학, 의식적 위해 단서를 찾아가는 범죄(자)프로파일링, 탐색질문기법, 스포츠심리학적 기법 등을 망라하고 있고, 특히 스포츠심리학적 현장무빙기법(FMT)에서는 현장감과 현실감을 그대로 옮겨 놓으려고 최선을 다하였다. 또한 경호위해분석 대상 인적위해요소에 경호대상자를 포함함으로써 외부의 위해요인으로 부터 물리적인 경호 뿐만 아니라 경호대상자의 심리적인 인지 차원의 경호가 우선적으로 고려될 사회적 환경임이 제시되어 있고, 더 나아가 현재의 경호 관점을 초월하여 역사성에 기인한 국민정서와 권력에 대한 무의식에서 비롯된 필연적 저항을 이해하고 수용한 경호위해자의 자기 관점[141]에서의 폭 넓은 연구를 시도하였다.

그럼에도 관찰기법 선행연구 예시[142]에서 살펴 본 바와 같이 여

---

141) 사냥에 성공하려면 사냥감처럼 생각하라, 사냥술 중에서 가장 오래되고 전통적인 기술 중 하나가 사냥감의 가죽을 덮어쓰고 그 무리에 섞여드는 것이다. 사냥을 잘하려면 동물처럼 행동하고 생각하는 법을 배워야 한다. 사냥감이 어떻게 반응할지 상상하면서 역할 연기를 해보는 것보다 좋은 사냥법은 없다(로버트 루트번스타인 외, 2013: 252).

142) CIA(미국중앙정보국) 현장 경험을 앞세운 필립 휴스턴(Philip Houston)의 '거짓말의 심리학'에서 FBI(미국연방수사국) 현장 경험을 앞세운 조 내버로(Joe Navarro)의 '행동의 심리학'의 미세표정으로 거짓말을 밝혀내는 연구분석에 대해 "미세표정은 두 가지 커다란 한계를 가지고 있다"고 지적하고 있다. "첫 번째는 거짓말을 나타내는 미세표정이 없다는 것이다. 두 번째 한계는 실제 적용이 어렵다(필립 휴스턴 외, 2014: 172)"고 적시(摘示)하여 서로 상충되는 것을 알 수 있다. 또한 조 내버로(Joe Navarro)의 행동의 심리학에서도 "지난 20년에 걸쳐 내가 조사한 결과는 명쾌하다. 그 자체로 명백하게 속임수를 간파할 수 있는 비언어적 행동은 없다는 것이다(조 내버로 외, 2014: 260)"라고 적시(摘示)한 것으로 볼 때 서로 보완되어야 함을 알 수 있고, 필립 휴스턴(Philip Houston) '거짓말의 심리학' 역시 "방법을 안다고 거짓말을 가려낼 수 있는 건 아니다. 여기에는 오랜 연습과 수많은 경험이 필요하다(필립 휴스턴 외, 2014: 248)"라고 서적(書籍)의 말미에 경고를 하고 있는 것은 오만가지의 사고를 하는 인간의 마음을 완벽하게 알 수 있는 기법은 없다는 것을 밝혀두기 위함이라고 생각한다.

전히 어려운 연구 분야라는 것이며, "무의식적 정신과정들을 직접 관찰할 수 있는 방법을 알지 못한다"고 밝히고 있는 정신분석학의 창시자 프로이드(Freud)의 말에 견줄 수 는 없지만, 본 책자 역시 저자 스스로도 미흡한 부분을 많이 발견할 수 있다. 이와 같이 미흡한 부분은 앞으로의 연구에서 더욱 보완되고 발전되리라 기대하며 현재의 연구로는 명확한 설명이 어려우나 '직관(直觀, Intuition)[143]'에 더욱 충실해야 한다는 의제를 던지고 싶다.

연쇄살인범으로부터 접근을 당했지만 그에게서 벗어난 사람들에 관한 범죄(자)프로파일러의 분석 이유를 재음미 해봄으로써 나타난 한 가지 매우 중요한 교훈은 결코 본능이나 혹은 직관적 통찰력을 과소평가 하지 않는 것이었다. 다름 아닌 '기분 나쁜 느낌' 혹은 '여성의 직관력' 같은 설명할 수 없는 이유로, 연쇄살인범의 덫 속으로 걸어가는 것을 거절했던 여성들에 의해 수많은 이유들이 제시되고 있다. 당신은 아마도 위험을 명확하게 설명하는 구체적인 뭔가를 인식했었다. 그러니 당신의 뇌는 당신의 그 인식에 사로잡히지 않았다. 당신은 당신이 보았던 그것이야 말로 그것을 논리적으로 분석해 준다는 것을 아직도 모르고 있을 뿐이다. 그것이 '직관적 관통력'이라고 했다.[144]

---

143) 동물에게도 있는 방식으로 직감을 초월한 상태로 시각, 청각, 후각, 미각, 촉각을 나타내는 오감에 덧 붙여 직감을 제6의 감각이라고 하고, 인간의 고유한 사고방식으로 분류하는 직관을 제7의 감각이라고 한다(은지성, 2012: 19).

144) 임준태, 2009: 626.

『경호활동은 육감을 믿고 과감히 행동하는 것이다』

우리 인간이 지금까지 생존을 유지해 온 것은 바로 위협에 대한 특정한 패턴의 생리적 각성이 각 형태의 정서적인 행동을 지원하는 것으로 고통, 위협에 대응하기 위해 정지(Freeze), 도망(Flee), 투쟁(Fight)이라는 즉각적인 반응을 사용하도록 하였고, 인간은 이러한 반응 때문에 생존해 있다는 설명이다.[145] 또한 우리가 지각하지는 못하지만 여러 가지 의심할 만한 상황들을 무의식적으로 알아내고 생각의 단계를 뛰어 넘어 위험을 알아차리게 된다. 이것을 제3의 심리학 '육감(六感)[146]'이라 하여(Gavin De Becker, 2003) 경호현장에서 무엇보다 중요시 되고 있으나, 교육훈련에는 간과(看過)하거나 당연시되는 능력으로 오인(誤認)되고 있는 측면을 발견하게 된다. 이 시점에서 다시 한 번 정밀하게 재검토 해 볼 필요가 있다. 또한 경호 프로파일링을 연구하는 과정에서 무의식 수준에서 이루어지는 인간의 행동패턴 특히 한국인의 문제해결방식을 이해하는데 있어 '이화방어기제검사' 보다 좋은 학습은 없었던 것 같다.

『모든 분야에서 창조적 사고는 언어로 표현되기 전부터 나타나며, 논리학이나, 언어학법칙이 작동하기 전에 감정과 직관,

145) 조 내버로 외, 2014: 43.

146) 육감(六感)은 분석적 사고에 의하지 않고 사태의 진상을 파악하는 정신작용 즉 직감(直感)을 의미한다. 현대 초심리학에서는 초감각적 지각(ESP)이라고 한다(두산백과. 네이버 검색). 우리가 무엇을 어떻게 알게 되었는지 설명할 수 없지만 알고 있다는 느낌을 갖게 되는 경우는 드물지 않다(Babara McClintock, 1902-1992).

이미지와 몸의 느낌을 통해 그 존재를 드러낸다[147]』

끝으로 경호프로파일링 분야는 인간의 본성에 내재된 심리적 특성(Psychological Characteristic)과 행위(Behaviour)와의 관련성을 분석하는 분야로써 결과를 수학 공식처럼 적용하는 것은 무리가 있음에도 불구하고 분석해야 하는 이유는 '단 한 번의 실수도 허용될 수 없다'는 경호임무의 중요성 때문이다. 그러므로 경호원은 누구나 경호프로파일러가 되어야 한다. 경호프로파일링의 용어적 측면에서도 경호프로파일링을 포함하여 언급된 많은 용어가 신조어에 가깝고 경호현장과 이론의 융·복합을 통한 경호의 패러다임 변화를 꾀하였으며 또한 많은 부분이 정신의학과 심리학적 접근을 통한 창의적 발상이라는 점이다.

『경호프로파일링은 현상이 발현되기 전에 요인을 보려는 노력이다』

경호프로파일러는 남들이 보지 못하는 것을 보고, 남들이 하지 못하는 생각을 해야 하고, 끊임없는 연구, 지속적인 교육훈련과 수많은 경험이 필요하다. 경호프로파일러에게 가장 필요한 한 가지가 더 있다면 깨어있는 각성과 오감에 직감을 더한 직관과 촉[148]을 키

147) 로버트 루트번스타인 외, 2013: 5.

148) '닿다, 찌르다, 느끼다'의 의미를 지닌 한자 '촉(觸)은 동물의 뿔이나 곤충의 드듬이로 기후나 환경변화를 감지하는 능력을 뜻하는 말이나 사회에서 통용되는 '촉'의 의미는 복잡하고 다양한 환경을 꿰

우는 것이다. 또한 아무리 강한 직관과 촉을 가진 사람도 앎의 기반과 노력 없이는 훌륭한 경호관이 될 수 없다. 그러므로 문무(文武)와 강인한 정신력을 겸비한 최고의 경호관이 되기 위해서는 모든 업무의 일상에서 완벽을 지향하는 만려무실(萬慮無失)[149]의 자세로 끊임없는 노력을 해야 한다.

뚫어보는 통찰력인 동시에 빠른 변화를 직감하는 힘이자, 소비자의 진화하는 욕구를 감지해 변화에 대응하고 시장을 선도하는 능력을 말한다(이병주, 2012).

149) 만려무실(萬慮無失): '만 가지를 살펴서 한 가지의 실수도 없어야 한다'는 뜻으로 '단 한 차례의 실수도 용납하지 않는다'는 의미(18대 박흥열 대통령 경호실장 취임식(2013.2.26) 강의 내용 중 발췌)

<참고문헌>

1. 문헌

가빈드 베커 (2003). 범죄신호. 서울 : 황금가지.

권석만 (2004). 현대 이상심리학. 서울 : 학지사.

권중돈·김동배 (2009). 인간행동과 사회환경. 서울 : 학지사.

그레고리 하틀리·마리안 카린치 (2011). 거짓말의 비밀 : 사람들은 왜 진실을 말하지 않는걸까. 서울 : 문학동네(북노마드).

김경희 (2004). 정서심리학. 서울 : 박영사.

김두현 (1995). 경호학개론. 서울 : 쟁기.

김두현 (2001). 경호학개론. 서울 : 백산출판사.

김두현·손지영 (2008). 경호위해 행위에 대한 인지과학적 분석의 필요성 고찰 – 과학적 예방적 사회안전 대책 수립을 위한 기조. 한국경호경비학회지, 17, 33–51.

김명희 (2012). 한국사회 자살현상과 『자살론』의 실재론적 해석 : 숙명론적 자살(Fatalistic Suicide)을 중심으로. 비판사회학회, 경제와 사회 96, 288–327.

김옥진·김형수 (2011). 현대인의 행동과 심리. 서울: 민지사.

김의진 외 (1988). 핸드볼 골키퍼의 반응시간에 관한 연구, 스포츠과학연구소

김재은·이근후·김정규·박영숙 (1991). 이화방어기제검사 실시요강 (대학생·성인용). 서울 : 하나의학사.

김종민 (2004). 우리나라 수행경호의 실태와 개선방안에 관한 연구. 명지대학교 석사학위논문.

김태련 외 (1996, 180). 여성심리. 서울 : 이화여자대학교출판부.

김창호 ·강민완·오재환 (2011). 관찰기법 : 범죄예방을 위한. 서울 : 진영사.

김창호·오재환 (2009). 민간경비원의 질문·검색 요령 교육훈련에 관한 개선방안. 한국경호경비학회지 19(43), 43–66.

김형수 (2007). 국가요인에 대한 경호활동 발전 방안 연구. 동국대학교 석사학위논문.

김화수 (2011). 公경호원의 경호대상자 심리상태 인지와 경호기법 설정에 관한 탐색적 연구, 경기대학교 박사학위논문.

김화수·강민완·조성구 (2012). 공경호원의 경호대상자 심리상태 인지 공경호원의 경호대상자 심리상태 인지. 한국경호경비학회지, 31. 73–100.

김화수·조성구·김동제 (2013). 노무현 대통령 서거 : 경호대상자 심리상태 인지의 의미. 한국위기관리논집, 9(5), 71–86.

김화수 (2004). 무학무술칼럼. 대한무학무술연맹.

남기철 (2009). 노숙인 복지론–Homeless의 사회적 통합. 서울 : 집문당.

대한신경정신의학회 (1998). 신경정신과학. 서울 : 하나의학사.

대한신경정신의학회 (2005). 신경정신의학. 서울 : 중앙문화사.

데이먼즈 모리스 (2004). 피플워칭 : 보디랭귀지연구. 서울 : 까치.
로널드 L. 에이커스 & 크리스틴 S. 셀러스 (2005). 범죄학이론. 서울 : 나남.
로버트 루스번스타인·미셸 루스번스타인 (2007). 생각의 탄생. 서울 : 에코의 서재.
메리 엘런 오툴 & 앨리사 보먼 (2012). 첫인상은 항상 배신한다 : FBI 심리학의 첫 번째 충고. 서울 : 21세기북스.
위니프레드 갤러거 (2010). 몰입, 생각의 재발견 : 모차르트에서 아인슈타인까지 집중력과 창조성의 비밀. 서울 : 오늘의 책.
박강우 (1995). 정신질환자에 대한 법정치료 및 보호에 관한 연구. 서울 : 한국형사정책연구원.
박영숙 (1990). 자아방어 진단 검사 표준화 예비연구. 이화의대지, 13(3), 233-242.
박준석·정주섭 (2010). 경호학 원론. 서울 : 백산출판사.
박준석 (2005). 뉴테러리즘의 국가적 대응전략과 민간경호경비 연계성과 발전방안. 제7회 한국민간경비학회 정기학술세미나 논문집, 58
박준석 (2014). 뉴테러리즘 대응전략의 산·학·관의 협력방안, 국회경호전문화과정, 109-129.
박지훈·김흥국·이진석·이연우·이성로·광주과학기술원·정보통신산업진흥원·목포대학교(2012). 잔향환경에서의 이중채널 음성분리를 위한 상호시간차이 추정. 대전전자공학회, 35(1),

1074–1076.

박현호·강용길·정진성·김현정 (2010). 범죄예방론. 용인 : 경찰대학.

백은선·김선우·백건종·신훈·송민정·국찬(2011). 선행음 효과를 이용한 최적의 음성피난유도음에 관한 연구. 한국화재소방학회, 25(2), 101–106.

서상열 (2006). 국가요인 테러리즘의 대응체제 구축방안. 경호경비연구, 11, 61–86.

서상열 (1998). 세계 요인테러의 실태분석과 대응방안에 관한 연구, 동국대학교 석사학위논문.

성옥련 (1992). 부모가 알아야 할 어린이 심리세계. 서울 : 교보문고.

송재선 (1982). 우리말 속담 큰 사전. 서울 : 서문당.

송현동 (2011). 자살과 종교 : 한국 사회의 자살에 대한 시선 – 노무현 전 대통령을 중심으로. 종교문화연구 16, 65–91.

신동건 (1994). 경호실무. 용인 : 경찰행정연구원

양재열 (2000). 요인 신변보호의 사전 예방작용에 관한 연구 : 사전 안전활동을 중심으로. 경호경비연구, 3, 145–174.

안세영 (2010). 이기고 시작하라. 서울 : 쌤앤파커스.

안종하 (2004). 요인경호 보안활동에 관한 연구. 연세대학교 석사학위논문.

양재열 (1995). 경호의 기본적 이론에 관한 연구 : 국가원수 경호를 중심으로. 연세대학교 석사학위논문.

염상국 (1997). 요인경호시 근접경호원에게 요구되는 행동이론에 관

한 연구. 경희대학교 석사학위논문.
염장호 (1997). 경호경비 조직관리론. 서울 : 오성출판사.
염태호·김정규 (1991). 성격요인검사 요강. [ ].
오재근·이명종 (2000). 스포츠의학. 서울 : 도서출판 정담.
이근후·김재은·김정규·박영숙 (1991). 이화방어검사 표준화연구.
이근후 외 (1991). 이화방어기제검사 실시요강. 서울: 하나의학사
이근후 (1992). 정신치료 어떻게 하는 것인가. 서울: 하나의학사.
이근후·박영숙 (1990). 전래의 속담에 나타난 과거 한국인의 자아방어기제. 신경정신의학, 29(3), 721-732.
이근후·박영숙 (2011). 정신병리학. 서울: 하나의학사.
이근후·박영숙 (1988). 정신치료의 역동요법. 서울: 하나의학사.
이근후 외 (1988). 최신임상정신의학. 서울 : 하나의학사.
이근후 외 (1995). 정신장애진단 및 통계편람 제4판. 서울 : 하나의학사.
이기문 (1962). 속담사전. 서울 : 일조각.
이동원·박옥희 (2000). 사회심리학. 서울 : 학지사.
이두석 (2008). 위해사례 분석을 통한 경호위기 관리시스템 설정 방안. 용인대학교 박사학위논문.
이병주 (2012). 촉(觸), 서울 : 가디언.
이상철 (2003). 경호심리학. 서울 : 홍경.
이상철 (2006). 경호현장운용론. 용인 : 도서출판원.
이상철 (2008). 경호현장운용론. 서울 : 진영사.
이상현 (1992). 범죄심리학. 서울 : 박영사.

이영래 (1998). 요인테러의 실태 분석에 의한 경호적 대응방안에 관한 연구. 연세대학교 석사학위논문.

이영문 [2010]. 고통을 드러낼 수 없는 자살피해자, 자살유족의 이해. 제7회 서울시 자살예방 포럼, 서울시 자살예방센터, [1-27].

이영희·박소연·박혜윤 (2005). 현대인의 생활매너. 서울 : 백산출판사.

이용수·청소년상담사 수험연구소 (2014). 청소년상담사 3급. 서울: (주)시대고시기획.

이용주 (2008). 범죄 환경변화와 민간경비의 역할 증진 방안. 용인대학교 석사학위논문.

이정아 (2004). 촉각을 이용한 디자인 발상교육에 관한 연구. 국민대학교 석사학위논문.

이충수 (2008). 신체반응시간과 근접경호 대응논리 적용에 관한 연구. 한국경호경비학회지, 15, pp.304-316.

이춘삼 (2010). 경찰경호 발전방안에 관한 연구. 치안정책연구소.

이채봉 (1999). 연속 마스킹이 음상정위에 미치는 영향. 동서대학교연구소논문집, 3, 145-150.

이채봉 (2010). 단일 주파수에서 선행음 및 후속음이 음원의 방향지각에 미치는 영향. 한국전자통신학회, 5(3), 251-255.

이채봉 (2010). 시간 마스킹이 음상정위에 미치는 영향. 한국전자통신학회, 5(4), 352-356.

이현수 (2003). (생활인의) 성격심리학. 서울 : 대왕사.

이훈구 등 (2005). 정서심리학. 파주 : 법문사.

임준태 (2009a). 프로파일링. 서울: 대영문화사.
임준태 (2009b). 비교경호제도론. 서울: 백산출판사.
임준태·이도선 (2009). 지리적 프로파일링을 통한 연쇄강력범죄의 공간적 특성분석. 한국경찰연구, 8(4), 199-224.
윤진 (1996). 성인·노인심리학. 서울 : 중앙적성출판사.
윤후의 (2007). 지구대에서의 주취난동 및 공무집행 방해사범 대응에 관한 연구. 연세대학교 석사학위논문.
은보경 (1998). 산업재해장애인의 심리적 재활에 영향을 미치는 요인에 관한 연구. 이화여자대학교 석사학위논문.
은지성 (2012). 직관, 서울: 황소북스.
왕중추·주신위에 (2011). 퍼펙트워크(Perfect Work). 서울 : 다산북스.
재닌 드라이버 (2011). 당신은 생각보다 많은 것을 말하고 있다 : 우리가 미처 몰랐던 몸짓과 표정의 행동심리학. 서울 : 비즈니스북스.
정무성·양희택·노승현 (2006). 장애인복지개론. 서울 : 학현사.
정옥분·정순화·임정하 (2008). 정서발달과 정서지능. 서울 : 학지사.
정태황 (2004). 경호실무론. 서울 : 백산출판사.
조 내버로·마빈 칼린스 (2010). FBI 행동의 심리학. 서울 : 리더스북
조성구 (2010). 한국 정치인 경호의 발전 방안에 관한 연구. 경운대학교 석사학위논문.
조성구·김태민 (2010). 정치인 경호제도의 문제점 및 개선방안. 한국경호경비학회지, 22, 169-196.
조철옥 (2007). 경찰학개론. 서울 : 대영문화사.

제성호 (2005). 9.11 테러이후 미국의 대테러 대응체계 변화. 대테러연구논총, 2, 17
최단비·김명선 (2012). 강박성향을 가지는 분열형 인격성향군의 재인 기억과 암묵 기억에 관한 사건관련전위 연구. 한국심리학회지, 31(3).
차석빈·허윤정(2013). 펼치는 매너 보이는 매너. 서울 : 현학사
최영인·염건령 (2005). 범죄프로파일이론과 연쇄살인의 프로파일링. 서울 : 백산출판사.
치우커핑 (2008). 의문에 빠진 세계사: 세상을 뒤흔든 뜻밖의 미스터리. 서울 : 두리미디어.
파멜라 마이어 (2011). 속임수의 심리학 : 제스처 언어 감정의 비밀코드를 해독하라. 서울 : 초록물고기.
폴 에크먼 (2003). 거짓말 까발리기. 서울 : 마이넌.
폴 에크먼 (2006). 얼굴의 심리학. 서울 : 바다출판사.
표창원 (2011). 숨겨진 심리학 : 최고프로파일러가 알려주는 설득과 협상의 비밀. 서울 : 토네이도미디어.
피터 퍼타도·마이클 우드 (2009). 죽기 전에 꼭 알아야 할 세계역사 1001. 서울 : 마로니에북스.
필립 휴스턴·마이클 플로이드·수잔 카나세로·돈 테넌트 (2014). 거짓말의 심리학 : CIA 거짓말 수사 베테랑이 전수하는 거짓말 간파하는 법. 서울 : 추수밭.
호리이 케이 (2011). NLP 행복코드로 세팅하라. 서울 : 한언출판사.
홍성열 (2000). 범죄심리학. 서울 : 학지사.

홍성열 (2011). 범죄자 프로파일링. 서울 : 학지사.

Abraham, K. (1924). Symptom formation and character formation. In Identification in healthy and pathological character formation by Silverman M. A. The International journal of psycho-analysis, 67, 181.

Acheier, M. & Carver, C. (1987). Dispositional optimism and physical well-being: The in fluence of generalized outcome expectancies on health. Journal of Personality, 55, 169-210.

American Psychiatric Association(1995). 정신장애의 진단 및 통계편람. 이근후(대표 역)(원본 1994). 서울: 하나의학사.

Arlow, J. (1964). Symptom formation and character formation. The International journal of psycho-analysis, 45, 167-176.

Blacky, S. B (1955). Defense preference in four countries. Journal of projective techniques & personality assessment, 20, 33-41.

Bond, M., Gardmer. S. T, Christian, J., Sigal, J. J. (1983). Empirical study of self rated defense style. Archives of general psychiatry, 40, 333-338.

Bootzine, R. R., Natsoulas, T. (1965). Evidence for perceptual defense uncontaminated by response bias. Journal Per. Soc. Psychology, 1, 461-468.

Brenner, C. (1973). An elementary textbook of psychanalysis. 2nd ed., New York, Anchor Press.

Brenner, C. (1976). Psychoanalytic technique and psychic conflict. New York, International University Press.

Breuer, J. Freud, S. (1893). Studies in hysteria. In Standard edition of complete psychological work of Sigmund Freud vol. II, London, Horgarth Press.

Brunner, J. S, Postman, L. (1947). Tension and tension release as organizing factors in perception. Journal Person., 16, 69-77.

Byrne, D., Barry, J., Nelson, D. (1963). Relation of the revised repression-sensitization scale to measures of self-description. Psychological Reports, 13, 323-334.

Comer, R. J. (2011). Fundamentals of Abnormal Psychology. (6th Ed). New York; 오경자 등 역 (2013). 이상심리학원론. 서울 : 시그마프레스.

Cowen, E. L., Beier, E. G. (1954). Threat expectancy, work frequencies, and perceptual precognition hypotheses. Journal of abnormal and social psychology, 14, 469-477.

Cramer, C., Blatt, S. T., Ford, R. Q. (1988). Defense mechanisms in the anaclitic and introjective personality configuration. Journal of consulting and clinical psychology, 56(4), 610-616.

Ekman, P. (2001). Telling lies. New York : Carol Mann.

______. (2003). Telling lies. New York : Carol Mann.

Endicott, J., Spitzer, R. L., Fleiss, J. L. (1976). The global assessment scale.

Archives of general psychiatry, 33, 766-771.

Erikson, C. W., Brown, C. T. (1956). An experimental and theoretical analysis of percepual defense. Journal of abnormal and social psychology, 52, 224-230.

Erikson, C. W. (1963). Perception and personality. In J. M. Wepman, R. W. Heine eds., Concepts of personality. Chicago, Aldine.

Fennichel, O. (1945). The psychoanalytic theory of neurosis. New York, WW Norton & Company.

Ferenzi, S. (1912). On the definition of introjection. In Comptom A : The concept of identification in the work of Freud, Ferenczi, and Abraham. Psychoanaly Quarterly LIV, 200-233.

Flavell, J. (1955). Repression and the "return of the repressed." Journal of consulting and clinical psychologyJ Con Psychology, 19, 441-443.

Freud, A. (1936). The ego and mechanisms of defense. New York, International University Press.

Freud, S. (1894). The neuro-Psycosis of defense. Ibid.3.

Freud, S. (1926). Inhibition, symptoms and anxiety. Ibid. 20.

Glen O. Gabbard; 이정태 역 (2008). 역동정신의학. 서울 : 하나의학사.

Gerald Matthews; 문용린 외 역 (2010). 정서지능 : 그 오해와 진실. 서울 : 학지사.

Gleser, G. C., Ihilivich D. G. (1969). An objective instrument for measuring defense mechanisms. Journal of consulting and clinical psychology, 33(1), 51-60.

Hall, Edward, T. (1966). The Hidden Dimonsion. Anchor Books; 최효선 역 (2005). 숨겨진 차원. 서울 : 한길사.

Hall. J. A. (1984). Non Verbal Sex Differences: Communication Accuracy and Expressive Style. Johns Hopkins Univ. Press.

Hann, N. (1977). Coping and defending. San Francisco, Jossey-Bass.

Hartman, H. (1939). Psychoanalysis and concept of health, In Bellak L, Hurvich M, Gediman H; Ego functions in schizoprenics, neurotics, and normals. New York, Willey-Interscience.

Howes, D., Solomon, R. L. (1959). A note on McGinnies' emotionality and perceptual defense. Psychological Review, 57, 229-234.

Juni, S., Yanishefky, D. S. (1983). Defensive style-atate of trait? Journal of personality assessment, 47(5), 536-538.

Jenson, C. R. & Fisher (1972). Scientific Basis of Athletic Conditioning, Philadelphia: Lea & Febiger.

Jonston, R. (1997). How to manage the risk of Personnel Protection, 팜플렛 자료

June Pale L.(1999). Introduction to Executive Protection. Boca Raton-CRC Press.

Kant, 1.; 백종현 역(2006). 순수이성비판. 1:대우고전총서. 19. 서울:아카넷

Kaplan, H. I., Sadock, B. J. (1989). Comprehensive textbook of psychiatry

IV. Baltimore, Williams & Willkins.

Kolb, L. C., & Brodie, H. K., 이근후 외 역 (1988). 최신 임상정신의학. 서울 : 하나의학사.

Lab, Steven P.; 이순레·박철현·김상원 역 (2011). 범죄예방론(Crime Prevention: Approaches, Pratices and evaluations). 서울 : 그린.

Lazarus, R. S., Erikson, C. W. (1951). Personality dynamics in auditory perceptual recognition. Journal of Personality, 19, 471-482.

Luborsky, L. (1962). Emotionality and perceptual defense. Psychological Review, 56, 244-251.

Mackinnon, D. W., Dukes, W. (1962). Repression In Postman L. ed., Psychology in the making. New York, Knopf.

Maddi, S. R. (1980). Personality theories. 4th ed., Illinois, The Dorsey Press.

McCarth, Dennis V. N. & Smith, P. W. (1988). Protecting the President.

McCleary, R. A., Lazarus, R. S. (1949). Autonomic discrimination without awareness. Journal of Personality, 18, 171-179.

McGinnin, E. (1949). Emotionality and perceptual defense. Psychological Review, 56, 241-251.

Melanson, P. (1984). The Politecs of Protection New York., Praeger Publishers.

Melanson, P. (1988). The Politics of Protection. Massachusetts University.

Monahn, J. (1992). Mental disorder and violent behavior. American

Psychologist 47, 511-521.

Oglott, J. & Schaefer, D. (1004). Criminality. In R. J. Stemberg et al.(eds). Encyclopedia of Intelligence. New York: Macmillan.

Penn, N. (1964). Experimental improvements on an analogue of repression paradigm. Psychological Record, 14, 185-196.

Postman, L., Brunner, J. S., McGinnies, E. (1948). Personal value as selective factors in perception. Journal of abnormal and social psychology, 43, 142-154.

Reich, W. (1933). Character formation and phobias of childhood. The International journal of psycho-analysis, 12, 219-230.

Rosenzweig, S. (1950). Revised norms for the adult form of the Rosezweig P-F study. Journal of Personality, 18, 344-346.

Schafer, R. (1968). The mechanism of defense. The International journal of psycho-analysis, 49, 49-62.

Semrad, E. V., Grinspoon, L., Feinberg, S. E. (1963). Development of an ego profile scale. Archives of general psychiatry, 28, 70-77.

Siegel, R. (1961). What are defense mechanisms? Journal of the American Psychoanalytic Association, 17, 785-807.

Silverman, M. A. (1986). Identification in healty and a pathological character formation. The International journal of psycho-analysis, 67, 181-191.

Sitlington, P .L., Clark, G. M., & Kolstoe, O. P. (2000). Transition

Education and Services for Adolescents With Disabilities, (3rd Ed); 박승희·박현숙·박희찬 역 (2006). 장애청소년 전환교육. 서울 : 시그마프레스.

Thorndike, E. L., Lorge, I. (1944). The teacher's word book of 30,000 words. New York, Columbia University.

Truax, C. B. (1957). The repression response to implied failure as a fomation of the hysteria-psychasthenia index. Journal of abnormal and social psychology, 55, 188-193.

U.S. CID. (1978). Protective Services. Dcpt,. of the Treasury, U.S. Secret Service.

U.S. Secret Service. (1990). Moments in History: 팸플릿.

Vaillant, G. E. (1976). The natural history of male psychological health. Archives of general psychiatry, 33, 535-545.

Vaillant, G. E. (1981). Thc natural history of male Psychological health. Archives of general psychiatry, 42, 597-601.

Valillant, G. E. (1986). Empirical studies of ego mechanisms of defense. Washington, American Psychiatric Press.

Vaillant. G. E., Bond. M., Vaillant. C. O. (1986). An Empirically Validated Hierachy of Defense Mechanism. Archives of general psychiatry. 43, 786-794.

Woodworth, R. S. & Schlosberg, H. (1963). Experimental, Psychology, Revised, New York, Rinehart and Winston.

Zeller, A. (1950). An experimental analogue of repression II. Journal of experimental psychology, 40, 411-422.

Zeller, A. (1951). An experimental analogue of repression III. Journal of experimental psychology, 41, 32-38.

2. 기 타

http://www.mofa.go.kr : 외교부

http://www.knpa.or.kr : 대한신경정신의학회 : 홧병

http://www.peacekeeping.go.kr : 국방부(파병공감)

http://blog.naver.com/sisilians : 디자인 불변의 법칙 100가지

http://blog.daum.net/yoosoojungbo

http://blog.naver.com/ehyosang

http://cafe.naver.com/ikha

http://blog.naver.com/vinci22c

〈부록〉 경호프로파일링 강의(안)

경호프로파일링

(S.S.R.F.P : Security Service Risk Factor Profiling)

김 화 수

강 의 목 차

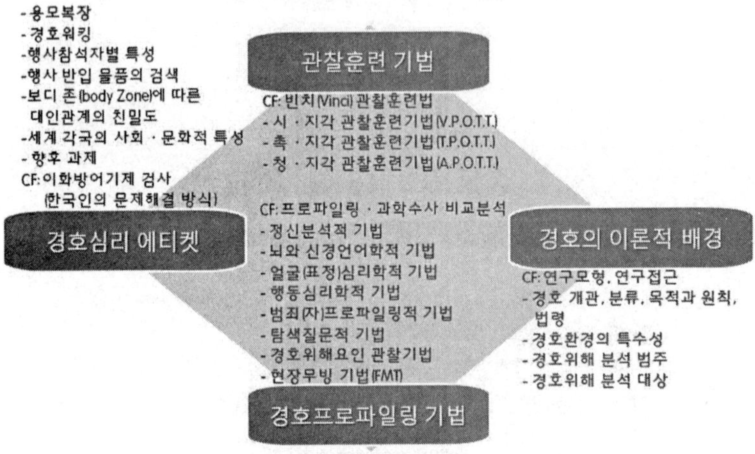

- 용모복장
- 경호워킹
- 행사참석자별 특성
- 행사 반입 물품의 검색
- 보디 존(body Zone)에 따른 대인관계의 친밀도
- 세계 각국의 사회 · 문화적 특성
- 향후 과제
CF: 이화방어기제 검사 (한국인의 문제해결 방식)
경호심리 에티켓
관찰훈련 기법
CF: 빈치(Vinci) 관찰훈련법
- 시 · 지각 관찰훈련기법(V.P.O.T.T.)
- 촉 · 지각 관찰훈련기법(T.P.O.T.T.)
- 청 · 지각 관찰훈련기법(A.P.O.T.T.)
CF: 프로파일링 · 과학수사 비교분석
- 정신분석적 기법
- 뇌와 신경언어학적 기법
- 얼굴(표정)심리학적 기법
- 행동심리학적 기법
- 범죄(자)프로파일링적 기법
- 탐색질문적 기법
- 경호위해요인 관찰기법
- 현장무빙 기법(FMT)
경호프로파일링 기법
경호의 이론적 배경
CF: 연구모형, 연구접근
- 경호 개관, 분류, 목적과 원칙, 법령
- 경호환경의 특수성
- 경호위해 분석 범주
- 경호위해 분석 대상

연 구 모 형

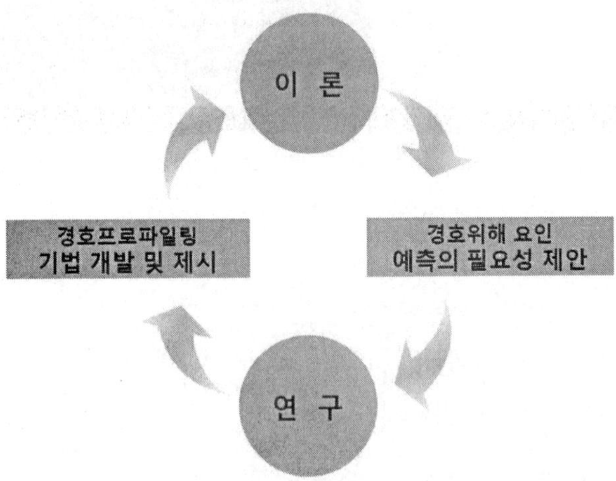

이 론
경호위해 요인 예측의 필요성 제안
연 구
경호프로파일링 기법 개발 및 제시

연 구 접 근

◈ 표괄성 : 뇌와 심리, 표정, 행동의 분석에 대한 종합적 설명(이해)

◈ 효율성 : 가능한 한 단순, 위기 상황 시 최적의 대응 가능성

◈ 경험적 타당성 : 직접 경험된 지지 증거의 필요

◈ 정확한 검증성 : 객관적 검증이 가능한 구체적인 상황과 행동에 대한 명확성(조작적 정의 필요)

◈ 창의적 탐구성 : 새로운 아이디어와 통찰력의 탐구, 심화, 확장

◈ 적용성 : 경호현장에 실제 적용하여 완벽한 경호임무 수행에 기여

**『과학자는 공식으로 사고하지 않는다.
직관적으로 깨달은 후에 논리적으로 표현하는 것이다』**

경호의 이론적 배경

① 경호의 개관(槪觀), 분류, 목적과 원칙, 법령

② 경호 환경의 특수성(국내, 국외)

③ 경호 위해 분석 범주
(정신분석, 행동·심리분석, 문화·환경, 사회·정치)

④ 경호위해 분석 대상
(인적, 물적, 근접경호원에 대한 경호위해성 조사)

경호의 개관

경호대상자의 생명과 재산을 보호하기 위하여 신체에 가하여지는 위해를 방지 또는 제거하고, 특정한 지역을 경계·순찰 및 방비하는 등의 모든 안전활동(대통령등의경호에관한법률 제2조).

"실체적이고 주도 면밀한 범행의 성공의 기회를 최소화하는데 있다"
(Protection is to minimize the chances of success of any real or contemplated attack(Secret Service U.S. Department of Homeland Security))

경호의 분류

국가(公)경호와 민간(私)경호. 선발경호와 수행경호

경호의 목적

경호대상자의 신변안전 도모. 질서유지와 혼잡방지. 경호대상자와 환영자 간의 친목도모. 위엄유지와 국위선양

경호의 법령

대통령등의경호에관한법률, 경찰관직무집행법, 전직대통령예우에관한법률, 경비업법, 대통령경호안전대책위원회규정, 경호규정 및 경호규칙, 경호편람 등

경호의 원칙

· 일반원칙 : 3중 경호, 두뇌경호, 방어경호, 은밀경호
· 특별원칙 : 자기담당구역 책임, 목표물 보존, 하나의 통제된 지점을 통한 접근, 자기희생
· 경호조직의 원칙 : 경호지휘 단일성, 경호체계 통일성, 경호기관 단위작용, 경호 협력성
· 경호임무 활동의 원칙 : 경호임무 절차, 선발 및 근접경호 구분 운용, 3중 경호, 방어 및 대피 우선
· 즉각조치의 원칙 : 공격인지, 경고, 방패막 형성(방호) 및 대피, 대적 및 제압

『초월적(超越的)·초법적(超法的) 의지의 책임이다』

경호환경의 특수성

국내(대립과 편향의 사회구조 등), 국외(신국수주의에 근거한 국가간 물리적 경계의 불확실 등)

경호위해 분석 범주

정신분석, 행동·심리분석, 문화·환경, 사회·정치

경호위해 분석 대상

인적위해 요소(경호대상자, 경호위해자), 물적위해 요소(총기, 폭탄 등), 근접경호요원에 대한 경호위해성 조사

『믿어라, 그러나 확인하라』

관찰기법이란(Observation technique)

무의식적 지배를 받거나 자의적 근육의 움직임이 불가능한 불수의근, 뇌와 행동의 연관성을 토대로 무의식 단서를 읽어내는 정신분석, 뇌와 신경언어, 얼굴(표정)심리학, 행동심리학, 의식적 위해 단서를 찾아가는 범죄(자)프로파일링, 탐색질문, 스포츠심리학 등 다양한 분야의 학문적 분석을 근거로 인간의 심리를 분석 이상행동 징후를 탐색해 내는 기법

『모든 지식은 관찰에서부터 시작된다』

관찰훈련기법(O.T.T.)

우리 몸에는 오감 즉 눈으로 외부자극을 인식하는 시각과 소리로 인식하는 청각, 맛으로 인식하는 미각, 냄새로 인식하는 후각, 접촉으로 인식하는 촉각이 있다. 경호프로파일링 경호위해요인 관찰훈련기법에서는 경호위해요인 탐색과 직접 관련되고 훈련을 통해 감각을 촉진시킬 수 있는 시·지각, 청·지각, 촉·지각 관찰훈련기법을 제시하였다.

『과학자는 미술을 공부하고, 화가는 해부학을 공부하고, 의사는 드로잉을 공부해야 한다』

1. 시·지각 관찰훈련기법(V.P.O.T.T.)

CF: 자기 중심시야 찾기, 빈치(Vinci)의 집중하는 법
- 게슈탈트(Gestaltteorie) 시·지각 군화(群化) 법칙의 인용
  1. 각각의 도형이 독립적인 형태로 인식
  2. 임의의 구획선을 이용 묶음으로 인식
  3. 도형간 임의의 연결선을 이용 연속된 통합으로 인식

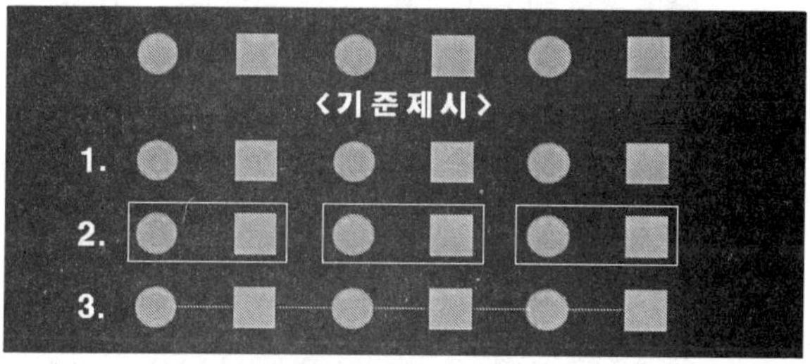

<참조: http://blog.naver.com/sisilians, 디자인 불변의 법칙 100가지, 고려문화사>

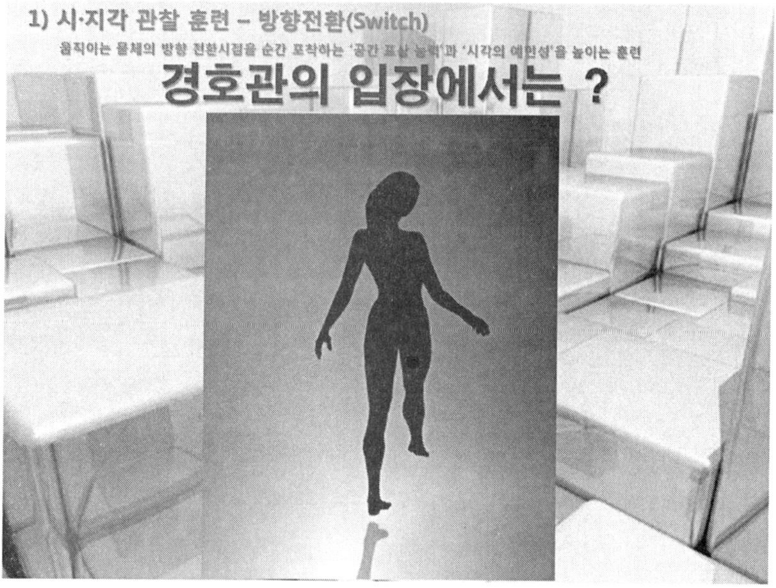

2) 시·지각 관찰 훈련 – 목표물 선별(Ring Search)

연속된 원의 빠른 관찰과 동시에 개별원을 뚜렷이 선별 관찰하는 '시각 민첩성'을 높이는 훈련

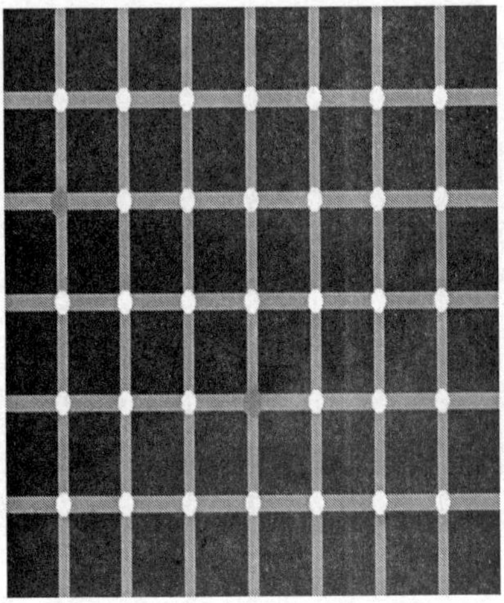

3) 시·지각 관찰 훈련 기법 – 집중력(Concentration)

목표물에 집중하여 숨겨진 물체를 발견하는 '시·지각 구성능력'과 '주의 집중능력'을 높이는 훈련

4) 시·지각 관찰 훈련 기법 – 이동목표물 선별(Seareh Move)

물체의 정지와 움직임을 유도, 목표물을 분리 선별하는 '시·지각 활용(분리) 능력'을 높이는 훈련

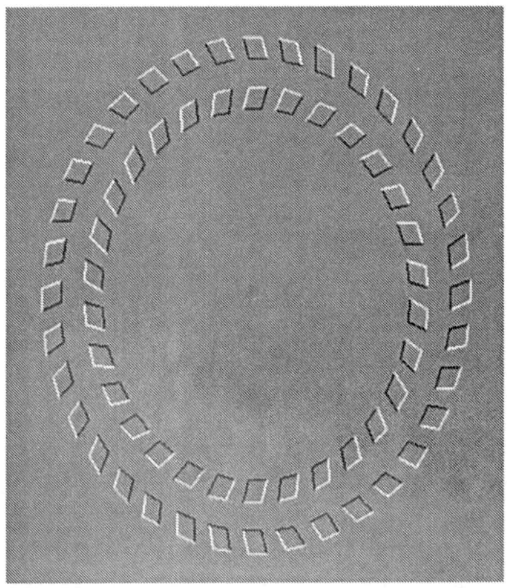

5) 시·지각 관찰 훈련 기법 – 대상분석(Target Analysis)

여러 목표의 변화를 동시에 포착하는 '전체 상황에 대한 이해와 유사성 파악능력'을 높이는 훈련

당신의 생각을 맞추어 볼까요?

위의 6개 카드 중에서 하나를 선택하십시오.

선택한 카드를 손으로 가르키거나 말을 하지 마십시오.

제가 당신의 생각을 읽고 선택한 카드를 알아 낼 것입니다.

<이미지 창이 열려도 기억만 하시면 됩니다>

사진 속에 잘못된 부분을 찾아보세요.

보통 사람이면 20초 이내에 찾으실 수 있습니다.

2. 촉·지각 관찰훈련기법(T.P.O.T.T.)

눈으로 볼 수 없는 부분을 손으로 보는 것으로, 경호관의 손바닥과 손끝의 촉각을 활용한 촉수검색을 통해 경호위해자가 소지한 행사방해 플랜카드나 세라믹 등 금속탐지기의 탐지가 불가능한 비금속 위해 물품을 찾아내는 기법이다.

1. 눈을 감고 손끝의 촉각으로 물건 알아 맞추기
2. 눈을 감은 상태에서 손바닥 위의 글씨 알아 맞추기
3. 양팔을 옆으로 벌렸다 모으며 인지손가락의 양끝 부딪치기 (눈을 감았다 떴다 번갈아 실시)
4. 옷 속에 은닉한 위해 물품 찾아내기

3. 청·지각 관찰훈련기법(A.P.O.T.T.)

< 청·지각의 원리 >

『양쪽 귀에 도달하는 시간의 차이(ITD, Interaural Time Difference) 와 소리의 강도의 차이(IID, Interaural Intensity Difference) 로 소리의 방향을 결정한다』

경호위해요인 음향(音響) 선별과 관련된 유의미한 음향의 방향을 식별하고, 주변 소음과 유의미한 음향을 구분해내는 음향식별 능력 부분으로 비상상황시 폭발성·총성의 방향으로 신체를 확장을 해야 하는 '자기 희생의 원칙'으로 경호관의 역량과 직결된다(정전동시대비).

1. 폭발음의 방향으로 신체 확장하기
   (눈을 감았다 떴다 번갈아 실시)

2. 다양한 소리를 청취, 주변 소음과 유의미한 음향 구분하기

3. 생활의 소리를 청취, 물건 알아 맞추기

『관찰은 근육과 같아서 사용하면 강해지고 사용하지 않으면 퇴화된다』

경호프로파일링이란(S.S.R.F.P)

경호프로파일링은 정신의학, 심리학 등 전문지식과 경호현장 경험이 융·복합된 창조분야(Creative Profiling)로,
경호프로파일러는 경호대상자 및 경호위해자의 심리와 행동분석을 통해 경호활동의 효율성을 높이고, 고도의 심리적 전략으로 행사참여 군중 속에서 위해의도자를 선별, 사전 차단 격리, 봉쇄하기 위하여 경호위해요인을 분석, 완벽한 경호를 도모하는 **『경호위해요인 심리분석 경호관(Security Service Risk Factor Profiler)』**이다.

경호·범죄(자)프로파일링·과학수사 비교

경호프로파일링	범죄(자)프로파일링	과학수사
- 사전적 위해 예방 (차단·격리) - 확신범적 범주의 위해 다수 - 특정 대상의 위해와 사회 이슈화 목적 - 목표물 주변 피해가 크다. - 시간적 여유가 없는 현장에서 이루어진다. Cf : 보안적 수단 **『현상이 발현되기 전에 요인을 보려는 노력이다』**	- 사후적 수사지원 (범인검거) - 정신병리적 범주의 범죄 다수 - 사법상, 형사상 분야에서 많이 활용하고 있음. - 불특정 대상의 반사회성 침해 범죄 - 비교적 시간적 여유를 두고 이루어진다. Cf : 범행현장 유류(遺留)된 공간 심리적 증거분석 **『범인은 현장에 반드시 나타난다』**	- 사후 법의학적 수사지원(범인검거) - 정신병리적 범주의 범죄 다수 - 과학적 지식과 장비를 활용 최첨단 수사활동 - 시간적 여유를 두고 이루어진다. Cf : 범행현장 유류물의 법의학적 증거분석 **『범인은 사람이 잡지만 범죄는 과학이 입증한다』**

경호프로파일링 분야

인간의 본성에 내재된 심리적 특성(Psychological characteristic)과 행위(Behaviour)와의 관련성을 분석, 경호위해 요인을 찾아내는 정신의학적 인간의 이해와 무의식적 지배를 받거나 자의적 근육의 움직임이 불가능한 불수의근 등 뇌와 행동의 연관성을 토대로 무의식적 단서를 읽어내는 정신분석, 뇌와 신경언어학, 얼굴(표정) 심리학, 행동심리학, 의식적 단서를 찾아가는 범죄(자)프로파일링, 탐색질문기법, 스포츠심리학 등 다양한 분야가 망라된 일련의 통합과정을 말한다.

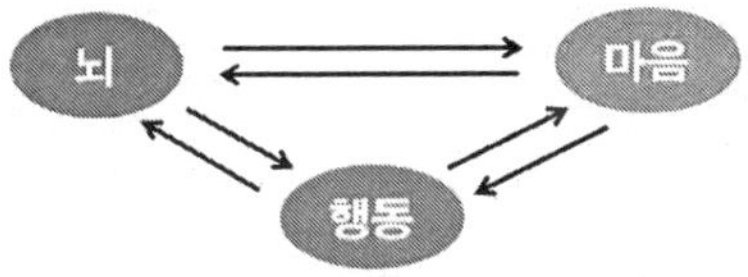

< 뇌, 마음, 행동과의 상호 양방적 관계 >

『의식과 무의식 간의 관계에서 심리적 갈등이 표현 된다』

◈ 경호프로파일링

1. 정신분석학적 기법

"원인 없는 결과는 없다"는 정신결정론에서 출발한다.
경호위해요인을 선별해내는 것을 목적으로 가성과 실언의 단서들에 대한 통찰기법이다.

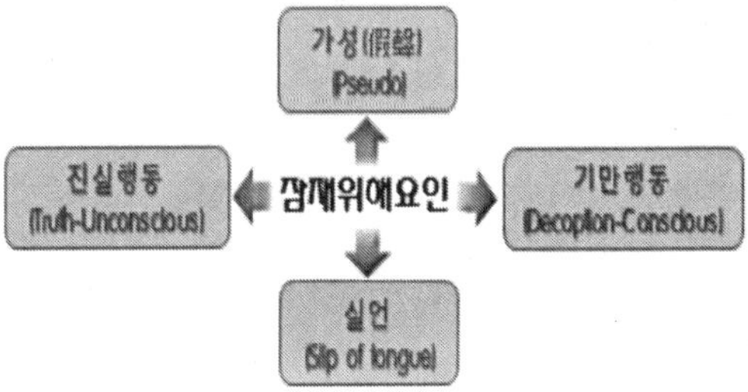

『사건을 과각성(Hyperarosal)과 스트레스로 부터 분리시켜라 』

2. 뇌와 신경언어학적 기법

사람의 신경체계는 경험에 반응하여 구축된다. 따라서 오른손 잡이가 많으나, 왼손잡이일 경우 뇌의 언어중추가 일반적인 것과는 달리 우뇌에 있을 가능성이 있다.

좌뇌의 기능(우반신 작용)	우뇌의 기능(좌반신 작용)
※언어 뇌 - 언어 능력 - 수리 능력 - 추리 능력 - 이성적·분별적 능력 좌뇌는 추리, 계산 등 논리적 기능을 관장한다고 하여 '거짓 반응'으로 추론되고 있다.	※이미지 뇌 - 종합 능력 - 시·공간 능력 - 직관 능력 - 추상적·감성적 능력 우뇌의 패턴 인식력이란 기억을 이미지화하여 머릿속에 파일 형태로 저장 필요 시 활용, 사물의 공간적 위치를 파악하고 행동을 계획하는 기능을 관장한다고 하여 '**진실 반응**'으로 추론되고 있다.

◆ 경호프로파일링

▷ Left Constructed images(구성)	▷ Right Remembered images(기억)
 ► 구성시각 ► visual constructed ► 보지않았던 것에 대한 시각적인 상을 떠올릴때	 ► 회상시각 ► visual remenbered ► 과거의 경험한 기억을 되살려 시각적인 상을 떠올릴때
 ► 구성청각 ► auditory constructed ► 들어보지 않은 소리를 상상할때	 ► 회상청각 ► auditory remenbered ► 과거에 들었던 소리를 기억하여 떠올릴때
 ► 신체감각 ► kinesthetic(feelings) ► 감정, 느낌, 신체적 촉감 등과 관련된 내용을 생각할때	 ► 내부언어5 ► auditory digital ► 마음속에서 어떤 내용을 생각하거나 혼잣말할때

『좋아하는 무언가를 보고 있을 때 동공이 팽창하고, 불쾌·놀람·위협 등 부정적인 상황에서는 동공이 수축되며 동공은 의식적 통제가 불가능하다』

3. 얼굴(표정)의 심리학적 기법

가벼운 수준에서 극단적인 수준까지 한가지에서 여러 표정이 동시에 나타날 수 있고, 아주 짧은 **0.2초 내** 나타난다. 놀라움은 가장 짧고, 두려움은 피해를 입기 전에 느끼며, 혐오는 무언가에 대한 반감, 화는 가장 위험한 감정으로 좌절과 위협, 코 등의 주름이나 비대칭은 경멸, 슬픔은 상실에서 오는 가장 지속시간이 길게 나타나다. **『미세표정은 감정을 드러내는 것이 아니라 감정의 강도를 읽는 것으로 실시간으로 벌어지는 일반적인 상황에서는 한계가 있다』**.

슬픔
- ► 눈썹이 가운데로 몰리면서 올라감
- ► 눈에 초점을 잃음
- ► 입가가 밑으로 처지면서 입술이 팽팽해짐

화남
- ► 눈썹이 가운데로 모이면서 아래로 향함
- ► 눈이 커지면서 노려봄
- ► 입술을 다물면서 얇아짐

업신여김
- ► 입가에 힘이 들어가면서 살짝 올라감 얼굴 좌우 대칭이 일그러짐

역겨움
- ► 콧구멍에 양쪽 입가로 깊은 주름이 생김
- ► 윗입술이 최대한 올라가고 아랫입술도 따라 올라가면서 약간 돌출됨

놀람
- ► 위쪽 눈꺼풀이 위로 올라감
- ► 턱이 아래로 떨어지면서 입이 벌어짐

두려움
- ► 미간이 가운데로 몰림
- ► 위쪽 눈꺼풀이 위로 올라감
- ► 아래 눈꺼풀에 힘이 들어감
- ► 입술이 귀를 향해 일직선이 되면서 팽팽해짐

4. 행동의 심리학적 기법

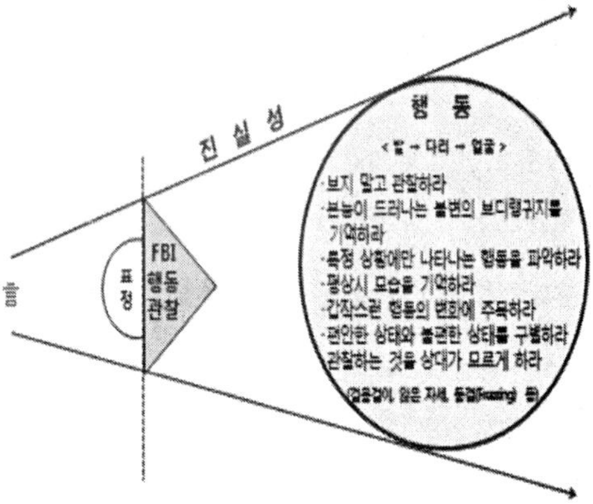

『사람은 말하는 것이 아니라 말해진다』

◈ 경호프로파일링

5. 범죄(자)프로파일링 기법

정신병리적 징후들을 보여주는 통상적으로 사이코패스 혹은 인격장애에 대한 생물학적 특질 혹은 유전인자들의 환경적 경험과 상호작용을 밝혀내는 것으로 경호위해요인의 대상에는 포함되나 지극히 제한적인 부분이다.

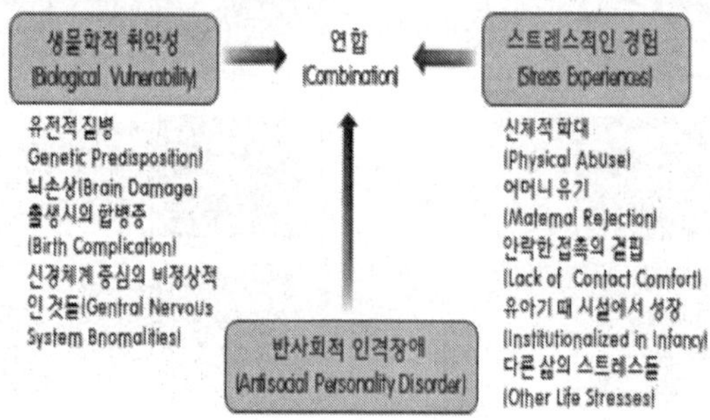

◈ 경호프로파일링

※ 비조직적, 비사교적 및 조직화, 비사회적 범죄자들의 개인적 특성비교

① 비조직적, 비사교적 범죄자들의 개인적 특성

- IQ 평균 80~95.
- 사회적 적응을 못함, 가족의 잠재적 폭행, 아버지 부재.
- 밤에 뭔가 하는 습관, 기억을 없애기 위해 범행장소로 돌아옴.
- 혼자서 프로그램을 실험함, 기습적인 공격, 범행장소를 그대로 방치함.
- 물리적 증거를 남김, 상담적 인터뷰에 적극적으로 대답함.

② 조직화, 반사회적 범죄자들의 개인적 특성

- IQ 평균 105~120.
- 사회적으로 적응함, 가족의 신체적 폭행, 엄격한 아버지.
- 낮에 일함, 경찰이 조사한 것을 보기 위해 범행장소로 돌아옴.
- 혼자서 실험하지 않음, 유혹해서 살해함, 범죄 장소를 통제함.
- 증거를 거의 남기지 않음, 직접적 인터뷰에 가장 잘 호응함.

『정상 범위 보다 더 치밀하고 계획적이다』

6. 탐색질문적 기법

※ 경호위해자의 심리적 요인은 추상적 개념으로 직접 측정할 수 없는 점을 감안, 경호위해 심리와 관련성이 있다고 생각되는 행동을 수량화 해내는 간접적인 방법의 탐색질문을 통해 분석하고 있다. 너무 지나치게 사용하면 방어적 태도를 보일 것이고, 경호원이 불합리한 방향으로 이끈다고 여길 수 있어 주의를 요한다(지문대조 신원확인을 염두에 두어야 한다).

『 진실을 밝히기 위해 진실을 무시하라』

① 관계성 탐색질문
행사참석의 목적, 초청된 절차에 대한 탐색질문으로 행사와 무관한 대답, 대답을 꺼리거나 거부, 질문을 반복하거나 지나치게 상세한 대답, 과도하게 정중하거나 드물게는 종교를 들먹일 때, 필요이상으로 방어적 태도를 보이며, 때때로 민감한 반응을 보일 때는 행사참석 의도를 의심해 볼 수 있다.

◈ 경호프로파일링

② 응수 탐색질문
행사참석자의 반응(협조성)을 살피는 탐색질문으로 비판적이거나 부정적인 답변을 하면 행사참석 의도를 의심해 볼 수 있다.

③ 명료화 탐색질문
행사에 초청자가 알 수 있는 수준의 탐색질문으로 답변을 머뭇거리거나 회피하면 의심해 볼 수 있다.

④ 유도 탐색질문
위해 관련 의도에 관한 탐색질문으로 부정적인 답변이나 분노의 표출, 과도한 긍정적인 답변은 의심해 볼 수 있다.

7. 스포츠심리학적 기법

공격을 원하는 형태로 유도하거나 실수를 이끌어 내는 심리·지능적인 자기방어(Self Defence)의 기법으로 '가장 짧은 시간에 가장 적은 힘과 가장 작은 동작의 효과적인 기술'을 개발 일수이출(一手二出: 공격과 방어는 단수로 그 자체가 불완전함으로 기본적으로 복수(2동작 이상)로 허수(虛數)를 보완하는 기법)의 논리로 신체단련과 함께 얼굴표정(Facial Expression)과 몸동작 읽기(Bady Language Reading) 기법을 익혀 실전에 효과적으로 대응할 수 있도록 하고 있다.

① 표정과 행동패턴 탐색
공격시점과 공격패턴의 시작점(손, 발, 무기 등)을 예상 선제 제압

② 공격패턴 탐색
공격수단의 시작점과 끝지점에 따라 경호술기 기법 중 최적의 기법을 선택한다.

③ 모니터링 & 연합대응(Combination)
움직임을 끝까지 추적하면서 공격패턴의 변화에 대비하고, 공격의 허수와 정점을 탐색, 최적의 순간(Timing)을 만들고, 연합동작으로 공격패턴을 무력화하고 재공격을 완전 불가능하게 한다

『일수이출(一手二出) 이상의 동작으로 허수(虛數)를 보완하고 재공격이 불능케 하라』

◆ 경호프로파일링 관찰기법

스포츠심리학적 현장무빙기법(FMT)

사격소요시간은 평균 2.5초가 소요됨으로 총기위해사태시 '자기희생의 원칙'에 따라 총기 대응에 앞서 과감히 자신의 몸을 날려 경호대상자를 방호, 2차 피해를 최소화 하는 원리로 근접수행 경호를 '경호의 꽃'이라 부르는 이유도 이 처럼 고귀한 임무와 관련이 깊기 때문으로 교육훈련은 초기에 가장 신중을 기해야 한다.

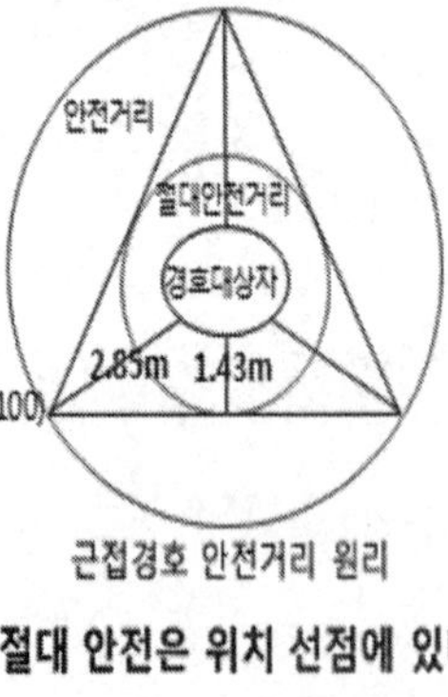

※14.02/s = 100/m
1/s = 7.13m(14.02/100)
0.2/s = 1.43m
0.4/s = 2.85m

근접경호 안전거리 원리

『절대 안전은 위치 선점에 있다』

◆ 경호프로파일링 관찰기법

근접경호 안전거리 원리

구분		내용	비고
신체반응시간		단순반응 시간과 선택반응 시간으로 구분되며, 단순반응 시간은 사람이 외부의 자극을 인지하고 뇌의 판단과 명령을 통하여 신체적 행동을 개시할 때까지의 시간	평균 0.3초
신체반응거리		한국 성인 남자의 100m 평균 질주기록은 14.02초, 신체반응시간은 0.3초	평균 2.14m
근접경호 안전거리	안전거리	신체반응 시간과 거리를 적용, 경호원의 개인차 고려, 0.4초일 때의 거리(숙련되지 않은 경호관)	안전거리 2.85m
	절대안전거리	신체반응 시간과 거리를 적용, 경호원의 개인차 고려, 0.2초일 때의 거리(숙련된 경호관)	절대안전거리 1.43m

◆ 경호프로파일링 관찰기법

① 경호위해요인이라고 의심이 느껴지면 상황전파 및 책임경호원을 지정, 비노출을 원칙으로 행사 종료시까지 근접해서 반드시 관찰한다.

② 근접수행 절대안전거리 내에서는 경호위해요인을 불문 양손을 끝까지 관찰할 수 있도록 한다.

③ 손이 가려지면 즉시 손의 위치를 확인을 하여야 하며, 의복으로 가려지면 의복과 함께 잡아서 확인한다.

④ 근접수행 안전거리 내에서 움직이는 사람에 대해서는 오른손, 왼손잡이 인지 관찰하여 근접수행 절대안전거리 내에서 접근시 관찰 손의 대상을 최소로 할 수 있으므로 효율적으로 예방할 수 있게 된다. 또한 팔꿈치를 자연스럽게 굽혀서 반응 시간을 최소화 한다.

⑤ 경호대상자의 행동적 습관을 정확히 파악함으로써 우발상황 발생시 근접수행 경호원에 의한 신속한 방향전환이 가능하며, 예비동작이 없는 습관과 반대 방향의 신속한 방향전환은 상해의 원인이 될 수 있다.

「자기희생의 원칙은 정신운동과 반복훈련의 후천적 산물이다」

◆ 경호프로파일링 관찰기법

경호위해요인 관찰기법

경호위해자의 심리특성의 분석에 따른 행동관찰(정신분석적 기법, 뇌와 신경언어학적 기법, 얼굴(표정)심리학적 기법, 행동심리학적 기법, 범죄(자)프로파일링적 기법), MD(Metal Detector, 금속탐지기), Scanner(휴대용 금속탐지기), 촉수검색, 탐색질문기법(관계성, 응수, 명료화, 유도), 전문지식(정신의학, 심리학 등), 기타자료(현장 경험, 정보 분석, 육감 등)가 망라(網羅)된 일련의 통합적 분석 과정이다.

「우리가 보는 모두가 머릿속에 입력되지는 않는다
우리가 보는 것 중에 주목한 것만 머릿속에 입력된다
주목하여 본 것을 '관찰'이라고 한다」

◆ 경호프로파일링 관찰기법

이상행동 관찰기준

경호원의 자질에 있어 주의력, 관찰력, 판단력과 관련이 깊다. 인간은 비언어적인 행동 중에 부정적이거나 위협적인 경험을 진정시키는 행동이 뒤따라 온다. 이는 우리 뇌가 우리를 정상상태로 복구하려 시도하는 것이다. 즉 편안하게 해주려고 진정시키려 할 때 몸의 협조를 얻는데 그 몸의 행동이 거짓말이나 감춰진 정보를 적발하는 신호가 된다.

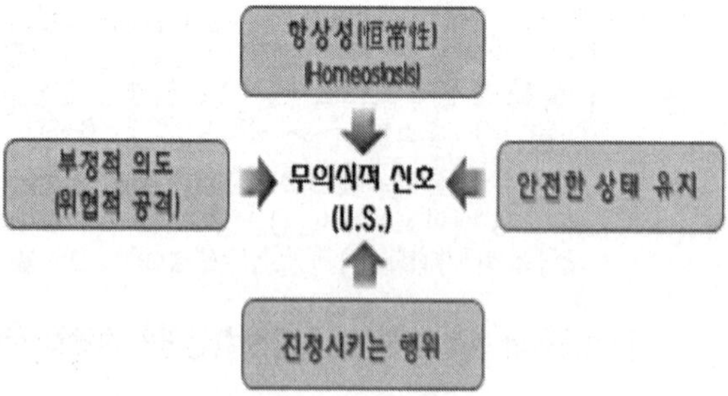

◈ 경호프로파일링 관찰기법

① 체크 포인트(Check Point)

- 타이밍(Timing)
  · 최초의 거짓행동이 자극받고 5초 이내 발생하는 행동을 보고 듣는다.
- 클러스터(Cluster)
  · 언어적 형태나 비언어적 형태 혹은 언어적·비언어적 형태의 둘 이상의 이상 행동을 동시에 보고 듣는다.

질문 : 당신이 경찰관을 죽였습니까?

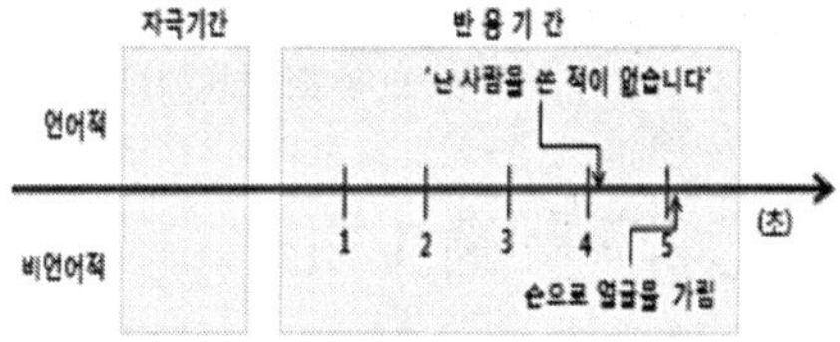

< 언어적·비언어적 형태의 클러스터 >

『행동을 보지 말고, 패턴을 관찰하라』

◈ 경호프로파일링 관찰기법

② 언어, 준언어적 이상행동 징후
- 반응 지연, 반응지체
- 말과 행동의 불일치
- 성량(聲量)의 불안
- 입이나 눈 가리기

③ 비언어적 이상행동 징후
- 고정점(Anchor-Point) 이동
- 손을 얼굴 주위로 가져가는 행동
- 미세표정 움직임

『언어와 비언어의 얼굴 메세지가 일치하지 않으면 항상 둘 중에서 부정적 정서를 더 정직한 것으로 받아 들여라』

경호심리 에티켓

지구촌 글로벌 시대를 살아가고 있는 우리는 동·서양을 막론하고 인간사회 보편적인 예절에서 국가별 특수한 문화에 이르기까지 폭넓게 이해하는 능력을 갖추어야 한다. 경호원의 의식과 문화수준에 따라 경호대상자의 위상도 높아지기 때문이다. 또한 시민의 불편을 최소화하는 제한적이면서도 효율적인 유연한 업무수행으로 경호안전을 실현해야하는 친화(親和)지향적 경호맞춤형 대화능력을 향상시켜야 한다.
실질적으로 경호에티켓 중 많은 부분이 경호대상자를 보호하는 중요한 경호기법이 된다.

『마음을 전달하는 진정성을 담아야 한다』

◈ 경호심리 에티켓

1. 용모복장

모델은 옷을 멋있게 보이게 위해 옷을 입지만 경호원은 경호대상자를 돋보이게 하기 위하여 옷을 입는다.

① 행사장 성격에 맞는 용모 복장을 착용한다.
(정장시 보조 넥타이를 휴대하여 급변하는 행사에 대비한다)
② 행사 군중의 시선을 끌거나, 경호대상자 보다 눈에 띄는 용모 복장은 지양한다.

2. 경호워킹

(긴급 상황에 대한 심리적 대비는 경호워킹으로 알 수 있다)
일반적인 워킹은 건강을 위하거나, 장소의 이동을 위한 자신을 위한 목적으로 워킹을 하지만 경호원은 경호대상자의 안전을 위해 워킹을 한다.

『경호원의 워킹은 움직이면서 긴급 상황발생시 전·후·좌·우 전(全)방향에 대한 가장 신속한 대처 움직임이 가능해야 한다』

◈ 경호심리 에티켓

3. 행사 참석자별 특성

① 어린이

② 여성

③ 장애인

④ 노인

⑤ 행사방해 의심자(시위전력자, 노숙자, 정신이상자 등)

- 사회불만이 많아 행사방해물품 소지 가능성이 농후하다.
- 특정한 목적을 언론을 통해 피력하는 경향이 있다.
- 목소리가 크며 사소한 것에도 화를 내는 경향이 있다.
- 노숙자의 경우 개인물품이 많고 주류를 반입하거나 음주상태인 경우가 있다.
- 검색에 대한 절차를 거부하는 경향이 있다.

⑥ 높은 직급

『정직함은 최대의 약점이다』

◈ 경호심리 에티켓

4. 행사반입 물품의 검색요령

① 반입규제 대상 품목

② 검색대상 품목(반드시 확인 검색)

모든 대상 품목은 소지품 소지인의 협조를 얻어 소지인으로 하여금 확인케 하여 고가의 피해품의 망실의 예방하고, 무엇보다 소지품 작동 동작을 면밀히 관찰하여 행동의 순간 머뭇거림이나 미세한 떨림을 놓치지 않도록 주의하여야 한다. 만약 이상한 행동이 포착되면 즉시 격리하여 재검색 확인을 하여야 하며, 확인이 어려운 경우 대상 품목을 임의 제출 받아 행사 이후 찾아가도록 조치하고 검색을 마친 다음에는 검색에 협조해 주어서 감사하다는 뜻의 인사를 한다.

『개봉의 중요성 보다 그 행동을 살펴야 한다』

5. 보디 존(Body Zone)에 따른 대인관계의 친밀도

보디 존이란 다른 사람의 침입을 저지하는 몸을 둘러싸고 있는 보이지 않는 공간으로 '자신의 연장'이라고 할 수 있다.

※ 에드워드 홀(Edward T. Hall)의 근접학(Proxemice)

① 친밀한 거리(Lntimate Distance) : 46cm이하

② 개인적 거리(Personal Distance) : 46cm~122cm

③ 사회적 거리(Social Distance) : 122cm~366cm

④ 공식적 거리(Public Distance) : 366cm~762cm

『대인(對人) 간의 거리에서 숨은 심리를 읽어라』

◆ 경호심리 에티켓

6. 세계 각국의 사회·문화적 특성

외국인을 만나거나 외국 여행을 할 때는 그 나라의 사회·문화적 특성에 맞게 의식적으로 몸짓 언어의 횟수나 범위를 조절해야 한다.

① 몸짓 언어

② 인사법

③ 관광지 예절

④ 장례식, 죽음, 불길함의 의미

⑤ 선물 에티켓

⑥ 교통문화

『문화를 모르면 갈등이 생긴다』

◆ 경호심리 에티켓

몸짓 언어	의 미	국 가
손짓 (사람을 부를 때)	누군가를 오라고 부름	대부분의 유럽 국가
	누군가를 가라고 함	이탈리아, 스페인, 그리스
손으로 머리 옆에 동그라미 그림	너 미쳤니?	대부분의 국가
	전화 통화 중	네덜란드
V 사인	승리	대부분의 국가
	욕(적개심 표시)	그리스
링 사인	돈	한국, 일본
	OK 사인	미국, 서유럽
엄지 치켜세우기	매우 좋다	대부분의 국가
	욕(모욕적 제스처)	그리스, 일부 아프리카

『어느 나라나 인간의 기본적인 감정은 같다
그러나 감정의 표현도 같을 것이라 단정 짓지 마라』

◆ 향후 과제

MD · X-ray 검색오차 요인분석

핵심구역 안전확보

금속 위험물 탐지 (탁월)
비금속 위험물 탐지 (미흡)
액체위험물 탐지 (미흡)
신발 검색 (미흡)
깁스 검색 (미흡)

◆ MD · X-ray 기능 보강
(방사능테러, 3D 프린팅 등 최첨단 기술 개발에 따른 대비)

◆ 향후 과제

검색오차『최소화』대책

경호위해자의 심리 특성의 분석에 따른 행동관찰, MD(Metal Detector : 금속탐지기) · Scanner(휴대용 금속탐지기) 및 촉수검색, 탐색질문, 정신의학, 심리학 등 전문지식과 현장경험을 망라(網羅)한 통합적 관점의 사고인식과 교육훈련, 지속적인 실증연구

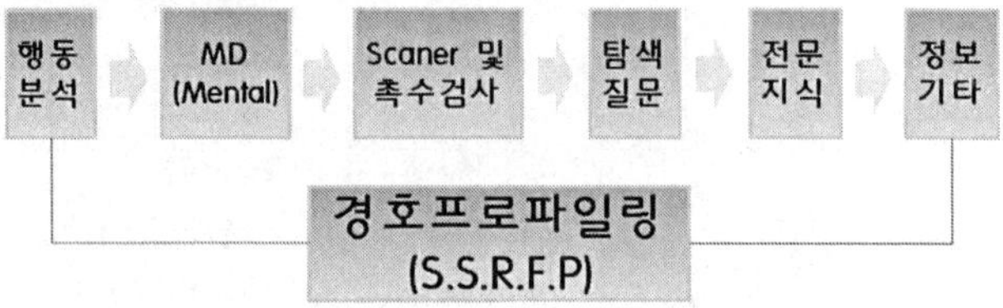

『진실이나 기만을 한 두 가지의 분석만으로 추론을 뒷받침하는 것은 위험하다.

당신의 '직관'을 키우고, '촉'을 날카롭게 가다듬어라.

경호 프로파일링 분야는 인간의 본성에 내재된 심리적 특성과 행위와의 관련성을 분석하는 분야로 결과를 수학공식처럼 적용하는 것은 무리가 있음에도 불구하고 분석해야 하는 이유는 만려무실(萬慮無失)의 "단 한번의 실수도 허용될 수 없는 경호임무의 중요성" 때문이다

경호활동은
"육감을 믿고 과감히 행동하는 것이다"

<cf: 이화방어기제검사, 경호프로파일링적 사례분석 별첨>

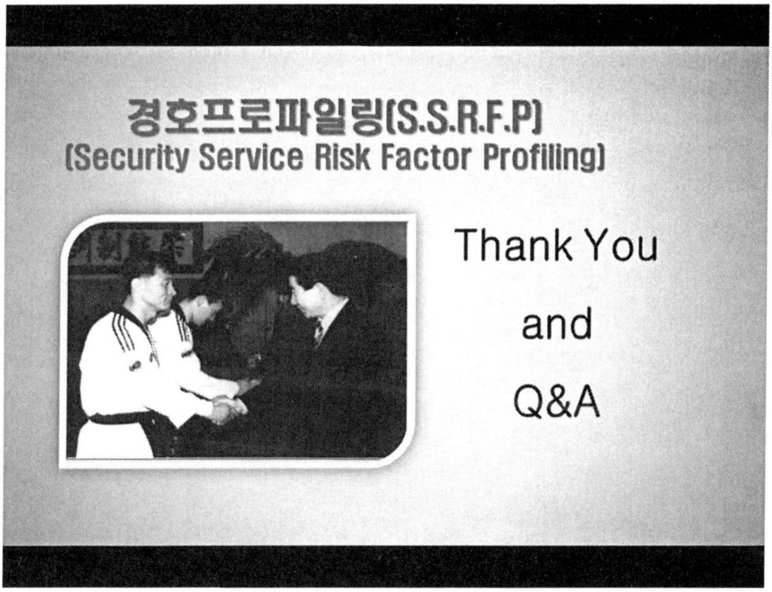
경호프로파일링(S.S.R.F.P)
(Security Service Risk Factor Profiling)
Thank You
and
Q&A

<저자 약력>

김화수

한국체육대학교 태권도학 학사, 동국대학교 대학원 공안행정학 석사, 경기대학교 대학원 경호안전학 박사학위를 받았다. 경호프로파일링 관련 지속적인 연구를 위해 심리상담사 1급, 정신역동 역량증진 심화과정 등 다양한 자격증 과정을 이수했으며, 고려사이버대학교 상담심리학과를 졸업하고 서울사이버대학교 상담심리대학원 과정을 병행하고 있다.

저자는 폭파를 주특기로 한 다년간의 군(軍)생활을 시작으로 101경비단, 경찰특공대(SWAT), 17·18대 대선경호 및 교관, G20 정상회의, 2012년 전세계 50여 국가 정상 및 국제기구 수장이 참가했던 서울 핵안보정상회의 등 다양한 현장경호 경험과 태권도 공인 7단 등 무도(武道) 38단으로 1공수 특수전여단, 101경비단, 경찰청, 태권도·특공무술·사격 대회 입상, 대통령내외분 임석 대통령경호실 무도시연을 여러 차례 한 경험이 있다.

경찰청 경호교수요원, 서울지방경찰청·중앙경찰학교·경찰교육원 인성분야 외래강사로 활동하였으며, 현재 22경찰경호대 근무를 하면서 경호프로파일링 관련 국회사무처·군(軍)·경찰 경호부대 동료 교수요원으로 활동하고 있다. 또한 2008년부터 경찰청 현장연구모임 '경찰상담산말연구회' 대표로 활동(http://cafe.naver.com/sangdam2008)하면서 지속적인 연구활동에 집중하고 있으며, 경호프로파일링 연구는 2014년 경찰청 우수 연구과제로 선정되었으며, 동년 안전행정부 공무원 우수 연구모임으로 선정되는 토대가 되었고, 경호프로파일링 관련 특허등록 심의가 진행중이다.

저서로는 무학무술칼럼(2004), 경찰위기중재상담(2014), 학회지 논문으로 공경호원의 경호대상자 심리상태 인지(2012), 공경호원의 경호기법 선택유형(2012), 공경호원의 심리와 경호기법 조사(2012), 위기청소년지도를 위한 경찰의 상담방향 탐색(2012), 딜레마의 경호 : 경호대상자의 지시와 경호원칙(2013) 등 다수가 있다.

수상경력으로 체육발전 유공(국기원 대표시범단) 등 미합중국대통령(2000, 2012), 국무총리 모범공무원(2001), 서울변호사협회 제1회 경찰인권봉사상(2011), 경호실 창설 무도대회 우승 등 대통령경호실장(1993, 1995, 2002, 2004, 2006, 2011), 행정자치부장관표창(1998), 경찰의 날 무도대회 우승 등 경찰청장(1996, 2000, 2006) 외 다수가 있다.

경호프로파일링

(S.S.R.F.P)

초판인쇄일 : 2014년 10월 17일
초판발행일 : 2014년 10월 24일
저 자 : 김 화 수
펴 낸 이 : 오 무 근
펴 낸 곳 : 도서출판 **하나의학사**
출 판 등 록 : 제25100-2013-000061호(1988. 4. 1)
주 소 : 서울시 서대문구 거북골로7-7 하나빌딩 1층
전 화 번 호 : (02) 730-2555, 2556
팩 스 : (02) 730-2557
이 메 일 : hanampc1@naver.com

정가 18,000원

ISBN 979-11-85696-06-5 93350